"十四五"职业教育国家规划教材

"十四五"卫生高等职业教育专科校院合作"双元"规划教材

供护理、助产及相关专业用

精神科护理学

第 2 版

主　编

褚梅林　　王美芝

副主编

彭海霞　　崔洪艳　　蒋慧玥　　熊　琼

编　委（按姓名汉语拼音排序）

蔡玉英（漳州卫生职业学院）　　　　　　吕文艳（南阳医学高等专科学校）
曹　莉（湖南环境生物职业技术学院）　　马晓燕（天津市安定医院）
柴巧莲（湖南环境生物职业技术学院）　　彭海霞（湖南环境生物职业技术学院）
褚梅林（湖南环境生物职业技术学院）　　秦　颖（唐山职业技术学院）
淳　玲（四川护理职业学院）　　　　　　覃　涛（江西医学高等专科学校）
崔洪艳（长春医学高等专科学校）　　　　王美芝（山东中医药高等专科学校）
蒋慧玥（广西医科大学）　　　　　　　　熊　琼（长沙卫生职业学院）
李丽霞（北京大学第六医院）　　　　　　赵金龙（首都医科大学附属北京安定医院）

北京大学医学出版社

JINGSHENKE HULIXUE

图书在版编目(CIP)数据

精神科护理学 / 褚梅林，王美芝主编. -- 2 版. -- 北京：北京大学医学出版社，2025.7. -- ISBN 978-7-5659-3207-6

I . R473.74

中国国家版本馆 CIP 数据核字第 2024LK7410 号

精神科护理学（第 2 版）

主　　编：褚梅林　王美芝
出版发行：北京大学医学出版社
地　　址：(100191) 北京市海淀区学院路 38 号　北京大学医学部院内
电　　话：发行部 010-82802230；图书邮购 010-82802495
网　　址：http://www.pumpress.com.cn
E-mail：booksale@bjmu.edu.cn
印　　刷：北京溢漾印刷有限公司
经　　销：新华书店
责任编辑：刘云涛　　责任校对：靳新强　　责任印制：李　啸
开　　本：850 mm×1168 mm　1/16　印张：12　字数：345 千字
版　　次：2019 年 7 月第 1 版　2025 年 7 月第 2 版　2025 年 7 月第 1 次印刷
书　　号：ISBN 978-7-5659-3207-6
定　　价：32.00 元
版权所有，违者必究
（凡属质量问题请与本社发行部联系退换）

第 2 轮修订说明

党和国家高度重视职业教育发展,《国家职业教育改革实施方案》《职业院校教材管理办法》《高等学校课程思政建设指导纲要》《习近平新时代中国特色社会主义思想进课程教材指南》《关于推动现代职业教育高质量发展的意见》《全国护理事业发展规划(2021—2025年)》等重要文件陆续发布,对卫生健康职业教育、高职专科护理人才培养及教材建设提出了更高的要求。

本套高职专科护理专业教材第1轮于2018年启动,北京大学医学出版社组织全国具有代表性的骨干院校共同建设。在教育部、国家卫生健康委员会相关机构和职业教育教学指导委员会的指导下,共编写出版教材28种,其中入选教育部"十三五"职业教育国家规划教材11种(教职成厅函〔2020〕20号文)、"十四五"职业教育国家规划教材15种(教职成厅函〔2023〕19号文)。

高质量的教材是实施教育改革、提升人才培养质量的重要支撑。为全面贯彻党的教育方针,深入贯彻党的二十大精神,落实立德树人的根本任务,更好地支持新时代卫生健康职业教育事业发展、服务于我国高职专科护理专业人才培养,北京大学医学出版社启动了高职专科护理专业教材第2轮修订编写工作。本轮教材共包含27种。全套教材均为北京大学医学出版社"十四五"规划教材。

第2轮教材修订编写工作"以学生为中心",对标教育部高职专科护理专业教学标准、护士执业资格考试大纲,以技术技能教育为根本,满足3个需要(学科需要、教学需要、行业需要),注重基本理论、基本知识和基本技能,内容以"必需、够用"为度,遵循学生认知规律,注重教学适用性,优化编写体例,深化产教融合,优化数字融合,强化思政融合,围绕"岗课赛证"综合育人机制建设,力争打造一套既满足多数院校教学实际,又适度引领教学,培根铸魂、启智增慧,适应新时代要求的精品高职专科护理专业教材。

本轮教材的修订编写得到了多方面的大力支持,参编院校教学管理部门提出了宝贵建议,职教专家精心指导、把关,临床护理学专家认真编写、审稿。他们为锤炼精品教材、服务教学改革、提高人才培养质量做出了贡献,在此一并表示感谢!

最后,希望广大师生多提宝贵意见,反馈使用信息,以使教材内容日臻完善。让我们共同为新时代高职专科护理教育发展和人才培养做出贡献!

前　言

随着我国经济体制改革的深入和国民经济的快速发展，心理应激因素不断增加，致使各类精神心理健康问题越来越多。教育部发布的《关注学生心理健康　完善精神卫生诊疗体系》一文中指出，一项联合国儿童基金会和世界卫生组织调查报告显示，目前全球12亿10～19岁青少年群体中，约20%存在心理健康问题。精神疾病已成为严重损害人民健康、影响社会生活的主要疾病。然而，我国精神卫生的发展面临着人才缺乏的阻碍，我国每名精神科医师所要管理的病床数远远高于世界平均水平，而人均精神卫生专业人员数量显著低于世界平均水平。

近年来，精神卫生问题已经引起国家的高度重视：2013年5月1日正式实施《中华人民共和国精神卫生法》（于2018年修正）；2018年6月8日，国家卫生健康委印发《严重精神障碍管理治疗工作规范（2018年版）》（国卫疾控发〔2018〕13号）（简称《规范》），新版《规范》提出精神卫生医疗机构应当配备与当地工作相适应、业务能力强的精神科医师、护士、社会工作者及康复、心理治疗、公共卫生专业人员，以从事严重精神障碍管理治疗等工作；2021年出台的《"十四五"优质高效医疗卫生服务体系建设实施方案》提出，要加快完善省、市、县各级心理健康和精神卫生防治体系；2022年，国家卫生健康委印发《0～6岁儿童孤独症筛查干预服务规范（试行）》，落实早筛查、早诊断、早干预的疾病防控策略；2023年4月，教育部等十七部门联合印发《全面加强和改进新时代学生心理健康工作专项行动计划（2023—2025年）》，分别从五育并举促进心理健康、建强心理人才队伍等八个方面系统部署开展工作。

本书是按照我国高职护理教育教学改革的要求，秉承2023年7月北京大学医学出版社启动的"十四五"高职专科护理专业规划教材（第2轮）建设工作会议精神，对标教育部高职专科护理专业教学标准、护士执业资格考试大纲，从我国护理教育和精神科发展的实际要求出发，力求深入浅出地把国内外已经公认的有关精神科护理的理论与方法系统地介绍给学生，主要供高等职业教育护理专业学生作为教材使用，也可作为临床护理工作者、社会工作者，特别是精神科、心理科护理人员继续教育的参考书。

本教材深入贯彻党的二十大精神，每一章节均有思政元素的融入；同时充分利用数字资源建设，以适应教育信息化的发展趋势，本教材配套了丰富的数字资源，通过扫描二维码可学习视频微课、思维导图等线上教学资源。全书共分为13章，内容分别是绪论（褚梅林）、精神疾病的基本知识（熊琼、李丽霞）、精神科护理的基本技能（王美芝、赵金龙）、精神疾病患者急危状态的防范与护理（覃涛）、器质性精神障碍患者的护理（崔洪艳）、精神活性物质所致精神障碍及患者的护理（彭海霞）、精神分裂症及患者的护理（柴巧莲）、心境障碍及患者的护理（曹莉）、应激相关障碍及患者的护理（吕文艳）、神经症和癔症及患者的护理（蔡玉英）、儿童及青少年期精神障碍及患者的护理（秦颖）、精神疾病治疗过程的护理（淳玲）、精神疾病患者的家庭护理及社区防治（蒋慧玥）。

本书作者都是高等职业院校教师或临床医务工作者，他们既有丰富的精神科护理教学经验，又有坚实的临床护理实践经验。他们凭着职业的敏感性与敬业精神，以发展的眼光，将前沿知识融入各章之中。我相信本教材一定能带给读者许多收获与启迪。本书在编写过程中，得到湖南环境生物职业技术学院及各参编学校领导的大力支持，在此一并致以深深的谢意。由于时间仓促、编者水平有限，教材中难免存在缺点与不足，我们殷切期盼使用本教材的教师、学生以及护理界同仁批评指正。

褚梅林

目 录

第一章 绪论 ... 1
第一节 精神医学发展简史 ... 2
一、国外精神医学发展简史 ... 2
二、国内精神医学发展简史 ... 3
第二节 精神科护理发展简史 ... 4
第三节 现代精神科护理工作的范畴及重点 ... 5
一、现代精神科护理工作的范畴 ... 5
二、现代精神科护理工作的重点 ... 5
第四节 精神科护理人员的素质要求 ... 6
一、高尚的职业道德 ... 7
二、丰富的专业知识与人文素养 ... 7
三、强烈的敬业精神 ... 7
四、敏锐的观察力 ... 7
五、良好的身体素质 ... 7

第二章 精神疾病的基本知识 ... 10
第一节 精神疾病的病因学 ... 11
一、生物学因素 ... 11
二、心理社会因素 ... 11
第二节 精神疾病的诊断分类学 ... 12
第三节 精神疾病的症状学 ... 13
一、认知障碍 ... 14
二、情感障碍 ... 21
三、意志障碍 ... 22

第三章 精神科护理的基本技能 ... 26
第一节 治疗性护患关系的建立 ... 26
一、概念 ... 26
二、接触患者与建立护患关系的要求 ... 26
三、接触患者与建立维持护患关系的技巧 ... 27
第二节 对精神障碍患者的护理观察和记录 ... 28
一、护理观察 ... 28
二、护理记录 ... 28

第三节　精神科基础护理 …… 29
一、安全护理 …… 29
二、个人卫生护理 …… 32
三、饮食护理 …… 33
四、排泄护理 …… 34
五、睡眠护理 …… 34
六、治疗依从性护理 …… 35

第四节　精神障碍患者的组织与管理 …… 35
一、精神障碍患者日常活动和康复活动的组织与管理 …… 35
二、精神疾病患者的分级护理管理 …… 37

第五节　精神科整体护理 …… 39
一、评估 …… 39
二、诊断 …… 40
三、计划 …… 41
四、实施 …… 42
五、评价 …… 42

第四章　精神疾病患者急危状态的防范与护理 …… 45

第一节　暴力行为的防范与护理 …… 45
一、护理评估 …… 46
二、护理诊断 …… 47
三、护理目标 …… 47
四、护理措施 …… 47
五、护理评价 …… 48

第二节　自杀行为的防范与护理 …… 49
一、护理评估 …… 49
二、护理诊断 …… 50
三、护理目标 …… 50
四、护理措施 …… 50
五、护理评价 …… 52

第三节　出走行为的防范与护理 …… 52
一、护理评估 …… 52
二、护理诊断 …… 53
三、护理目标 …… 53
四、护理措施 …… 53
五、护理评价 …… 54

第四节　木僵的防范与护理 …… 54
一、护理评估 …… 54
二、护理诊断 …… 55
三、护理目标 …… 55
四、护理措施 …… 55
五、护理评价 …… 55

第五章 器质性精神障碍及患者的护理 ·············· 57

第一节 器质性精神障碍概述 57
一、概念 57
二、常见临床类型 58
三、临床特征 58

第二节 器质性精神障碍的临床特征 59
一、谵妄 59
二、遗忘综合征 59
三、痴呆 60

第三节 阿尔茨海默病患者的护理 60
一、临床表现 61
二、诊断与鉴别诊断 62
三、治疗 63
四、护理 64

第六章 精神活性物质所致精神障碍及患者的护理 ·············· 68

第一节 精神活性物质概述 68
一、基本概念 68
二、精神活性物质的分类及常见代表物质 69
三、精神活性物质依赖的相关因素 70

第二节 精神活性物质所致精神障碍的临床表现 71
一、酒精所致精神障碍 71
二、阿片类及其他精神活性物质伴发的精神障碍 72
三、镇静催眠类药物所致精神障碍 72
四、中枢神经系统兴奋剂所致精神障碍 73
五、抗焦虑药物所致精神障碍 73

第三节 精神活性物质所致精神障碍患者的护理 74
一、护理评估 74
二、护理诊断 75
三、护理目标 75
四、护理措施 75
五、护理评价 77
六、健康指导 77

第七章 精神分裂症及患者的护理 ·············· 79

第一节 概念及病因 79
一、概念 79
二、病因 80

第二节 精神分裂症的临床特征 81
一、临床表现 81
二、临床分型 83

三、诊断 ………………………………………………………………………… 84
　　四、治疗原则、预后及预防 …………………………………………………… 84
　第三节　精神分裂症患者的护理 ………………………………………………… 85
　　一、护理评估 …………………………………………………………………… 85
　　二、护理诊断 …………………………………………………………………… 85
　　三、护理目标 …………………………………………………………………… 85
　　四、护理措施 …………………………………………………………………… 86
　　五、护理评价 …………………………………………………………………… 89

第八章　心境障碍及患者的护理 …………………………………………………… 92
　第一节　心境障碍患者的临床特点 ……………………………………………… 92
　　一、概述 ………………………………………………………………………… 92
　　二、临床表现 …………………………………………………………………… 94
　　三、诊断、治疗与预防 ………………………………………………………… 97
　第二节　心境障碍患者的护理 …………………………………………………… 100
　　一、护理评估 …………………………………………………………………… 100
　　二、护理诊断 …………………………………………………………………… 100
　　三、护理目标 …………………………………………………………………… 101
　　四、护理措施 …………………………………………………………………… 101
　　五、护理评价 …………………………………………………………………… 104

第九章　应激相关障碍及患者的护理 ……………………………………………… 107
　第一节　应激相关障碍概述 ……………………………………………………… 107
　　一、分型和临床特征 …………………………………………………………… 108
　　二、治疗 ………………………………………………………………………… 109
　第二节　应激相关障碍患者的护理 ……………………………………………… 111
　　一、护理评估 …………………………………………………………………… 111
　　二、护理问题 …………………………………………………………………… 111
　　三、护理目标 …………………………………………………………………… 111
　　四、护理措施 …………………………………………………………………… 112
　　五、护理评价 …………………………………………………………………… 113

第十章　神经症和癔症及患者的护理 ……………………………………………… 115
　第一节　焦虑症患者的护理 ……………………………………………………… 116
　　一、病因与发病机制 …………………………………………………………… 116
　　二、临床表现 …………………………………………………………………… 116
　　三、治疗 ………………………………………………………………………… 117
　　四、护理 ………………………………………………………………………… 117
　第二节　强迫症患者的护理 ……………………………………………………… 119
　　一、病因与发病机制 …………………………………………………………… 119
　　二、临床表现 …………………………………………………………………… 119
　　三、治疗 ………………………………………………………………………… 120

四、护理 121
第三节 疑病症患者的护理 122
一、病因与发病机制 122
二、临床表现 122
三、治疗 123
四、护理 123
第四节 癔症患者的护理 124
一、病因与发病机制 124
二、临床表现 125
三、治疗 126
四、护理 126

第十一章 儿童及青少年期精神障碍及患者的护理 130
第一节 精神发育迟滞的护理 130
一、概念 131
二、病因与发病机制 131
三、临床表现 131
四、诊断 132
五、治疗 132
六、预防 132
七、护理 132
第二节 儿童孤独症的护理 133
一、概念 133
二、病因与发病机制 133
三、临床表现 134
四、诊断 134
五、治疗 134
六、预防 135
七、护理 135
第三节 儿童多动症的护理 135
一、概念 135
二、病因与发病机制 136
三、临床表现 136
四、诊断 136
五、治疗 136
六、预防 137
七、护理 137

第十二章 精神疾病治疗过程的护理 139
第一节 精神药物及治疗过程中的护理 139
一、精神药物概述 139
二、抗精神病药 140

三、抗抑郁药 ……………………………………………………………………… 142
　　四、抗躁狂药 ……………………………………………………………………… 143
　　五、抗焦虑药 ……………………………………………………………………… 144
　　六、精神药物治疗过程中的护理 ………………………………………………… 145
　第二节　电休克治疗与护理 ………………………………………………………… 147
　　一、适应证 ………………………………………………………………………… 147
　　二、禁忌证 ………………………………………………………………………… 147
　　三、改良电休克治疗过程 ………………………………………………………… 147
　　四、电休克疗法的护理 …………………………………………………………… 148
　第三节　其他治疗的护理 …………………………………………………………… 149
　　一、心理治疗的护理 ……………………………………………………………… 149
　　二、康复治疗的护理 ……………………………………………………………… 151
　　三、工娱治疗及其护理 …………………………………………………………… 153
　　四、经颅磁刺激治疗及其护理 …………………………………………………… 154

第十三章　精神疾病患者的家庭护理及社区防治 ……………………………… 157
　第一节　精神疾病患者的家庭护理 ………………………………………………… 157
　　一、家庭护理的概念 ……………………………………………………………… 158
　　二、护理评估 ……………………………………………………………………… 158
　　三、护理诊断 ……………………………………………………………………… 159
　　四、护理目标 ……………………………………………………………………… 159
　　五、护理措施 ……………………………………………………………………… 159
　　六、护理评价 ……………………………………………………………………… 161
　第二节　精神疾病患者的社区防治 ………………………………………………… 161
　　一、社区精神卫生服务的相关概念 ……………………………………………… 161
　　二、社区精神卫生服务的发展 …………………………………………………… 161
　　三、社区精神卫生服务的内容 …………………………………………………… 162
　　四、精神障碍社区康复的工作体系 ……………………………………………… 163
　　五、社区精神疾病患者的特点及护理特点 ……………………………………… 164
　　六、护理人员在社区精神疾病防治中应具备的能力 …………………………… 164

主要参考文献 ……………………………………………………………………… 167

附录 ………………………………………………………………………………… 168

中英文专业词汇索引 ……………………………………………………………… 178

第一章 绪 论

第一章数字资源

学习目标

1. 复述精神疾病、精神科护理学的概念。
2. 描述精神医学和精神科护理学发展简史。
3. 简述精神科护理学的主要任务及精神科护理的工作重点。
4. 区分精神科工作与其他科室工作的异同。
5. 养成精神科护理人员应有的职业素质。
6. 具有对精神疾病患者高度同情心、责任感与爱心。

案例

王同学，男，19岁，进入大学学习2个月后，因不适应住校生活，每天待在宿舍不上课，焦虑不安，精神紧张和恐惧，经常自言自语，睡觉不脱衣裤，怀疑寝室有针孔摄像机，有时侧耳倾听。

问题与思考：
1. 护士接诊该患者时，应做哪些准备工作？
2. 住院期间，护士应从哪些方面为王同学做好护理工作？

精神疾病（mental sickness）是指在各种生物、心理及社会环境等内外致病因素的影响下，大脑功能活动发生紊乱，导致认知、情感、行为和意志等精神活动不同程度障碍的疾病。

精神科护理学是以一般护理学为基础，以个体异常精神活动与行为的护理、保健、康复为研究对象的一门学科。它是精神病学的重要组成部分，也是护理学的一个分支。精神科护理学主要任务包括以下几个方面：

1. 研究和实施对精神疾病患者进行科学管理的方法与制度，确保其生活环境能让患者安全、舒适、愉快。
2. 研究和实施与精神疾病患者进行有效沟通的途径与方法，与患者建立良好的护患关系，开展心理护理。
3. 研究和实施对各种精神疾病患者的护理。
4. 研究和实施对精神疾病患者进行的各种治疗的护理。
5. 研究和实施维护患者权利与尊严的措施，以确保患者得到应有的尊重与合适的治疗；培养和训练患者的生活能力、人际交往能力，促使其顺利回归家庭与社会。
6. 研究和实施怎样在精神疾病治疗机构中规范护理文书，以协助诊断，防止意外事件发生，并为医疗、科研、教学、法律和劳动鉴定等积累资料。
7. 研究和实施怎样在医院、社区和社会开展精神卫生宣教工作，对精神疾病做到防治结合、医院与社区结合，促进患者回归社会。

第一节 精神医学发展简史

精神医学史是人类认识精神疾病，并与之做斗争的历史。精神医学是古代医学的一部分，其发展一直落后于其他医学分支，直到近百年来，它才逐渐成为医学中独立的一门分支学科。它的发展如同整个医学的发展一样，受到当时的生产力水平、社会政治经济状况、基础科学水平、哲学思潮和宗教的影响。

一、国外精神医学发展简史

在国外，古代精神病学也是作为医学的一部分而发展起来的。被称为古代精神医学之父的古希腊医学家希波克拉底将各种病态的精神兴奋归于躁狂症，而将相反的症状归于忧郁症，这是对精神病理现象最早的概括和分类。他认为精神现象是人脑的产物，脑是思维活动的器官，提出了精神病的体液病理学说。与希波克拉底同时代的著名哲学家柏拉图主张精神病患者应该受到家属很好的照顾，而不应让他们在外游荡。此时期古希腊与罗马等国处于繁荣时期，精神医学已积累了相当多的宝贵资料。到了中世纪的欧洲，医学为神学和宗教所掌握，迷信、巫术盛行，精神病患者被视为"魔鬼附体"而用祷告、符咒、驱鬼、酷刑拷打等方式"治疗"。这一时期的精神病学的发展其实是倒退的。

18世纪法国大革命后，社会结构发生了根本性变化，唯物主义思想开始占领统治地位，欧美精神病学领域出现变革与创新。法国精神病学家比奈（P. Pinel，1745—1826年）主张以人道主义对待患者，去掉精神病患者身上的锁链，使精神障碍患者从监狱般的囚禁生活中解脱出来，将疯人院变成了真正的医院，开辟了精神病学史上的新纪元，被认为是精神医学的首次革新运动。

从19世纪开始，国外精神病学得到迅速发展。特别是19世纪末到20世纪初，一大批卓越的精神病学家脱颖而出，最著名的是德国神经精神病学家克雷丕林。他在总结前人经验的基础上，通过大量临床实践，创立了"描述性精神医学"，他在精神病学教科书中明确区分了两种精神病——躁狂忧郁性精神病（情感性精神障碍）与早发性痴呆（精神分裂症），因此他被称为现代精神医学之父。

> **知识链接**
>
> **现代精神医学之父——克雷丕林**
>
> 克雷丕林（E. Kraepelin，1856—1926年），德国医学家。他以临床观察为基础，以病因学为根据，提出了临床疾病分类学原则。他认为精神病是一个客观规律的生物学过程，可以分为数类。每一类都有自己的病因、特征性的躯体和精神症状、典型的病程经过和病理解剖所见，以及与疾病本质相联系的转归。他以严谨的科学态度积累临床资料，第一次将早发性痴呆作为疾病单元来描述，并认为青春痴呆、紧张症和早发性痴呆的表现虽然不同，却是同一疾病的亚型。躁狂症和抑郁症外表上虽然完全相反，本质上却是同一疾病的不同表现。他的思想推动了精神病学理论的发展，为精神疾病的分类学打下基础，并使精神病学的理论从症候群的基础进入自然疾病单元的研究。

进入20世纪后，许多精神病学家对精神疾病的病因、发病机制分别从大脑解剖学、生理学和心理学不同角度进行了大量的研究和探索，促进了精神医学各种学说的蓬勃发展。如诺格契提出"器质性病因论"，焦瑞克创造高热疗法，沙寇创立胰岛素昏迷疗法，梅德纳提出药物痉挛疗法等。其中最重要的是犹太裔奥地利医生弗洛伊德（S. Freud）（1856—1939年）（图1-1）创立的精神分析学派，他利用自由联想和梦的解析来了解人类心理症结，奠定了精神医学的基础。弗洛伊德突破了精神病学器质性病因论研究的瓶颈，将精神医学带入"心因性病因论"的研究范畴，因此他的研究被认为是精神医学的第二次革新运动。

精神医学的第三次革新是社区精神卫生运动的开展。20世纪20—30年代，仲斯（M. Jones）推行治疗性社区以缩短患者和社区间的距离。因此，普通民众认识到了社区精神卫生问题的重要性，从而促进了精神卫生进社区。

现代精神医学史上迄今最为重要的革命性事件——1953年氯丙嗪被首次应用于精神疾病患者中，并取得良好疗效，这使得精神疾病能够以科学及客观的方法得到诊断和治疗，所以生物精神医学的发展可以说是精神医学的第四次革新。

图1-1　弗洛伊德

经过了四次革新运动，西方现代精神医学已发展为一套专业的知识体系。

 考点提示

西方精神医学发展的四次革新运动。

二、国内精神医学发展简史

我国对精神疾病的记载已有2000多年的历史。远在公元前11世纪殷代甲骨文中，就有心疾、首疾等疾病的记载，《尚书·微子》中有"我其发出狂"，提示当时可能对精神疾病开始有所认识。到春秋战国时期，我国医学逐渐形成了较系统的理论，《黄帝内经》这部古老的医学典籍就是当时医学成果的结晶。《黄帝内经》把人的精神活动归之于"心神"的功能，所谓"心藏神""心者，君主之道，神明出焉"；"心神"不仅主持人的精神活动，而且统管人的五脏六腑。《黄帝内经》还论述剧烈的情志变化可引起精神异常与躯体功能改变。同样，躯体内脏变化也可以累及情感，如"大怒伤肝，大喜伤心，思虑伤脾，悲忧伤肺，惊恐伤肾"等。到了秦汉时期，历代医学家又先后编纂了多部经典的医学著作。《灵枢》的《癫狂篇》是我国第一篇介绍癫狂病的文章。汉代张仲景对急性热病与传染病所致精神障碍做了很深入细致的观察，提出"谵妄""伤寒发狂""热入血室"等病名。他在《金匮要略》中对"癫"的状态做了详细描述，并首次提出"脏躁""奔豚""百合病"等病名。至唐代已有《诸病源候论》《千金方》与《外台秘要》三部集唐代以前医学之大成的巨著，对我国有关精神病的诊断、治疗进行了总结，其后在分型与治疗上不断创新。宋代朱肱将"伤寒发狂"分为"阳毒发狂"和"蓄血发狂"两类，采用凉血解毒法治之。金元时期，诸学崛起，为精神医学的病因、病理、治疗等提供了许多新见解，如刘完素倡火热过亢论，主张用泻火治癫狂。此后明清医家戴思恭、虞搏、徐春甫、张景岳等立痰迷心窍说，朱丹溪创立以情胜情的"活套"法等。至金元时期，精神病学有所发展，但由于我国医学的理论体系是建立在古代阴阳、五行等学说基础上的经验医学，所以其发展速度并不快。不过与同期国外精神病学的发展相比，我国的精神病学在世界上仍是比较先进的。

19世纪末至20世纪初期，国外精神病学发展进入一个重要时期，其理论学说逐渐传入我国。国外教会在我国相继成立了精神病院和收容所，如先在广州（1898年），后在北京（1906

年)、苏州（1923年）、大连（1932年）、上海（1935年）、长沙（1934年）、成都（1939年）、南京（1947年）等地建立了精神病医疗或教学机构。由于得不到政府的支持，精神卫生事业发展极慢。新中国成立后，我国精神病学进入了一个新的历史阶段。从1950年起精神病学的教学工作就受到很大重视，包括制订精神病学教学计划，成立精神病学教研组，培养精神科医师等。精神病防治机构也大量扩建和新建，到1958年精神病院床位总数增加至建国前的14倍。20世纪60—70年代，全国各地开展了一些精神病防治工作。20世纪80年代至今，随着我国社会经济和医疗卫生事业迅速发展，精神病学的临床、教学、科研工作也开始繁荣起来，与国际精神病学术界的交流不断增加，逐步走向世界。

我国精神医学的发展，虽然在19世纪前相比国外有许多辉煌的成就，但始终未能独立门户，以致目前精神医学的发展线路仍以西方为主，未来我国精神医学的发展方向应该是走吸收西方精髓结合本土文化的发展之路。

知识链接

是否可以强制精神障碍患者入院?

《中华人民共和国精神卫生法》明确规定：精神障碍的住院治疗实行自愿原则。自愿住院治疗的精神障碍患者可以随时要求出院，医疗机构应当同意。诊断结论、病情评估表明，就诊者为严重精神障碍患者并且有"已经发生危害他人安全的行为，或者有危害他人安全的危险的"，应当对其实施住院治疗。此种情况下，监护人阻碍实施住院治疗或者患者擅自脱离住院治疗的，可以由公安机关协助医疗机构采取措施对患者实施住院治疗。

第二节　精神科护理发展简史

精神科护理学的发展与精神医学的发展是密不可分的。自古以来人类社会就有照顾患者的功能存在，这种照顾便是"护理"的原始形态。1860年以前，西方国家将严重的精神病患者收容在门禁森严的机构里，由男性助理员看守。助理员从未受过训练，像监狱里的看守一样管理患者。专业的护理始于18世纪中叶南丁格尔在英国伦敦开办护理学校，但精神科护理直到19世纪末才开始受到重视。1873年美国的琳达·理查兹女士由护校毕业从事精神病患者的照顾，后来她成功制订出一整套精神科护理计划，从而奠定了精神科护理的基础模式。她也因此被称为是美国第一位精神科护理人员，是精神护理的先驱。在此期间精神科护理仍主要是照顾日常生活、饮食服药、安全管理等一般例行工作，而心理护理未得到足够的重视，只是在当时的精神科护理人员培养课程中提到耐心及亲切地照顾患者。1882年，在美国马萨诸塞州的马克林医院创立了第一所精神科护士学校，学制两年。

进入20世纪30年代后，精神科护理的角色渐渐发生了一些改变。由于精神科治疗方法的快速发展，如深度睡眠治疗、胰岛素休克治疗、精神科外科治疗、电休克治疗等，特别是1953年精神科药物应用到临床后，从根本上改变了精神科治疗手段的困境。治疗效果由此明显改善，住院患者不断增加，需要大量有经验的专科护理人员来承担护理工作，因此精神科护理人员首次在精神科治疗中获得了有意义的角色地位。患者在得到新的治疗方法改善症状后，变得更能够接受心理治疗，从而促进了心理治疗对精神疾病的效果。这种倾向也使精神科护理人员的压力倍增，他们不仅仅要发展和掌握更有效的护理技术，还要学习和实施不同层次的心理护理。

因此，随着医学模式的改变从生物医学模式到生物-心理-社会医学模式，现代精神科护理的概念已从由单纯护理患者的躯体问题扩展到关心与处理患者的躯体、心理、社会功能问题，从而丰富了精神科护理内涵。

第三节 现代精神科护理工作的范畴及重点

一、现代精神科护理工作的范畴

精神科护理工作范畴包括预防、治疗、康复及健康教育四个方面，即由精神障碍的防治扩展到社区心理卫生。

（一）精神卫生的预防

精神卫生主要开展三级预防，主要工作是开展社区精神卫生知识宣传教育，为社区居民提供维护精神健康的方法，预防或减少精神障碍的发生，对社区居民精神健康状况进行定期筛查，做到早发现、早诊断、早治疗，并争取疾病缓解后有良好的预后，防止复发。做好精神残疾者的康复训练，最大限度地促进患者社会功能的恢复，减少功能残疾，延缓疾病衰退的进程，提高患者的生活质量。

（二）精神障碍的治疗

设法使精神障碍患者脱离致病环境，消除与发病有关的因素，保持心理平衡，增强战胜各种困难的信心和勇气，有利于预防各种反应性精神障碍。同时为其提供有效的治疗环境及治疗手段，矫治各种精神障碍。采用正确科学的护理方法不仅可以减轻患者的痛苦，还可以让疾病得到更好的治疗，减轻精神障碍给患者带来的伤害，最大可能地促进患者恢复心理健康，回归社会。

（三）精神障碍的康复

精神障碍康复有三项基本原则，即功能训练、全面康复、回归社会。功能训练是指利用各种康复的方法和手段，对精神障碍患者进行各种功能活动，包括心理活动、躯体活动、语言交流、日常生活、职业活动和社会活动等方面的能力训练。全面康复是康复的准则和方针，使患者心理、生理和社会功能实现全面的、整体的康复。回归社会则为康复的目标和方向。主要指针对慢性精神障碍患者的康复训练，包括音乐、绘画等康娱治疗，可以在医院内进行，也可以在社区和家庭进行。目的是恢复患者适应社会的能力，提高其生活质量。

（四）健康教育

对精神障碍患者及其家属开展健康教育和指导，内容包括心理卫生的知识，对精神障碍的正确认识，抗精神障碍药物使用中的注意事项，各种精神障碍治疗手段的特点，防止精神障碍复发的知识等。指导人们提高承受挫折的能力，做情绪调节控制的主人，改正不良行为与性格特征，掌握几种身心放松技术，以便随时调节身心平衡，讲究心理卫生。其方法可以是个人指导、小组讨论、公众宣传及专题研讨。通过有益的教育和训练，以及医疗预防措施，培养健康的人格，塑造良好的心理素质和灵活的适应能力，使心理活动的功能状态达到较高的健康水平。

二、现代精神科护理工作的重点

精神科护理工作的对象是罹患各类精神疾病的患者，他们的病症表现主要是在精神与行为方面而非躯体方面的异常。大多数患者症状特异，轻者特立独行，懒散消极，重者思维活动脱离现实，不能适应社会生活；许多患者对精神疾病缺乏自知力，拒绝治疗，难以管理；伤人、自伤、毁物、出走等事件时有发生，难以预料；有的退缩淡漠，生活不能自理，需要全面照顾；有的长期住在医院，社会功能退化，需要心理治疗、工娱治疗及社会回归训练等。因此，精神科护理工作的主要内容应包括基础护理、危机状态的防范与护理、特殊治疗的护理、各种精神疾病的专门护理以及家庭护理等。此处着重讨论现代精神科护理的日常工作重点。

（一）心理护理

精神疾病患者由于言行异常、思想怪异，往往招致他人疏远、冷落甚至歧视，再加上疾病使其认知功能减退，工作能力、交往能力下降，继而导致情绪抑郁、消沉、自卑甚至自暴自弃。至于自知力完整的神经症患者，疾病本身就有焦虑、抑郁、恐怖、敌意等情绪，在内外压力下，更加痛苦烦恼。如何帮助他们从这些不良情绪中摆脱出来，以积极的心态接受治疗与面对未来，是心理护理的主要任务。

心理护理主要是指具有助人知识与技巧的护理人员，运用语言、表情、姿势、态度及行为等措施，影响与改善患者的认知、情绪与意志，增强患者的治病信心，减轻或消除其不良情绪和行为，从而促进康复与社会回归。住院期间，心理护理的重点是启发和帮助患者树立正确的治病态度，认识疾病的性质与治疗意义，调动其主观能动性，使患者以积极乐观心态主动配合治疗。心理护理也是促进患者早日回归的重要措施之一。

良好的护患关系是心理护理取得成效的先决条件。建立平等的、互信的、合作式的关系，既是职业要求，也是一种能力。这就需要护理人员学习沟通技术，听懂患者所说，及时回应与引导；学习心理学理论知识，能够推断与分析患者当前症状与过去经历的联系；尊重患者，真诚以待，无条件接纳；加强自我剖析，避免反移情影响等。

（二）安全护理

在精神病医院的病房里，常常可以看到精神疾病患者出现突发性危险行为，如自伤、自杀、攻击、出走等。因此安全护理是精神科护理的重要工作。详见后述章节。

（三）饮食护理

精神障碍患者受精神症状的影响，会出现各种饮食异常，饮食护理具有专科特点。兴奋躁动的精神障碍患者，行为紊乱，不知饥饱，拒食或抢食；受到某些妄想、幻觉等症状支配的患者，认为别人下毒于食物中而拒绝进食，或认为有罪而不配进食，或认为体型过胖而拒食；服用抗精神病药物后出现严重锥体外系不良反应的患者，存在药源性吞咽困难而影响进食，或食物卡喉致窒息。详情见后述章节。

（四）睡眠护理

睡眠障碍是精神疾病的常见症状，睡眠的好坏常常可以预示疾病的好转或复发。因此，做好睡眠护理，保证患者适量的睡眠，对于巩固疗效、促进康复意义重大。详情见后述章节。

 考点提示

现代精神科护理的日常工作重点。

第四节　精神科护理人员的素质要求

随着医学模式的转变，护理模式由传统的"以疾病为中心"转变为"以患者为中心"的整体护理模式。多元化、多层次的模式对护士的综合素质有更高的要求。现代精神科护理人员应具备如下素质与职业规范准则。

一、高尚的职业道德

精神障碍患者属于弱势群体,需要得到更多的关爱和呵护。所谓医者,仁心也。精神科护理人员更要具备崇高的医疗道德,尊重患者,爱护患者,平等相待,精心照顾。无论患者地位高低贵贱、病情轻重缓急,都要设身处地地理解他们,给予周到精细的护理,给予人权上的尊重。医护人员的尊重,可使患者真切地感受到活着的价值,从而积极配合治疗。

二、丰富的专业知识与人文素养

精神科护理人员担负着患者精神层面的呵护工作,这需要具有让人信服的全面知识与高品位的修养。专业知识除了学习护理学与医学基础之外,还应学习心理与精神医学基础知识。这些知识包括普遍心理学、人格心理学、发展心理学、社会心理学、心理咨询学、变态心理学、精神病学、心理评估与测量、健康心理学、面谈技巧等。专业知识之外还要加强人文修养,学习历史、文学、哲学、美学、宗教等知识,了解不同地域的风俗文化,以消除文化屏障,促进沟通。

三、强烈的敬业精神

护理工作需要奉献和热诚,需要执着的工作态度。精神科医务人员与患者近距离接触,常遭无故攻击、谩骂加之同理心的感同身受,心身容易疲惫,这就更需要有强烈的敬业精神和高度责任感与同情心。

四、敏锐的观察力

精神障碍患者大多对自身疾病缺乏认识,不安心住院,为了早日出院常常隐瞒病情;有的患者想出走或自杀,表面却若无其事,甚至一反常态而表现为友好合作、情绪愉悦;有的患者疾病复发前有睡眠、情绪或行为异常的先兆。因此,精神科护理人员要具有敏锐的观察力,保持较高的警惕性,能够通过非言语行为分析患者的心理动态,及时提供病情动态信息,防止意外发生。

五、良好的身体素质

护理工作是一个特殊的职业,是体力与脑力劳动相结合的工作,且服务对象是人,关系到人的生命,工作中稍有不慎,后果便不堪设想,因而要求护士要有健康的身体,工作时应精神高度集中、精力充沛,才能保证顺利地完成工作。

> **思政园地**
>
> **谈谈中医学中的情志护理**
>
> 《素问·上古天真论》云:"恬淡虚无,真气从之,精神内守,病安从来?"情志活动是人的心理活动对外界刺激所做出的不同情感反应,其产生、变化与外界环境(自然、社会环境)密切。中医情志护理是通过掌握患者的情志变化,设法防止和改善其不良情绪,从而达到预防和治疗疾病目的的一种方法。例如情志护理中多采用说理开导法、顺情从欲法、移精变气法、暗示法。目前,情志相胜法在老年人身心调节的干预中应用较为普遍。中医情志护理源远流长,拥有良好的本土优势,与西方心理学相比更适合中国人的体质和心理状况,作为医学生,顺应目前发展中医的大趋势,应该认识到中医情志护理的重要性,工作中及时针对患者的心理变化情况,给予有效的心理疏导和情志护理,对患者病情的改善具有十分重要的意义。

自 测 题

一、选择题

1. 关于精神病学的学科地位，以下说法正确的是
   A. 精神病学是生物医学的分支学科
   B. 精神病学是行为医学的分支学科
   C. 精神病学是社会科学的分支学科
   D. 精神病学是临床医学的分支学科
   E. 精神病学是心理学的分支学科

2. 当前广泛提倡的新的医学模式是
   A. 生物医学模式
   B. 整体平衡模式
   C. 心理社会模式
   D. 生物 - 心理 - 社会医学模式
   E. 社会文化模式

3. （多选题）现代精神科护理的日常工作重点包括
   A. 心理护理 B. 安全护理 C. 饮食护理
   D. 睡眠护理 E. 特殊护理

4. 标志着现代精神医学史上的第四次革新的是下列哪一个事件
   A. 克雷丕林创立了"描述性精神医学"
   B. 弗洛伊德将精神医学带入"心因性病因论"的研究范畴
   C. 社区精神卫生运动的开展
   D. 氯丙嗪被首次应用于精神疾病治疗中
   E. 冯特创建第一个心理学实验室

5. 被誉为精神护理的先驱者的是
   A. 弗洛伊德 B. 克雷丕林 C. 琳达·理查兹
   D. 南丁格尔 E. 比奈

6. （多选题）现代精神科护理人员应具备的素质要求有
   A. 高尚的职业道德
   B. 丰富的专业知识与人文素养
   C. 强烈的敬业精神
   D. 敏锐的观察力
   E. 良好的身体素质

二、简答题

谈谈你对精神科护士工作内容与职业素质的认识。

三、案例分析

李某，男性，41岁，无业。

2年前无明显诱因逐渐出现精神障碍，生活变得懒散，工作积极性下降，少语，不愿出门；做事动作缓慢，但患者仍能勉强参加工作。近3个月以来，患者症状逐渐加重，行为紊乱，家人督促下仍不洗澡刷牙；说自己脑子里有"小喇叭"，称一直在嗡嗡响，有时自言自语，但家人难以听清患者说的内容；觉得家里人要害自己，对家人有"敌对性"，常突然无故打骂自己的母亲，说母亲要害他。今患者家属担心患者病情恶化，遂带患者至医院住院治疗，对治疗护理被动合作，不认为自己生病了，称完全不知道为什么会被送来医院，记忆、智能检查不合作。

患者自发病以来，睡眠差，在家半夜经常起来来回走动；食欲明显增强；未有高热、抽搐发作。既往史体健。个人史：病前性格内向，不善交际。家族史无特殊。

体格检查：生命体征平稳，心肺腹无异常，神经系统检查无异常。

辅助检查：头颅CT未见明显异常。

请问：如果你是该患者的责任护士，可重点给患者提供哪些日常护理工作？

（褚梅林）

第二章 精神疾病的基本知识

学习目标

1. 描述精神障碍的基本概念和分类。
2. 简述精神疾病的病因。
3. 掌握精神疾病的各种症状及特点。
4. 具有同情心、同理心，能接纳和尊重患者。

案例 2-1

患者，女，26岁。无故辞去工作，并逐渐出现失眠，说话混乱。患者称眼前看见人影，有时是人头，还能听到讲话的声音，男女分不清，白天晚上都有，有骂自己的，也有夸自己的。自言自语，经常发脾气。患者认为同事、邻居总在背后议论自己，要杀自己。近两个月经常无故外跑，晚上不睡。一周前患者称有一种力量控制自己，要用刀扎自己。有时不吃母亲做的饭，怀疑母亲在饭菜里下毒。家人怕患者出现意外，送入院治疗。患者无自知力，不承认有病，拒绝住院，情绪激动，骂人并威胁医护人员不让其出院就撞死在医院。

问题与思考：
1. 根据上述材料，谈谈对精神疾病的认识。
2. 该患者存在哪些精神症状？

精神障碍（mental disorder）又称精神疾病，是指在各种生物学、心理学及环境因素的影响下，大脑的结构和功能发生紊乱，导致认知、情感、意志和行为等精神活动的异常。精神病（psychosis）是指在内外各种致病因素的影响下，大脑功能失调，出现以感知觉、思维、情感、意志行为等障碍为主的一类严重的精神疾病，如精神分裂症；幻觉与妄想等症状又被称为精神病性症状。这些患者多到精神病专科医院就医。精神障碍除了包括精神病以外，还包括痴呆、精神活性物质所致精神和行为障碍、心境障碍、神经症性障碍、应激相关障碍、躯体形式障碍、人格障碍等。

由于人类的精神活动受自然环境、社会环境以及个体功能状态的影响，病理状态下表现出的精神症状也千差万别、错综复杂，加之现有科研手段的局限性，所以对人类正常与病理的精神世界的探索还很粗浅。本章从精神疾病的病因、诊断分类与症状学三个方面介绍一些基本知识，使学生对精神疾病有一个初步认识。其中精神疾病的症状学是学习各种精神疾病的基础，对精神障碍患者的正确评估有着重要意义。

第一节　精神疾病的病因学

精神疾病的病因学是目前精神病学理论研究中亟待解决的课题。前人对精神障碍的病因做了大量探索，现代比较一致的观点认为精神疾病是生物、心理、社会（文化）因素相互作用的结果，生物学因素是基础，心理、社会因素则是致病的条件，它们共同作用导致精神疾病的发生。

一、生物学因素

影响精神健康的主要生物学因素大致可以分为遗传、感染、躯体疾病、创伤、营养不良、毒物等。

（一）遗传因素

家系研究的结果表明，精神分裂症、情感障碍、儿童孤独症、神经性厌食症、儿童多动症、焦虑症、阿尔茨海默病等，都具有明显的家族聚集性。目前绝大多数的精神障碍不能用单基因遗传来解释，而是多个基因相互作用，使患病风险性增加，加上环境因素的作用，从而导致疾病的发生。单个基因所起作用有限，遗传和环境因素的共同作用，决定了某一个体是否患病，其中遗传因素所产生的影响程度称为遗传度（heritability）。即使有较高的遗传度，个体是否发病仍与环境因素有关，如精神分裂症同卵双生子同病率不到50%。这提醒我们基因虽然不能改变，但是通过环境因素的调控可能达到预防精神分裂症的目的，从而也让精神分裂症的防治有了一个光明的前景。精神疾病存在遗传性，只是说明有家族史者与无家族史者相比，个体患病的风险性增加，但并非一定发病。

（二）躯体因素

急性、慢性躯体感染和颅内感染，或者一些内脏器官、内分泌、代谢、营养、结缔组织和血液系统等疾病，直接或间接地影响了脑功能，或者导致脑器质性病变，如肝性脑病、肺性脑病、肾性脑病、脑膜炎等，均可导致精神障碍。如梅毒螺旋体是最早记载的能导致精神损害的病原体，麻痹性痴呆就是由梅毒螺旋体侵犯大脑而引起的一种晚期梅毒的临床表现。

（三）理化因素

颅脑的外伤引起脑组织损伤，也可导致短暂的或迟发而持久的精神障碍。精神活性物质如镇静药、催眠药、鸦片类物质的应用，有毒物质如一氧化碳、农药的接触与使用均可影响中枢神经系统导致精神障碍。酒精、大麻、吗啡、海洛因、可卡因等精神活性物质导致的精神障碍是一个世界性问题，在我国近年来有增多的趋势，应引起高度重视。

（四）其他生物学因素

性别、年龄与精神疾病的发生均有密切关系。某些精神疾病男女性别比例差异明显，如酒精成瘾、反社会人格等好发于男性，而抑郁症、癔症等则女性发病率较高。不同年龄可发生不同的精神疾病，某些精神疾病在不同年龄发病率也不同。某些儿童期发生的精神疾病如多动症成年期后可能好转；某些精神疾病如精神分裂症好发于青年期，儿童期与老年期首发者少见；脑动脉硬化性精神障碍、阿尔茨海默病则多发于中老年期。

二、心理社会因素

（一）精神应激因素

精神应激通常是指生活中某些事件引起个体精神紧张和感到难以应付而造成的心理压力。精神应激可以是精神疾病的直接的致病作用，某些强烈的精神刺激如地震、火灾、战争、亲人突然死亡等可能引起心因性精神障碍；有时精神应激在疾病的发生中所起的作用很小，至多是诱发因素，疾病的发生主要以生物学因素为主，如精神分裂症、情感性精神障碍等。两端之间则为神经症、心身疾病等，这些疾病的发生与精神应激、行为方式有密切关系，但又与个体的性格与素质密切相关。

（二）社会因素

自然环境（污染、噪声、生存空间过小）、社会环境（社会动荡、社会大的变革、紧张的人际关系）、移民（尤其是移民到另一个国家）等，都可能增加精神压力，诱发精神疾病。不同的文化环境，亚文化群体的风俗、信仰、习惯也都可能影响人的精神活动而诱发疾病或使发生的精神疾病打上文化的烙印。如某些精神疾病只见于某些特定的民族、文化或地域之中，例如冰神附体见于日本冲绳岛、蒙古的比伦奇、加拿大等地区；恐缩症、拉塔病多见于东南亚国家。又如来自城市的患者，妄想、幻觉的内容常与电波、电子、卫星等现代生活的内容有关；来自偏远落后农村地区的精神分裂症患者，妄想与幻觉的内容多简单、贫乏，常与迷信内容有关。

（三）个性因素

个性是先天的禀赋素质和后天环境因素共同作用下形成的。现代研究认为，病前的性格特征与精神疾病的发生密切相关，不同性格特征的个体会患不同的精神疾病。如精神分裂症的患者大多病前具有分裂样性格，表现为孤僻少友，生活缺少动力，缺少热情或情感冷淡，不仅自己难以体验到快乐，对他人亦缺少关心，过分敏感，怪癖，趋向白日梦，缺少进取心等。而具有强迫性格的人，表现如做事犹豫不决，按部就班，追求完美，事后反复检查，穷思竭虑，对自己过于克制，过分关注等。

简言之，生物学因素和心理社会因素，即内因与外因在精神疾病的发生中共同发挥决定性作用，但两者的作用并非等同，在不同的精神疾病中，不同的致病因素所起作用大小不同。而且，许多精神疾病的发生是多种因素共同作用的结果。

 考点提示

精神疾病的病因。

第二节　精神疾病的诊断分类学

疾病分类学的目的是把种类繁多的不同疾病按各自的特点和从属关系划分出病类、病种与病型，并列成系统，这样不但可加深对疾病的研究与认识，也有利于诊断、治疗、护理。

当前，被多数国家所采用的分类系统有世界卫生组织第 10 版《国际疾病分类》（ICD-10）第 5 章和美国精神病学会的第 5 版《精神障碍诊断与统计手册》（DSM-5）。其中第 10 版《国际疾病分类》（ICD-10）将精神疾病分为 11 大类：

（1）器质性（包括症状性）精神障碍。
（2）使用精神活性物质所致的精神及行为障碍。
（3）精神分裂症、分裂型及妄想性障碍。
（4）心境（情感性）障碍。
（5）神经症性、应激性及躯体形式障碍。
（6）伴有生理障碍及躯体因素的行为综合征。
（7）成人的人格与行为障碍。
（8）精神发育迟缓。
（9）心理发育障碍。

（10）通常发生于童年及少年期的行为及精神障碍。

（11）未特指的精神障碍

我国现行使用的是《中国精神疾病分类与诊断标准第三版》（CCMD-3），基本按照 ICD-10 的方法来分类。将精神障碍分为 10 大类，CCMD-3 兼用症状分类和病因病理分类方法，例如器质性精神障碍、精神活性物质所致精神障碍或非成瘾物质所致精神障碍、应激相关障碍中的某些精神障碍按病因病理分类，而功能性精神障碍则采用症状分类。我国对精神障碍的主要分类如下：

（1）器质性精神障碍。

（2）精神活性物质或非成瘾物质所致精神障碍。

（3）精神分裂症（分裂症）和其他精神病性精神障碍。

（4）心境障碍（情感性精神障碍）。

（5）癔症、应激相关障碍、神经症。

（6）心理因素相关生理障碍。

（7）人格障碍、习惯和冲动控制障碍、性心理障碍。

（8）精神发育迟缓与童年和青少年期心理发育障碍。

（9）童年和少年期的多动障碍、品行障碍和情绪障碍。

（10）其他精神障碍和心理卫生情况。

知识链接

国际疾病分类最新资讯

国际疾病分类（International Classification of Diseases，ICD）是 WHO 成员国采用的疾病和有关健康问题的国际分类标准，是卫生信息标准体系的核心标准。ICD-11 是指《国际疾病分类》第 11 版，2022 年 2 月 11 日正式生效。ICD-11 精神、行为与神经发育障碍部分的内容较 ICD-10 有很多变化。ICD-11 取消了精神分裂症的全部亚型，而紧张症首次作为独立疾病被单列成章，与"精神分裂症及其他原发性精神病性障碍"并列。在"成瘾行为所致障碍"中新增了游戏障碍（Gaming disorder）章节，并细分为"游戏障碍，主要为线上"及"游戏障碍，主要为线下"。

第三节　精神疾病的症状学

异常的精神活动通过人的外显行为如言谈、书写、表情、动作行为等表现出来，称之为精神症状。研究精神症状及其发生机制的学科称为精神障碍的症状学，又称精神病理学（psychopathology）。精神障碍的症状学是精神障碍分类和诊断的主要依据，正确辨认精神症状是精神科护理工作的重要基础。

知识链接

精神状态的判定

判定某一种精神活动是否属于病态，一般应从三个方面进行对比分析：①纵向比较，即与其过去一贯表现相比较，精神状态的改变是否明显。②横向比较，即与大多数正常人的精神状态相比较，差别是否明显，持续时间是否超出了一般限度。③应注意结合当事人的心理背景和当时的处境进行具体分析和判断。

每一种精神症状均有以下特点：其一，症状的内容与周围客观环境不相符合，如疑病妄想的患者，各项躯体检查没有发现患者有器质性疾病，但是患者仍过分担心自己患了严重的疾病而害怕独自待在家里；其二，症状不受患者意识的控制；其三，症状给患者带来不同程度的社会功能损害。通常按心理过程来归类与分析精神症状。一般分为认知（感知觉、思维、注意、智能等）、情感、意志行为等。以下关于精神症状的讨论也按上述三个过程进行阐述。

一、认知障碍

（一）感知觉障碍

感知觉障碍主要包括感觉障碍、知觉障碍和感知综合障碍。

1. 感觉障碍　感觉（sensation）是对外界事物的个别属性的反映，如形状、颜色、大小、重量和气味等。感觉障碍（disorders of sensation）包括如下形式。

（1）感觉过敏（hyperesthesia）：是对外界一般强度的刺激感受性增高。如对柔和阳光感到刺眼，微风的声音感到震耳，轻柔开门声感到刺耳，普通的气味感到浓郁刺鼻，皮肤的触觉和痛觉也都非常敏感。多见于焦虑症患者。

（2）感觉减退（hypoesthesia）：是对外界一般刺激的感受性减低。严重时对外界刺激不产生任何感觉，称为感觉消失（anesthesia）。多见于器质性精神障碍、抑郁状态和木僵状态。

（3）内感性不适（体感异常，senestopathia）：是躯体内部产生的各种不舒适和难以忍受的异样感觉，如牵拉、挤压、游走、蚁爬感等，这种感觉是异样的，性质难以表达，定位描述相对模糊，患者往往伴有焦虑情绪。多见于精神分裂症、抑郁状态、器质性精神障碍和躯体形式障碍。

2. 知觉障碍（disturbance of perception）　知觉（perception）是指当前直接作用于感觉器官的客观事物的整体属性在人脑中的反映。知觉障碍在精神科临床上很常见，是大多数精神障碍的主要症状，对精神障碍的诊断与鉴别诊断、治疗与护理决策、监护患者具有重要意义。知觉障碍有如下形式：

（1）错觉（illusion）：指对客观事物歪曲的知觉。如将路旁的树看成人，把电线看成蛇等。正常人光线暗淡、疲惫、恐惧、紧张、期盼的心理状态下也可产生错觉，但通过验证一般可很快被纠正和消除，如杯弓蛇影、草木皆兵等。常见于器质性精神障碍。

（2）幻觉（hallucination）：指没有现实刺激作用于感觉器官时出现的虚幻感知。幻觉是常见的知觉障碍，常与妄想合并存在。根据其所涉及的感官分为幻听、幻视、幻嗅、幻味、幻触、内脏性幻觉。

1）幻听（auditory hallucination）：最常见，患者可听到实际不存在的各种不同种类和不同性质的声音，如讲话声、物体的声响、鸟鸣等。常使患者苦恼、不安或者洋洋自得、独自微笑。幻听可见于多种精神障碍特别是精神分裂症。

2）幻视（visual hallucination）：患者可看见一些不存在的景象或事物，如人、动物、鲜花等，内容多样，形象可清晰、鲜明和具体，但有时也比较模糊，常有恐怖性质。多见于精神分裂症、器质性精神障碍。

3）幻嗅（olfactory hallucination）：患者闻到一些特别的、多为令人不愉快的气味，如腐败的尸体气味、浓烈刺鼻的药物气味以及体内发出的气味等，可见于精神分裂症。单一出现的幻嗅，需考虑颞叶癫痫或颞叶器质性损害。

4）幻味（gustatory hallucination）：患者尝到食物内有某种特殊的奇怪味道，常拒食。多见于精神分裂症。

5）幻触（tactile hallucination）：患者感到皮肤或黏膜上有某种异常的感觉，如虫爬感、针刺感、触电感等。可见于精神分裂症或器质性精神病。

6）内脏性幻觉（visceral hallucination）：患者对躯体内部某一部位或某一脏器的一种异常知觉体验，如感到肠扭转、肺断裂、肝破裂、心脏压缩、脑晃动等，患者对病变的定位比较明确，多见于精神分裂症、抑郁症。

此外，还有一些特殊的幻觉形式，①真性幻觉：患者感知的幻觉形象与真实事物完全相同，幻觉表象清晰生动，存在于外在空间，通过自己的感官感受到；②假性幻觉：患者所感受到的幻觉表象不够清晰、不够鲜明且不完整，存在于主观空间，患者常描述此种幻觉存在于脑内，不需要通过感觉器官就能感受到。多见于精神分裂症。

知识链接

典型幻觉病例

1. 男，20岁，精神分裂症。近3个月时常听到有人在他耳边说话，时远时近，有男有女，有人议论其缺点，有人侮辱、谩骂他，为此常自言自语或对空气说话，极其恼怒（幻听）。

2. 男，61岁，帕金森病。患者四肢僵硬，行走困难伴震颤近20年。入院前2天病情加重，入院当晚表现：夜不眠，站于走廊的灯光下，告诉医师自己头顶上有4个"小鬼"在盯着他，以至于不敢睡觉，并且不时向上看，表情恐慌（幻视）。

3. **感知综合障碍（psychosensory disturbance）** 指患者对事物能感知，但对个别属性如大小、形状、颜色、距离、空间位置等产生歪曲感知，多见于精神分裂症、抑郁症、癫痫所致精神障碍。①视物变形症（metamorphopsia）：患者对某个客观物体的形状、大小、颜色产生了错误的感知，如视物显大症、视物显小症；②时间感知综合障碍：患者对时间的快慢出现不正确的知觉体验，如感到时间在飞逝，或者感到时间凝固；③空间感知综合障碍：患者感到周围事物的距离发生变化，不能准确地判断，如想将杯子放在桌子上，可是由于桌子实际上距离很远，所以杯子落在地上；④运动感知综合障碍：对外界物体运动或静止状态的歪曲知觉体验，感到运动的物体静止了，静止的物体快速运动，如舞台表演人员僵住了；⑤非真实感：患者感到周围事物和环境发生了变化，变得不鲜明、不生动、不真实，患者具有自知力。

（二）思维障碍

思维（thinking）是人脑对客观事物间接概括的反映，是人类特有的认知活动的最高形式。思维障碍常常从语言中去识别。思维障碍主要包括思维联想障碍、思维逻辑障碍和思维内容障碍。

1. **思维联想障碍**

（1）思维速度和量的异常：①思维奔逸（flight of thought）：指思维活动量的增多和转变快速。思维活动量大，说话增多，语速加快，音调增高，说话的主题易随环境改变（随境转移），也可有音韵联想（音联），或字意联想（意联）。多见于躁狂症。②思维迟缓（inhibition of thought）：即联想抑制。表现为思维活动显著减慢，联想困难，思考问题费力，语量少、语速慢、语音低沉，反应迟钝。多见于抑郁症。③思维贫乏（poverty of thought）：以思想内容空虚且概念词汇贫乏为主要特征，表现为沉默少语，交谈时内容空洞、单调，常常以"不知道""没有什么"作答，因而难以进行正常的交流。自觉"脑子空虚，既没有什么可想的也没有什么可说的"，但仍能对此漠然处之。多见于精神分裂症。

案例 2-2

医生问患者叫什么名字，患者说："三划王，双木林，一木不成林，二木才算林，三木是森林，林冲夜奔，武松打虎，画虎不成反类犬，犬是狗，什么狗，是疯狗，疯狗不能碰，老虎头上扑苍蝇，马马虎虎帮帮忙。"

问题与思考：

该患者的表现是哪种症状？

（2）思维连贯性异常：①思维松弛（looseness of thought）：患者意识清晰，但思维内容散漫、缺乏主题，对问题的叙述不够中肯，也不切题，联想内容之间缺乏一定的逻辑关系，对其言语的主题及用意也不易理解，使人感到交谈困难。多见于精神分裂症。②思维破裂（splitting of thought）：指在意识清晰的情况下，概念之间联想断裂，单独语句在结构和文法上正确，但词句之间缺乏内在意义上的联系，使人无法理解用意。如问患者："你叫什么名字？"患者说："鸡叫了，我非典，雨后彩虹，举手发言，看见他了。"多见于精神分裂症。③思维不连贯（incoherence of thinking）：在意识障碍的背景上出现破裂性思维的表现，但是言语上更为杂乱，语句片段，毫无主题。多见于感染、中毒等躯体疾病所致精神障碍或器质性精神障碍。

案例 2-3

女，16岁，患精神分裂症。医师问她感觉自己有病没有，身体怎样，患者答："没有，天上有太阳，地老天荒，爱情没有意义……让我出去吧，工人下岗了，谁都可以买宅基地……"

问题与思考：

该患者的表现是哪种症状？

（3）联想途径异常：①病理性赘述（circumstantiality）：思维活动停滞不前、迂回曲折、枝节繁杂，拘泥于细节，做不必要的过分详尽的累赘描述，无法简明扼要。最多见于癫痫所致精神障碍。②思维中断（blocking of thought）：又称思维阻滞。患者无意识障碍又无外界干扰时，思维过程突然出现中断。表现为患者说话时突然中断，停顿片刻，再开口内容已不是原来话题。若患者有当时的思维被某种外力夺走的感觉，则称为思维被夺（thought deprivation）。多见于精神分裂症。

（4）联想形式障碍：①持续言语：思维活动在某一概念上停滞不前，表现为给患者提出一系列问题时，每次重复第一次回答时所说的话。多见于癫痫所致精神障碍或器质性精神障碍。②重复言语：与持续言语类似，思维展开的灵活性受损害，表现说话时多次重复一句话的最末几个字或词。多见于癫痫所致精神障碍或器质性精神障碍。③刻板言语：思维在原地踏步，概念转换困难，并且脑中概念相对较少，表现机械地、刻板地重复一些没有意义的词或句子。多见于精神分裂症。④模仿言语：刻板地模仿周围人的言语。多见于精神分裂症紧张型。

（5）思维自主性异常：①思维插入（thought insertion）：又称思维被强加，指患者感到有某种思想不属于自己，不受自己意志所支配，是别人强行塞入其脑中。多见于精神分裂症。②思维云集（forced thinking）：又称强制性思维，患者体验到强制性地涌现大量无现实意义的联想，称为强制性思维。两症状往往突然出现，迅速消失。多见于精神分裂症。③强迫观念（obsessive idea）：又称强迫性思维，指在患者脑中反复出现的某一概念或相同内容的思维，明知没有必要，但又无法摆脱。患者可表现为反复回忆、反复思索无意义的问题、脑中总是出现一些对立的思想、总是怀疑自己的行动是否正确。强迫性思维常伴有强迫动作，多见于强迫症和精神分裂症等。

2. 思维逻辑障碍　精神病患者的思维逻辑障碍主要表现在三个方面，即失去每种概念的界限，或混淆了概念的具体含义与抽象含义，或在语言表达中出现语法结构的紊乱。

（1）象征性思维（symbolic thinking）：属于概念转换，以无关的具体概念代替某一抽象概念，不经患者解释，别人无法理解。如患者走路一定要走左边，声称自己是"左派"。常见于精神分裂症。

（2）语词新作（neologism）：指概念的融合、浓缩以及无关概念的拼凑。患者自创一些新的符号、图形、文字或语言来表达离奇的概念。如"％"代表离婚。多见于精神分裂症青春型。

（3）逻辑倒错性思维（paralogic thinking）：主要特点为推理缺乏逻辑性，既无前提也无根据，或因果倒置，推理离奇古怪，不可理解。如患者说："因为计算机感染了病毒，所以我要死了。"可见于精神分裂症。

（4）矛盾观念（矛盾思维，对立思维）：往往指同一时间脑中出现两种相反的、矛盾对立的概念，互相抗衡而相持不下，患者无法判断二者的对错。见于精神分裂症，也见于强迫性神经症。

3. 思维内容障碍　妄想（delusion）是病理性的歪曲信念，是一种个人所独有的和与自身密切相关的坚信不疑的观念，不接受事实与理性的纠正。其特征为：①信念歪曲，妄想无关于事实存在与否，而在于信念偏离常理；②坚信不疑，妄想不能被事实与理性所纠正；③内容为个人所独有，与文化程度或亚文化群体的某些共同的信念不同，如迷信观念。妄想按发生的背景可分为原发性妄想（primary delusion）和继发性妄想（secondary delusion）；按结构可将其分为系统性妄想和非系统性妄想；按内容分类，一般分为夸大妄想、罪恶妄想、被害妄想等。

（1）被害妄想（delusion of persecution）：是最常见的一种妄想。患者坚信周围某些人或某些集团对他进行跟踪、监视、诽谤、隔离等。患者受妄想的支配可出现拒食、控告、逃跑、自伤、伤人等行为。常见于精神分裂症。

（2）关系妄想（delusion of reference）：患者将环境中与他实际无关的事物都认为与他有关。如别人在一旁谈话，就是在议论他；别人在路旁吐痰，也是冲他而来的，常与被害妄想伴随出现，主要见于精神分裂症。

（3）物理影响妄想（delusion of physical influence）：又称被控制感。患者觉得自己的精神活动（思维、情感、意志、行为等）已不受自己支配，而受到外界某种力量的控制。此症状是精神分裂症的典型症状。

（4）夸大妄想（grandiose delusion）：指自我评价异乎寻常增高。患者坚信自己有非凡的才智、至高无上的权利、巨额的财富，是伟大的发明家或是名人的后裔。多发生在情绪高涨的背景下。可见于躁狂症、精神分裂症及某些器质性精神病。

（5）罪恶妄想（delusion of guilt）：患者毫无根据地坚信自己犯了严重的、不可宽恕的错误，认为自己罪大恶极、死有余辜。可见于抑郁症、精神分裂症。

（6）疑病妄想（hypochondriacal delusion）：患者毫无根据地坚信自己躯体内脏发生异乎寻常的病变。此妄想多继发于幻触或内感性不适。多见于精神分裂症，更年期及老年期精神障碍。

（7）钟情妄想（delusion of love）：患者坚信自己被异性钟情爱恋但无证据。采取相应的行为整日追求纠缠对方，即使遭到对方严词拒绝仍毫不质疑，认为对方是在考验自己。主要见于精神分裂症。

（8）嫉妒妄想（delusion of jealousy）：患者毫无根据地坚信自己的配偶对自己不忠实。因此，对配偶的物品加以检查，或对配偶进行跟踪、盯梢，拆阅别人写给配偶的信件，以寻觅配偶私通情人的证据。可见于精神分裂症、更年期精神障碍。

（9）被洞悉感（experience of being revealed）：又称内心被揭露。患者认为他人不是通过言谈或观察，而以某种莫名其妙的方式洞悉自己的思想。见于精神分裂症。

案例 2-4

女，35岁，精神分裂症。近3个月来认为自己的思想被别人所"了解"。称她在厨房计划做饭时，有人背出整个菜单。认为楼上的邻居"了解"她的思想，并利用其想法骚扰她，为此恼怒万分，常上楼与邻居大吵大闹，有时半夜敲打邻居的家门，多次被邻居反映到派出所。

问题与思考：
该患者的表现是哪种症状？

（三）注意障碍

注意（attention）是指心理活动集中地指向于一定对象的过程。注意过程与感知觉、记忆、思维和意识等活动密切相关。注意有被动注意和主动注意。主动注意又称随意注意，是由外界刺激引起的定向反射，是对既定目标的注意，与个人的思想、情感、兴趣和既往体验有关。被动注意也称作不随意注意，是由外界刺激被动引起的注意，没有自觉的目标。通常所谓注意多指主动注意。常见的注意障碍如下。

1. 注意增强（hyperprosexia）　为主动注意的增强。有指向外界和自身两种情况。如有疑病观念的患者过分地注意自己的健康状态。见于偏执型精神分裂症、神经症、更年期抑郁症等。

2. 注意涣散（aprosexia）　为主动注意明显减弱，注意稳定性降低，即注意力不集中。多见于神经衰弱、精神分裂症和儿童多动综合征。

3. 注意减退（hypoprosexia）　为主动及被动注意的弱化状态。注意的广度缩小，注意的稳定性也显著下降。多见于神经衰弱、脑器质性精神障碍及伴有意识障碍时。

4. 注意转移（transference of attention）　主要表现为主动注意不能持久，注意稳定性降低，很容易受外界环境的影响，而注意的对象不断转换。可见于躁狂症。

5. 注意狭窄（narrowing of attention）　指注意范围的显著缩小，当注意集中于某一事物时，无法再注意有关的其他事物。见于意识障碍或智能障碍患者。

（四）记忆障碍

记忆（memory）是指脑对学习经验的积累、信息的储存和在必要时能被检索再现，包括识记、保持、再认和回忆四个基本过程。识记是事物或经验在脑子里留下痕迹的过程，是反复感知的过程；保持是使这些痕迹免于消失的过程；再认是现实刺激与以往痕迹的联系过程；回忆是痕迹的重新活跃或复现。临床上常见的记忆障碍如下：

1. 记忆增强（hypermnesia）　病态的记忆增强，对不重要的事情及病前不能够回忆的事情都能回忆。主要见于躁狂发作和偏执状态患者。

2. 记忆减退（hypomnesia）　是指识记、保持、再认或回忆普遍减退。见于神经衰弱、脑器质性精神障碍，也可见于正常老年人。

3. 遗忘（amnesia）　指部分或全部不能回忆以往经历的事件，即主要指回忆过程障碍。按事件遗忘的程度可分为完全性遗忘与部分性遗忘；按其与疾病的时间关系分为顺行性遗忘、逆行性遗忘、进行性遗忘和界限性遗忘。

> **知识链接**
>
> **不同形式的遗忘**
>
> 顺行性遗忘：患者回忆不起疾病发生后一段时间内所经历的事件。遗忘的时间和疾病同时开始，如一脑部受到撞击致脑震荡的患者，对于如何受伤、如何被送入医院、住院期间如何抢救等一切情况均不能回忆。
>
> 逆行性遗忘：指不能回忆起疾病发生前某一阶段的事情。如某人自缢，经抢救意识恢复后，不能回忆自杀前用何种工具、在何处自杀，并且否认有自杀的事情。多见于脑卒中发作以后、颅脑损伤伴有意识障碍者、自缢后经抢救意识恢复者、老年性精神障碍及一氧化碳中毒者。
>
> 进行性遗忘：患者遗忘日趋严重，由近事遗忘发展到远事遗忘，同时伴有日益加重的痴呆和淡漠。主要见于老年痴呆。
>
> 界限性遗忘：指严重而强烈的心理创伤性情感体验引起的遗忘，常与患者受到批评、犯了严重错误有关。遗忘的内容多是与痛苦体验相关的事情。多见于癔症。

4. **错构（paramnesia）** 在遗忘的基础上，表现对事件的地点、情节、特别是时间上出现错误回忆，由于患者有过亲身经历，所以对错误的回忆坚信不疑。多见于各种原因引起的痴呆和酒精中毒性精神障碍。

5. **虚构（confabulation）** 在遗忘的基础上，是指患者以想象的、未曾亲身经历过的事件来填补自身经历的记忆缺损。其内容生动，带有荒诞色彩，常瞬间即忘。多见于各种原因引起的痴呆。

（五）智能障碍

智能（intelligence）是运用既往获得的知识和经验，解决新问题、形成新概念的能力，是复杂的综合精神活动的功能，反映个体在认识活动方面的差异。智能可表现为计算力、理解力以及综合、分析、判断、推理、创造力等。智能障碍可分为精神发育迟滞及痴呆两大类型。

1. **精神发育迟滞（mental retardation）** 18岁以前大脑发育阶段，由于各种致病因素，如遗传、感染、中毒、头部外伤、内分泌异常或缺氧等因素，使大脑发育不良或受阻，智能发育停留在一定的阶段。随着年龄增长其智能明显低于正常同龄人。

2. **痴呆（dementia）** 后天获得的智能、记忆和人格的全面受损。表现为创造性思维受损，抽象、理解、判断推理能力下降，记忆力、计算力下降，后天获得的知识丧失，工作和学习能力下降或丧失，甚至生活不能自理。根据大脑病理变化的性质和所涉及的范围大小的不同，可分为全面性痴呆、部分性痴呆和假性痴呆。

（1）全面性痴呆：大脑的病变主要为弥散性器质性损害，智能全面减退，常出现人格改变、定向力障碍、自知力缺乏。见于阿尔茨海默病和麻痹性痴呆等。

（2）部分性痴呆：大脑器质性病变仅限于某些限定的区域。患者只产生记忆力减退、理解力削弱、分析综合困难等。人格保持良好，定向力完整，有一定自知力。可见于脑外伤后及血管性痴呆的早期。

（3）假性痴呆：指由强烈的精神创伤所导致的一种类似痴呆的表现，脑组织结构无任何器质性损害，是由于强烈的精神因素导致的智能减退。可见于分离（转换）障碍及应激障碍等。有以下特殊类型：

1）甘瑟综合征（Ganser syndrome）：又称心因性假性痴呆，表现为对简单问题给予近似而错误的回答，对某些复杂问题反而能正确解决。如当问患者："2＋1＝？"时，患者会给出：

"2 + 1 = 4"。再如将梳子反过来梳头，把裤子当做上衣穿。但在生活中却能解决较复杂的问题，如下象棋、打扑克牌，一般生活也能够自理。

2）童样痴呆（puerilism）：以行为幼稚、模仿幼儿的言行为特征。成人患者表现为类似儿童一般的稚气，学幼童讲话的声调，自称是"小宝宝"，才3岁，逢人叫"阿姨""叔叔"等。表现为成人患者的言行类似一般儿童。

（六）定向力障碍

定向力（orientation）指一个人对时间、地点、人物以及自身状态的认识能力。前者称为对周围环境的定向力，后者称为自我定向力。对环境或自身状况的认识能力丧失或认识错误称为定向力障碍（disorientation）。定向力障碍多见于症状性精神病及脑器质性精神病伴有意识障碍时。定向力障碍是意识障碍的一个重要标志，但有定向力障碍不一定有意识障碍。

（七）意识障碍

在临床医学上，意识（consciousness）是指患者对周围环境及自身的认识和反应能力。大脑皮质及网状上行激活系统的兴奋性对维持意识起着重要作用。当意识障碍时精神活动普遍抑制，可分为周围环境意识和自我意识两种障碍。

1. 周围环境意识障碍 根据意识清晰度受损严重性，依次分为嗜睡、意识混浊、昏睡和昏迷，以意识内容变化为主的意识障碍包含：朦胧状态、谵妄状态、梦样状态等，现分述如下：

（1）嗜睡（drowsiness）：指意识清晰度降低较轻微，患者经常处于嗜睡状态，轻声呼叫或推动其肢体可立即清醒，并能正确地进行简单交谈或动作。

（2）意识混浊（confusion）：指患者对外界刺激反应阈值明显增高，除强烈刺激外，难以引起反应，多处于半睡状态，思维缓慢，内容贫乏，注意、记忆、理解均困难，表情迟钝、反应迟钝，但吞咽、对光反射存在，可出现原始动作如吸吮、强握等。

（3）昏睡（sopor）：指意识清晰度进一步降低，呼叫、推动患者已不能引起反应。但强烈疼痛刺激，如针刺手足或压眶均可引起疼痛躲避反应。可有震颤和不自主运动，角膜、睫毛等反射减退，对光反射、吞咽反射迟钝但仍存在，可有深反射亢进、手足震颤及不自主运动和病理反射。

（4）昏迷（coma）：指意识完全丧失，以痛觉反应和随意运动消失为特征。患者无自发动作，对任何刺激没有反应，防御、吞咽、睫毛、角膜、对光等各种反射均可消失。

（5）朦胧状态（twilight state）：指一种意识范围明显缩窄和意识清晰度明显降低的状态，此时定向障碍明显，有片段错觉、幻觉和妄想，可在幻觉、妄想支配下产生攻击他人的行动，常突然发生，突然中止，反复发作，持续数分钟至数小时，事后有不同程度遗忘。

（6）谵妄状态（delirium state）：指患者在意识清晰程度明显下降的状态下，出现非协调性精神运动性兴奋和感知障碍，常为大量恐怖性错觉和幻觉，伴紧张、恐怖的情感反应，语言不连贯、喃喃自语、行为冲动、杂乱无章。此时定向障碍明显，发作性历时较短，一般为数小时，偶可数天，有昼轻夜重的特点，发作后陷入深睡，醒后有不同程度遗忘。

（7）梦样状态（oneiroid state）：患者意识清晰度降低，有梦境及幻想体验，并且常为梦境遭遇的直接参加者，其内容形象模糊不清，以假性幻觉为主，对外界刺激反应迟钝或不起反应，与周围环境缺乏联系，患者可有梦呓一样自语，偶尔可出现兴奋不安。一般持续数日或数月，恢复后对梦样内容能部分回忆。见于癫痫、感染和中毒性精神障碍。

前4种意识障碍是以清晰度降低为特征，后3种意识障碍以意识清晰度下降伴范围缩小或内容变化为特征。

2. 自我意识障碍

（1）人格解体（depersonalization）：是对自身的不真实体验。此时患者可觉察不到自身躯体或精神活动的存在，如说自己的躯体和灵魂已不在世界上了，自己的脑子已不存在等。

（2）交替人格（alternating personality）：指患者在不同时间可交替体验和表现两种不同的人格。

（3）双重人格（dual personality）及多重人格（multiple personality）：指患者同时可体验和表现两种或多种不同的人格，如同时在一方面以甲的而另一方面又以乙的身份、思想和言行的精神活动方式出现。

（4）人格转换（transformation of personality）：指患者否认原来的自身，自称已变为另一个人或动物，但其思想、言行等精神活动方式不变。

人格解体属于存在性意识障碍，交替人格、双重人格、人格转换属于意识同一性障碍。

3. 另外几种意识障碍综合征

（1）梦游症（somnambulism）：指患者处于一种睡眠到觉醒的过渡状态，多在睡后 1~2 h 发生，表现为突然起床，进行简单而无目的的活动。持续数分钟后回到床上重新安静入睡。醒后完全遗忘，多见于儿童或癫痫患者。

（2）神游症（fugue）：指患者在白天处于一种睡眠到觉醒的过渡状态，无目的地外出漫游或旅行，一般持续数小时或数天，有时更长。常突然清醒，对发作中的经历有不同程度遗忘。

（八）自知力障碍

自知力（insight）又称领悟力或内省力，是指患者对自己精神疾病认识和判断的能力。一般以精神症状消失，并认识到自己的精神症状属于病态，即为自知力恢复。神经症患者有自知力，主动就医诉说病情。但精神病患者一般有不同程度的自知力缺失，往往拒绝治疗。临床上将有无自知力及自知力恢复的程度，作为判定病情轻重和疾病好转程度的重要指标。自知力完整是精神病病情痊愈的重要指标之一。自知力缺乏是精神病特有的表现。

二、情感障碍

情感（affection）和情绪（emotion）在精神医学中常作为同义词，它是指个体对客观事物的态度和因之而产生的相应的内心体验。心境（mood）是指一段时间内持续保持的某种情绪状态。情感障碍必定涉及情绪和心境。

情感障碍通常表现三种形式，即情感性质的改变、情感稳定性的改变及情感协调性的改变。

（一）情感性质的改变

1. 情感高涨（elation） 正性情感活动显著增强，表现为兴高采烈，语音高昂，表情丰富生动。表现可理解的、带有感染性的情绪高涨，易引起周围人的共鸣，常见于躁狂症。

2. 欣快（euphoria） 是智能障碍基础上出现的与周围环境不协调的愉快体验。表现为面部表情也有似乎满意和幸福愉快的表现，但给人以呆傻、愚蠢的感觉，且难以引起正常人的共鸣，同时患者自己也说不清高兴的原因。多见于脑器质性精神障碍或醉酒状态。

3. 情感低落（depression） 与情感高涨相反是一种负性情感活动的明显增强。表现情绪低落、忧心忡忡、表情沮丧、愁眉苦脸。感到自己一无是处，患者常自卑自责自罪，常伴有思维迟缓、动作减少。多见于抑郁症。

4. 焦虑（anxiety） 是指在缺乏相应的客观因素刺激下，患者出现的过分担心和紧张恐惧的情感，可伴有心悸、出汗、手抖、尿频等自主神经功能紊乱表现。惊恐发作（panic attack）为急性、严重的焦虑发作，常出现濒死感、失控感，伴有呼吸困难、心搏加快等自主神经功能紊乱症状，一般发作时间较短，持续数分钟至数十分钟。多见于焦虑症、恐惧症及更年期精神障碍。

5. 恐惧（phobia） 是指面临不利的或危险处境时出现的情绪反应。表现为紧张、害怕、提心吊胆，伴有明显的自主神经功能紊乱症状，如心悸、气急、出汗、四肢发抖，甚至大小便失禁等。病态的恐惧是指与现实威胁不相符的恐惧反应，恐惧常导致逃避。主要见于恐怖症、儿童情绪障碍及其他精神疾病。

（二）情感稳定性的改变

1. 情感不稳（emotional instability） 表现为情感反应（喜、怒、哀、愁等）极易变化，从一种恶劣情绪迅速转到另一种恶劣情绪，显得喜怒无常，变幻莫测。常见于癔症、脑器质性精神障碍。

2. 情感淡漠（apathy） 指对外界任何刺激缺乏相应的情感反应，即使对自身有密切利害关系的事情也如此。患者对周围发生的事物无动于衷，面部表情呆板，内心体验贫乏。可见于慢性精神分裂症及脑器质性精神障碍。

3. 情感脆弱（emotional fragility） 指细微的外界刺激，引起明显的情绪波动。其情感反应强烈而迅速、常因无关紧要的事件而伤心流泪或兴奋激动，不能自制。常见于癔症、脑动脉硬化性精神障碍、神经衰弱等。

4. 易激惹性（irritability） 指轻微刺激迅速引起强烈的恶劣情绪，如愤怒、激动等。常见于疲劳状态、人格障碍、神经症或偏执型精神障碍。

5. 病理性激情（pathological affect） 指突然、强烈而短暂的情感暴发，常伴有意识模糊。往往表现为残酷的暴行，以致严重伤害他人。患者不能控制和认识自己的暴发性情感和行为，事后不能完全回忆。多见于脑外伤伴发的精神障碍、精神分裂症和人格障碍等。

（三）情感协调性的改变

1. 情感倒错（parathymia） 对刺激产生的情感反应，与正常预期的性质相反。多见于精神分裂症。

2. 情感幼稚 指成人的情感反应如同小孩，变得幼稚，没有理性控制，反应迅速、强烈而鲜明，缺乏节制和遮掩。见于癔症、人格障碍和痴呆。

3. 病理性心境恶劣（pathological dysphoria） 指无任何外界原因而突然出现的低沉、紧张、害怕及不满情绪。一般持续1～2天，表现为易激动、无故恐惧，提出各种要求、诉说各种不满，处处不顺心。常见于癫痫。

4. 矛盾情感（affective ambivalence） 指患者在同一时间内对同一人或事物体验到两种完全相反的情感，患者既不感到两种情感的对立和矛盾，也不为此苦恼和不安，而将此相互矛盾的情感体验同时流露于外表或付诸行动，使人不可理解。常见于精神分裂症。

三、意志障碍

意志（volition）是指人们自觉确定目标，克服困难，用行动去实现目标的心理过程。在意志过程中，受意志支配和控制的行为称为意志行为。简单的随意和不随意行动称为动作（movement）。有动机、有目的而进行的复杂随意运动称为行为（behavior）。

（一）意志障碍

1. 意志增强（hyperbulia） 指意志活动增多。在病态情感或妄想的支配下，患者可以持续坚持某些行为，表现出极强的顽固性。有疑病妄想的患者到处求医；在夸大妄想的支配下，患者夜以继日地从事无效的发明创造等；有嫉妒妄想的患者坚信配偶有外遇，长期对配偶进行跟踪、监视、检查；躁狂状态时，患者对周围环境中的一切都感兴趣，终日忙忙碌碌精力充沛，没有疲劳感。多见于偏执型精神分裂症、躁狂症等。

2. 意志减弱（hypobulia） 指病理性意志活动减少。患者表现出动机不足，缺乏积极主动性及进取心，对周围一切事物无兴趣以致意志消沉，不愿进行社交活动，严重时懒于料理日常生活。工作学习感到吃力，即使开始做某事也不能坚持到底。常见于抑郁症及精神分裂症。

3. 意志缺乏（abulia） 指意志活动缺乏。表现为对任何活动都缺乏动机、要求，行为孤僻、退缩，对生活没有激情，对工作、学习缺乏责任心，处处需要别人督促和管理，常伴有情感淡漠和思维贫乏。多见于精神分裂症及痴呆。

4. 矛盾意向（ambivalence） 表现为对同一事物，同时出现两种完全相反的意向，但患者并不感到这两种意向的矛盾和对立，没有痛苦和不安。如患者碰到朋友时，想去握手，却把手缩回来。多见于精神分裂症。

（二）动作与行为障碍

1. 精神运动性兴奋（psychomotor excitement） 指整个精神活动的增强，突出表现在动作和言语的增多。可分为协调性和不协调性精神运动性兴奋两类。

（1）协调性精神运动性兴奋：动作和行为的增加与思维、情感活动协调一致，并和环境密切联系。患者的行为是有目的的、可理解的，整个精神活动协调，多见于躁狂症。

（2）不协调性精神运动性兴奋：主要是指患者的言语动作增多与思维、情感不相协调。动作单调杂乱，无动机及目的性，使人难以理解，与外界环境也不配合。可见于精神分裂症和谵妄。

2. 精神运动性抑制（psychomotor inhibition） 指行为动作和言语活动的减少。主要包括木僵、蜡样屈曲、缄默症和违拗症等。

（1）木僵（stupor）：指动作行为和言语活动的完全抑制或减少，并经常保持一种固定姿势。轻时表现为问之不答、唤之不动、表情呆滞，但在无人时能自动进食，能自动大小便。严重时患者不言、不动、不食，面部表情固定，大小便潴留，对刺激缺乏反应，如不予治疗，可维持很长时间。可见于严重抑郁症、心因性精神障碍、脑器质性精神障碍、精神分裂症等。

（2）蜡样屈曲（waxy flexibility）：在木僵基础上，患者的肢体任人随意摆布，即使是不舒服的姿势，也较长时间似蜡像一样维持不动。如将患者头部抬高好似枕着枕头，此姿势可维持很长时间，称之为"空气枕头"，此时患者意识清楚，病好后能回忆。多见于紧张型精神分裂症。

（3）缄默症（mutism）：患者缄默不语，不回答问题，有时可以用手示意。见于癔症及精神分裂症紧张型。

（4）违拗症（negativism）：对别人所提要求不做反应（被动性违拗）或做相反动作（主动性违拗）。多见于紧张型精神分裂症。

（5）刻板动作（stereotyped act）：指患者持续单调地重复无意义的动作，常与刻板言语同时出现。多见于紧张型精神分裂症。

（6）模仿动作（echopraxia）：指患者无目的地模仿别人的动作，常与模仿言语同时存在，见于紧张型精神分裂症。

（7）作态（mannerism）：指患者做出古怪的、愚蠢的、幼稚做作的动作、姿势、步态与表情，如做怪相、扮鬼脸等。多见于精神分裂症青春型。

 考点提示

认知障碍的表现；情感障碍的表现；意志障碍的表现。

思政园地

重视心理健康和精神卫生

习近平总书记在党的二十大报告中提出："重视心理健康和精神卫生。"心理健康是人在成长和发展过程中，认知合理、情绪稳定、行为适当、人际和谐、适应变化的一种完好状态。重视心理健康和精神卫生，就是运用心理学及医学的理论和方法，预防或减少各类心理行为问题，促进心理健康，提高生活质量，形成自尊自信、理性平和、积极向上的社会心态。心理健康和精神卫生是公共卫生的重要组成部分，也是重大的民生问题和突出的社会问题。重视心理健康和精神卫生，一是有利于发展精神卫生事业，促进全国心理健康和精神卫生防治体系不断健全，规范精神卫生服务，维护精神障碍患者的合法权益。二是有利于改善公众心理健康水平，促进社会心态稳定和人际和谐，提升公众幸福感。三是有利于培养良好道德风尚，促进经济社会协调发展，实现国家长治久安。

近年来，心理健康和精神卫生工作已经纳入全国深化改革和社会综合治理范畴，已设立国家心理健康和精神卫生防治中心，开展社会心理服务体系建设试点，探索覆盖全人群的社会心理服务模式和工作机制。心理健康和精神卫生工作是一项系统工程，需要从公众认知、基础教育、社会心理、患者救治、社区康复、服务管理、救助保障等全流程加大工作力度，以适应人民群众快速增长的心理健康和精神卫生需求。

自 测 题

1. 在精神障碍病因学生物学因素中不包括
   A. 遗传因素　　　　　　B. 躯体因素　　　　　　C. 理化因素
   D. 性别因素　　　　　　E. 精神应激因素

2. 谵妄状态属于下列何种障碍
   A. 意识障碍　　　　　　B. 思维障碍　　　　　　C. 记忆障碍
   D. 情感障碍　　　　　　E. 意志行为障碍

3. 轻微地触摸皮肤即感到疼痛难忍属于
   A. 感觉减退　　　　　　B. 感觉过敏　　　　　　C. 错觉
   D. 幻觉　　　　　　　　E. 内感性不适

4. 某患者近来总感觉肚里有虫爬，不舒服，但却不能明确具体部位。此表现为
   A. 错觉　　　　　　　　B. 幻触　　　　　　　　C. 感觉过敏
   D. 内感性不适　　　　　E. 感觉减退

5. "草木皆兵""杯弓蛇影"属于
   A. 幻嗅　　　　　　　　B. 幻触　　　　　　　　C. 感觉过敏
   D. 错觉　　　　　　　　E. 感觉减退

6. 某患者近来对家人朋友冷淡，生活懒散，对外界任何刺激均缺乏相应的情感反应，表现出无所谓的样子。此症状属于
   A. 情感高涨　　　　　　B. 情绪低落　　　　　　C. 情感淡漠
   D. 情感倒错　　　　　　E. 易激惹

7. 患者对医生所提问题均不做回答，医生让其开口喝水，患者却双唇紧闭，扭头逃避面前的杯子。该患者的症状可能是

  A. 主动违拗   B. 缄默症   C. 被动违拗
  D. 木僵   E. 强迫动作

二、简答题

简述精神症状的共同特点。

三、案例分析

患者，男，47岁，患者坚信有人在他身上安装了特殊发射装置，自己头脑中的事，周围的人都知道。他说："我想去北京路，出门就看到出租车在路边等我；我在饮食店吃小笼包，想要一碟酱油，服务员就把酱油送到我餐桌；在家我想听一首某人的歌，打开收音机，就听到她在唱《心雨》……你们不要再问我，我的事你们都知道，我没有秘密了。"

问题：该患者具有哪些主要精神症状？

（熊　琼　李丽霞）

第三章　精神科护理的基本技能

学习目标

1. 解释治疗性护患关系的概念。
2. 简述建立护患关系的要求。
3. 列举对精神障碍患者护理观察的内容和方法。
4. 能正确实施安全、卫生、饮食、睡眠等基础护理技术。
5. 能运用护理程序对精神科患者进行整体护理。
6. 通过本章学习，培养"奉献、勇敢、人道"的精神科职业精神。

在人们的概念中时常把精神障碍患者妖魔化，所以谈到精神障碍患者，多数人都害怕，何况精神科护士要与精神障碍患者朝夕相处，所以要掌握精神科护理技术，必须首先认识精神疾病，认识精神障碍患者也是人这两个关键的问题。首先精神疾病是由各种原因引起大脑功能紊乱，即人的"指挥中心"出错，导致患者的感觉、知觉、情感、意志及行为异常，而且这些不随患者意志所转移，是一种疾病所致，并会让患者有痛苦或愉快的感受。更可怕的是，患者不能正确地认识自己，判断是非，甚至失去安全防范能力，失去生活自理能力，更有甚者不知脏臭，或出现伤人、毁物、自伤自杀等行为；同时精神障碍患者也是人，是人就有人的一切生活需要，生存需要和生理需要，所以现代整体护理的理念同样适用于精神科护理。精神科护士比普通护士对自身心理素质要求更高，更应该理解、尊重、帮助精神障碍患者，为促进人类的健康而奋斗。

第一节　治疗性护患关系的建立

一、概念

治疗性护患关系是护士运用专业知识和技能与患者建立的特殊的人际关系，并且利用这种关系帮助患者达到治疗的目的，因此称之为"治疗性人际关系"。要使这种护理关系正常、良性地发展，从而达到预期的目标，护士须最大限度地利用沟通技术，了解患者的想法、感受、经历、需求、行为等，建立专业性、支持性、帮助性的人际关系。良好的治疗性护患关系在精神障碍治疗中起着非常重要的作用。

二、接触患者与建立护患关系的要求

接触精神障碍患者的基本要求：要从语言、态度、行为等各个方面给患者以积极的教育和影响，鼓励患者发挥最大潜能，调整患者与环境的关系，帮助患者减轻精神障碍症状的困扰，使患者重新享受充实、温暖、美好的人生。接触患者技巧是精神科护理人员的基本功，是准确掌握患者病情的重要方法。

（一）了解患者基本情况和疾病情况

1. 一般情况　了解患者的姓名、性别、年龄、职业、文化程度、成长环境、个性特征、婚姻家庭状况、生活习惯、宗教信仰等。

2. 疾病情况　掌握患者的精神症状、病史、阳性检查结果、诊断、治疗方案、护理要点。根据患者的不同症状，采取适当的接触方法。

（二）树立良好的自身形象

1. 良好的护士形象　护士应精神饱满、仪表端庄、大方得体、主动热情、态度友善、语言美好，对患者增加亲和力和信任感，为进一步实施护理措施奠定基础。

2. 良好的心理素质　护士必须保持稳定的情绪，了解自身的个性特征，对患者的态度稳定以及具备帮助患者解决问题的能力。一方面，护士要加强学习，并且要有意识地注意完善自己的性格修养；另一方面，还要根据患者的情况，不断地、适时地调整自己。

（三）尊重患者人格、保护隐私

1. 称呼得当　应尊重患者，根据患者的姓名、性别和职业等给以恰当的称呼。

2. 真诚、尊重　护士可用语言、非语言的方式表现出对患者的真诚和尊重，增强其自信心。

3. 保护隐私　保护患者的个人隐私，决不能因为患者某些病态语言和行为而损害其人格，更不能给患者起绰号，并以此为笑料来嘲笑或愚弄患者。

（四）讲究语言艺术

1. 说话态度要和气、诚恳、果断。
2. 语气要温和，语句要清晰，语意要明确。
3. 解释要到位，思维要合乎逻辑。
4. 根据患者的个性特点和病情等具体情况，采取不同的语言艺术，使患者感到护士是亲切的、可信赖的、有权威的，从而愿意讲出自己的感受和想法。

三、接触患者与建立维持护患关系的技巧

1. 与新入院患者沟通　患者入院时精神症状比较活跃，多数否认有病，住院不安心，甚至表现抗拒。护士要以热情、理解的态度接待患者。对合作的患者要主动介绍病房环境，介绍医院规章制度以及医生、护士、护士长。对不合作的患者，要避免采取急躁、强制的手段，一边耐心说服，一边摸索患者的特点，灵活运用，使患者安静下来，然后及时采取治疗措施，设法缓解患者激动的情绪，待患者安静下来以后再深入交谈。

2. 各类型患者的沟通技巧　与不同类型患者的沟通，采取不同的沟通方法。对胆怯、恐惧、被动、退缩、抑郁的患者，护士要主动问候，发现有需要帮助之处，要及时给予解决；对焦虑、纠缠不休的患者，护士不要显示出厌烦的态度，要耐心倾听，并给予必要的解答；对情绪激动、暴躁不安的患者，护士要沉着、镇静，先要排除环境中可能引起患者冲动行为的原因，并且告知患者正确有效的解决办法；在与缄默不言、木僵状态患者交往时，虽然患者无法交谈，但是护士每天仍然要主动问候患者，在做任何护理操作时，都要向患者解释，同时应用身体语言，例如眼神、面部表情、手势、姿势、身体间接触、双方距离等传达对患者的信息。

 考点提示

与不同类型患者的沟通技巧。

第二节 对精神障碍患者的护理观察和记录

案例

患者，46岁，女，已婚，初中文化。入院3个月有余。患者入院后能服从管理，早上能自觉起床洗漱整理被褥，自觉排队吃饭服药，能积极参与集体工娱活动。由于临近春节，患者近几天突然表现郁郁寡欢，闷闷不乐，数问不答，日常生活懒散，吃饭、服药等需要督促，对周围事物缺乏关注，情感淡漠。

问题与思考：
1. 对该患者的观察方法有哪些？
2. 护理观察内容记录有何要求？

一、护理观察

通过护士连续性的观察，掌握病情的动态变化，了解患者的需要，从而有针对性地、及时地对患者提供护理，同时为诊断、治疗和护理计划提供重要依据和保障。

（一）观察内容

1. 一般情况　包括意识状态、仪表仪容、行为反应（接触反应是主动、被动或是违拗，态度热情或冷淡、粗暴或抗拒、集体活动中合群或孤僻）、语言沟通能力、个人的生活自理情况及睡眠、饮食、排泄、女性患者的月经情况等。

2. 精神症状　有无意识障碍、幻觉、妄想、病态行为等精神症状。

3. 躯体状况　应观察患者营养状况、全身的皮肤黏膜情况、有无脱水征象等。测量体温、脉搏、呼吸、血压等生命体征，了解辅助检查结果有无异常。

4. 治疗情况　应用何种药物治疗，患者对治疗护理是否合作，治疗效果如何，有无不良反应。

5. 心理需求和社会情况　患者对医护人员和亲属的心理支持的需求情况，患者与家庭成员的关系如何，学习、工作、社会交往情况如何。

（二）观察方法

1. 直接观察法　护士直接与患者接触，询问、听取患者的诉说，观察患者的行为举止或采用量表测评，是护理工作中最常用和最重要的观察方法，用这种方法获取的资料相对客观、真实、可靠。直接观察法通常用于意识相对清晰、交谈合作的患者。

2. 间接观察法　护士通过患者的亲属、好友、同事等了解患者的情况，或通过患者的信件、绘画及手工作品等了解患者的思维和情感活动情况。一般用于不愿意暴露思维内容、不合作的患者。

二、护理记录

（一）护理记录的概念

护理记录是护士在护理活动中对患者病情变化和护理措施的客观记录，通过问诊、查体、辅助检查、诊断、治疗、护理等活动中获得的有关资料，经归纳、分析、整理形成的护理记录，是医疗文件重要组成部分。

（二）护理记录的内容

包括患者一般情况、精神症状、躯体疾病、护理体检、日常生活状况、治疗护理措施、社会支持、健康知识接受能力等。

（三）护理记录的作用

护理记录既是临床、教学、科研、护理、预防工作中不可缺少的文字资料，也是司法鉴定或发生医患纠纷时的临床依据。

（四）护理记录的要求

1. 记录内容应客观、真实　护士在记录中对一些客观病情表现的描述，尽量少用主观判断，避免医学术语。
2. 记录内容应规范、准确　护理记录要表述准确，字迹清楚，语句通顺。
3. 记录内容应及时、完整　护理记录的时效性对患者病情治疗护理和医疗纠纷的分析都有重要的影响。精神科临床实践活动中，护理记录应关注患者的整体身心健康，避免仅注重精神症状忽略躯体症状。

（五）精神科护理记录的具体方法

1. 新入院记录　包括入院时间、陪同者、住院次数、仪表、意识、接触合作程度、对答情况、定向力、自知力、本次住院原因、主要精神症状、门诊诊断、入院护理处置等；患者入院三天内需班班记录，内容包括：精神症状、躯体症状、生活自理能力、饮食、睡眠情况，对住院治疗的合作程度、治疗措施、护理方案，有无"三防"（防自杀、防冲动、防逃跑）等要求。
2. 一级护理记录　记录患者对住院所持的态度，是否安心住院，对治疗的合作程度、治疗护理措施、用药后的反应、饮食、睡眠情况、生活自理情况；生命体征、精神症状及心理活动过程，有无躯体不适等；原则上每天三班记录，有特殊情况要及时记录。
3. 二级护理记录　将患者对疾病的认识能力进行原话记录，记录患者躯体情况、配合治疗情况、参加工娱活动情况、患者精神症状如幻觉、妄想等。及时记录患者对目前用药治疗的情况及有无药物不良反应。原则上每周记录一次，有特殊情况需及时记录。
4. 三级护理记录　记录患者日常生活自理能力、躯体健康状态、心理健康状态、精神症状的缓解程度；患者对出院的态度及出院后的打算；用药后有无反应，病情巩固的情况；原则上每个月记录一次。

 考点提示

护理记录的要求。

第三节　精神科基础护理

一、安全护理

精神障碍患者的安全护理一直被视为精神科临床护理工作中至关重要的环节，这是因为患者在精神症状和现实环境中的应激性因素的双重影响下，会发生危害自身或伤害他人以及破坏周围环境的行为，如自杀、伤人、毁物等，因此护理人员要对患者的情况了如指掌，随时注意观察病情变化，防患于未然，如有意外发生及时采取有效的应对措施。

（一）病室安全管理

1. 病室设施布局　精神科病房内设施尽量简单和安全，病床采用家庭式低矮病床，床与床之间的距离不少于 1 m，床旁桌放在适宜的位置，最好固定于地面，以免成为患者攻击或毁物的工具。病室地面应平坦、防滑、无障碍物，以免患者滑倒或摔伤。病室内光线清晰、柔和，以保证患者的活动安全。夜间应有照明的地灯，保证患者晚上如厕时不会撞伤或跌倒。病室内如有电插座及插头，均应暗埋，且应高于患者手能触及的位置，以防患者不小心触电或趁机自杀等危险出现。厕所内铺防滑垫，便器及淋浴器旁应装有扶手或拉杆，供患者使用以免滑跌。

2. 病室安全管理　定期检查病区门窗、电气设备及水管、暖气设备等，发现损坏，应及时报告后勤部门，及时修理；医护人员带到病室内的治疗和护理所用的医疗物品均应清点数目、种类，不能遗漏在病室，如有缺少，应马上找回，防止患者藏匿引发安全事故。病区内医护办公室、治疗室、抢救室、开水房、配餐室、值班室等场所均应进出随手锁门。

（二）患者的安全管理

1. 入院安全

（1）入院流程：由门诊医生根据患者病情开具入院证，并通知病房有新患者入院，病房护士随即做好接收患者的准备；患者在家属、单位人员协同下（或以强制性方式）持入院证、有效证件、押金及生活必需品到住院处办理入院手续；患者或家属要保存好缴费等收据，以备出院使用；住院处护士陪同患者到病区。

（2）入院安全检查：患者入院时，护士应对患者及其随身携带用物进行常规安全检查，以确保患者住院期间的安全。主要包括：①患者的安全检查：检查患者衣袋、裤袋、鞋内有无不安全物品，如刀片、玻璃、绳带等，如有，应立即搜缴，交给其家属带回，或存放于病区。要求患者必须脱去外衣换上医院病员服，以利于对病员的统一管理。换下的衣服和裤子放在病区指定地点统一保管，待患者请假外出，或出院时再还给患者。②患者用物的安全检查：在入院时，护士还必须对患者及家属带来的用物进行检查，患者的现金、镜子、剃须刀、打火机、手机充电器等物品，必须由医务人员暂时保管，待患者需要使用时，由护士发给患者，并在护士的视线范围内安全使用，用完后，再交回保管。出院时统一退还给患者。

（3）入院安全教育：①患者的安全教育。对于意识清晰的患者，在入院时，应对其进行安全教育，告知入院期间的各项安全管理制度。对于强制性入院、精神症状明显者，更要耐心地解释，尽可能让患者理解并遵守。②患者家属的安全教育。对患者家属也要做好入院安全教育，使其明白精神科安全管理的重要性，协助患者自觉遵守各项病区安全管理制度，更好地配合治疗和护理。

2. 住院期间安全

（1）加强巡视，警惕不安全因素：在患者住院期间，凡有患者活动的场所如病室、餐厅、娱乐室、花园等，必须有护士的看护和巡查，以防异常情况发生；对有冲动、伤人、自伤、自杀、外走企图或行为的患者要做到心中有数，在护士视线内活动，严重者必须安置于重症病室，进行24 h监护，一旦有意外征兆应及时采取有效措施予以防范。在夜间、凌晨、午睡、开饭前、发药后这些意外事件高发的时段，更要加强观察和巡视，及时发现问题，以防安全事故的发生。

（2）加强安全检查

1）常规安全检查：住院期间，为了保证患者的安全，防止意外事故的发生，护士应坚持每日常规进行安全检查2次，上午和下午各1次。主要检查患者床铺、床旁桌柜子里有无暗藏药物、绳索、锐利物品等，安全检查可以和晨晚间护理同时进行。

2）其他安全检查：在住院期间，患者如有会客、请假出院返回、外出活动返回等情况，均应进行安全检查，防止其将危险物品带入病房。

3. 加强患者管理

（1）限定患者的活动区域：在住院期间，患者不得随意进出治疗室、办公室、医务人员更衣室、备餐室、开水房等，严防患者擅自取药、藏药及拿走其他危险物品。

（2）患者外出检查的安全：患者离开病区外出检查时，应根据患者的病情配备适量的护送人员，途中护送人员视线不离患者，密切观察患者动态。

（3）做好病房患者人数的清点：随时清点患者人数，特别是在交接班、发药、进餐前，精神科护士除了要记得患者名字外，还必须尽快记住患者的样貌，这样在清点人数时以及在发药、注射等治疗护理中才不致出错。如果清点人数有差异，应立即找寻，防止外走等意外的发生。特别注意厕所、走廊尽头、暗角、僻静处，这些地方极易发生意外。

（4）严格执行各种规章和制度：护理人员工作中要严格执行各项规章制度，如给药制度、交接班制度、岗位责任制度、安全检查制度等。如患者服药后，护士必须要求其张口，检查是否吞下药物，以免患者藏药或将藏匿的药物一次顿服，造成生命危险。

4. 工娱治疗的安全管理　工娱治疗包括工作治疗和娱乐治疗，是指通过组织患者参加适当的工作和娱乐活动以促进其康复的辅助治疗方法。在治疗时，应加强对患者精神状态变化的观察，管理好各种物品和器材，尤其是危险物品，如刀、剪、针、锤等，防止损坏或丢失，在使用时也必须在工作人员视线范围内。患者治疗过程中需有人陪伴，以保证安全。交接班时必须清点人数和器械物品，防止患者外走或藏匿。

5. 保护具使用的安全　保护性约束是指在精神科医疗过程中，医护人员针对患者病情的特殊情况，紧急实施的一种强制性活动，最大限度限制其行为活动的医疗保护措施，它是精神科治疗护理特殊患者的方法之一，目的是最大限度地减少其他意外因素对患者的伤害（图3-1）。

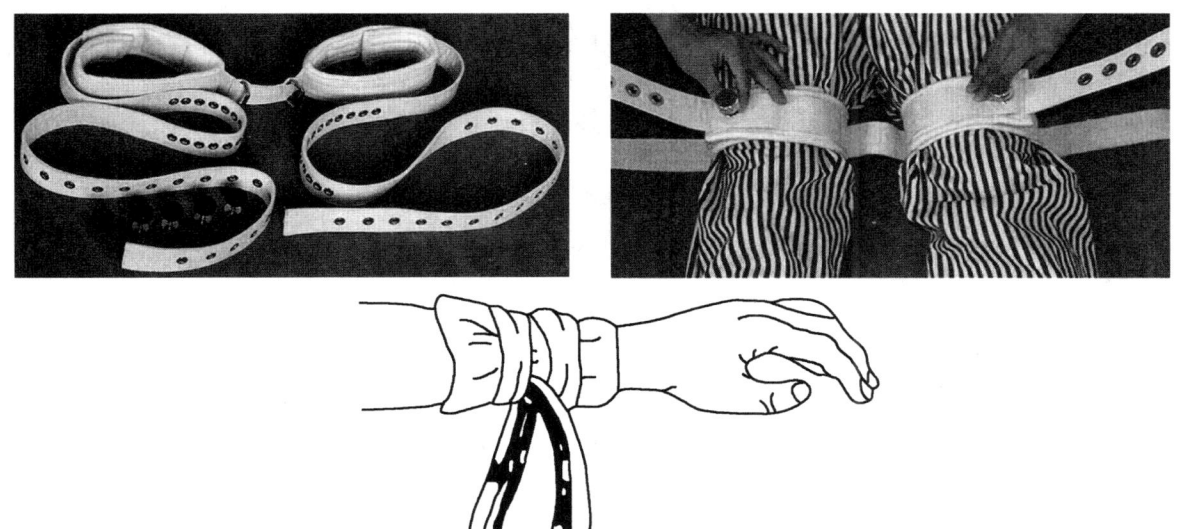

图3-1　约束保护带的使用

（1）操作流程

1）评估：评估患者的病情，选择相应的保护具。

2）解释：向患者及患者家属充分说明约束的目的和必要性。

3）取下：取下患者佩戴在身上的任何物品。

4）巡视：定时巡视患者，对患者进行动态评估。

5）记录：记录患者的病情，实施保护性约束的原因、约束的时间、约束的部位及约束时皮肤及肢体循环状况，约束后患者的皮肤及躯体的变化情况和解除约束的时间、解除约束的人员。

（2）注意事项

1）符合约束保护的应用原则，方可实施。

2）取得其谅解，并签署知情同意书。

3）避免物品损伤皮肤。

4）尊重患者隐私，减少身体暴露部位。

5）及时供给食物和水，处理大小便，保持床单清洁。

6）及时、准确使用保护具。

二、个人卫生护理

精神障碍患者由于大脑功能紊乱，常处于情感淡漠、活动减少或高度兴奋躁动、行为紊乱的状态之中，有的患者甚至生活不能自理，不知洁污；机体抵抗力下降，并发各种躯体疾患，如护理不当，常并发呼吸道、胃肠道疾病；皮肤感染、压疮、冻伤等发生，给患者带来一定的痛苦。因此，清洁护理可做好精神障碍患者的个人卫生，增强机体免疫力，预防躯体并发症，减少患者的痛苦，是基础护理工作的重要内容之一。

（一）口腔卫生

1. 对于木僵、危重、高热、躁动及昏迷的患者，应每日进行口腔护理两次。
2. 对于症状较轻患者应培养其早晚刷牙，饭后漱口的习惯。
3. 对于生活被动、懒散的患者应督促其刷牙。
4. 对于生活不能自理而又不合作的患者应协助其清洁口腔。
5. 对于兴奋躁动患者应鼓励其多饮水。
6. 对于大剂量服用抗精神病药物，出现锥体外系反应而口水增多的患者，用棉签蘸复方硼砂溶液或生理盐水等擦拭口腔和牙齿。
7. 发现口腔溃疡应及时处理，以防合并感染。
8. 洗漱用具用后妥善保管，以免患者乱用或丢失。
9. 口杯应每周清洗一次。

（二）皮肤护理

1. 新入院患者 应督促或协助其洗澡、更换统一的服装，修剪指（趾）甲，以防抓伤他人或自伤。
2. 防压疮 应随时更换衣裤并清洗局部，以保护皮肤，减少刺激。年老体弱、营养不良的患者和生活不能自理、大小便失禁的患者，因消瘦、长期卧床、抵抗力较差、周围循环不好等原因，容易发生压疮；对于木僵或长期卧床患者，应定时翻身，并按摩后背突出处，以免发生压疮。
3. 沐浴 住院患者冬季可每周沐浴2次；夏季每日沐浴一次，并更换清洁衣服，定时修剪指（趾）甲。
4. 防皮炎、皮肤感染 某些患者由于对抗精神病药物过敏而出现荨麻疹，应防止患者抓挠，并报告医生处理，以防止皮肤感染；对于服用大剂量氯丙嗪的患者，在夏季应防止在日光下暴晒，以免形成剥脱性皮炎。

（三）晨晚间护理

1. 清洁卫生 每日晨晚组织患者刷牙（或口腔清洁）洗脸。
2. 梳发 女患者每天梳头，梳子、发夹、头绳应给予妥善保管，防止自杀企图严重的患者发生意外。
3. 晚上就寝前护理 用热水洗脸、洗脚，以达到清洁目的，同时也能促进睡眠，女患者每晚清洗外阴部。

4. 理发　定期给患者理发，一般夏季每半个月一次，冬季20天1次。

5. 修面　每周给患者修面1次，剃须刀、剪刀应安全保存。

三、饮食护理

精神障碍患者可产生多种饮食异常，如少食、拒食、抢食、暴饮暴食，甚至吞食异物等。也可因药物的不良反应引起吞咽困难、噎食等。因此，饮食护理是精神科基础护理重要组成部分。

（一）住院患者食品管理

1. 组织患者饭前饭后要洗手。
2. 家属或亲友送来的食品，应交给护士统一保管，定时分发。
3. 护士要在物品包装上写好患者的名字，存放在专用柜内。
4. 为患者做好食用前的准备工作，按时按量地发给患者食用，如是水果，要洗净、削皮后再发给患者。
5. 进食过程在护理人员的视线范围内。

（二）进餐护理

1. 进餐前

（1）餐厅环境：宽敞明亮，地面干燥、防滑，桌子清洁、消毒。

（2）餐前洗手：督促患者清洁手（或消毒毛巾擦手）。

（3）排队领取：要求患者排队领取，登记用餐人数。

（4）安排餐位：安排相对固定的位置，维持好餐厅的秩序，避免相互拥挤、争执和烫伤。

（5）对禁食者解释：对医嘱必须禁食的患者要做好解释工作，防止偷食、抢食或者藏食。

2. 进餐时

（1）按医嘱用餐：对住院患者一般给予普通饮食，荤素搭配，保持营养均衡，严格执行饮食医嘱，要按时、按量、按病情需要给患者适宜的饮食。

（2）进餐方式：可采用集体进餐。进餐时，可播放轻音乐，以放松患者的情绪，增进患者的食欲。

（3）及时巡视：护理人员要及时巡视每位病员，以免发生患者漏食、倒食、藏食或躲避进食。

（4）特殊患者需要专人护理

1）兴奋躁动、抢食、暴食、贪食的患者，要限制其食量，并劝其放慢进食的速度，患者可单独进餐。

2）对吞食异物的患者，要重点观察，必要时予以隔离。

3）对被害妄想，疑心饭菜有毒者，可让其任意挑选饭菜，或由他人先试尝，或与他人交换食物，适当满足要求，以解除疑点，促进进食。

4）对罪恶妄想，自认罪大恶极，低人一等，不配吃好食而拒食的患者，可将饭菜拌杂，使患者误认为是他人的残汤剩饭而促使进食。

5）木僵、紧张症状群的拒食患者，宜在宁静的环境中，试予喂食，必要时给予鼻饲或静脉输液。

6）对吞咽困难的患者，视情况给予半流质或流质食物，并劝其细嚼慢咽。

7）防范冲动患者用餐具伤人或者自伤。

四、排泄护理

精神药物常见的副作用是便秘和尿潴留,发现患者排泄异常,要及时处理。

1. 对三日无大便的患者,应报告医生,遵医嘱给予通便处理。
2. 预防便秘,给予预防便秘的相关知识宣教,如鼓励患者多饮水,多吃蔬菜、水果,多活动。
3. 反应迟钝、行动缓慢的患者,通常大小便不能自理,护理人员应耐心解释,必要时给予协助。
4. 年老体弱、不知如厕的患者应观察大小便间隔时间,按时督促患者排便。
5. 对尿潴留的患者诱导排尿,必要时按医嘱导尿。

五、睡眠护理

精神障碍患者的睡眠正常与否预示病情好转、波动或者加剧。严重的失眠可使患者产生焦虑、烦躁、抑郁,导致病情恶化,甚至发生意外事件。因此,睡眠护理非常重要。

(一)影响睡眠的原因

1. 精神症状因素 如幻觉、妄想、焦虑、抑郁、恐惧、兴奋等。
2. 环境改变因素 如对医院环境的陌生,不适应。
3. 躯体疾病因素 如疼痛、腹泻、尿频等。
4. 睡前饮服兴奋物质 睡前服用了兴奋剂或喝了含有兴奋成分的饮料等。

(二)睡眠障碍的表现

入睡困难、时睡时醒、早醒、易醒、多梦、主观性失眠、睡眠中断、睡眠规律倒置,甚至彻夜不眠等。

(三)睡眠护理

1. 评估 评估睡眠性质,找出并分析引起睡眠障碍的诱发因素。
2. 创造良好睡眠环境 ①室内空气流通,温湿度适宜,安静,光线柔和,床铺清洁、干燥,使人感到舒适易于入睡;②及时处理吵闹、兴奋的患者;③工作人员做到"四轻",即:说话轻、走路轻、开关门轻、操作轻;④重症患者与一般患者分室居住。
3. 避免睡前兴奋 不宜长久谈话,不宜在睡前看刺激、紧张的电视或书刊,不宜睡前喝咖啡、浓茶、多饮水等。
4. 严格作息制度 督促患者按时作息,白天睡眠时间不宜过长,以免引起睡眠规律倒置。
5. 教会入睡方法 教会患者一些有助入睡的方法,如睡前温水泡脚、全身放松、数数字等。
6. 必要时按医嘱给药 遵医嘱给予一定的安眠药,主观性失眠可给予安慰剂且正确使用安眠药。①给患者服安眠药的时间,一般在晚九时以后为宜;②不可长期使用某一种药物,以免形成药物依赖。
7. 心理护理 ①做好睡前的心理护理;②对紧张、恐惧的患者,护理人员应做好安慰与解释工作,并在护士的视线内活动,让其有安全感。盖被、放蚊帐等,利于患者安心入睡。
8. 就寝前生活料理 对生活自理能力差的患者,应做好就寝前的一切生活料理,如脱衣、盖被、放蚊帐等,利于患者安心入睡。
9. 密切观察 ①密切观察患者的睡眠情况,经常巡视病房,每1h登记一次睡眠记录;②要有分析地观察;③要有重点地巡视:患者虽卧床但辗转反侧,唉声叹气或多次起床活动，往往提示有睡眠障碍或者病情发生变化，除查明原因、恰当处理外，还应重点巡视；④要观察安眠药的效果：观察给药后患者的睡眠深度，面部表情，呼吸频率，睡眠姿势，鼾声及有无药物的副作用。如发现患者夜间起床步态不稳，要上前搀扶，防止跌伤。

六、治疗依从性护理

精神疾病的治疗主要为药物治疗、辅于物理治疗及心理治疗，特别是急性期的精神障碍患者，在精神症状的影响下，常不能正确反映治疗带来的不适，因此，为了保证各项治疗的实施，避免发生不良反应及出现严重并发症等，护士应该正确掌握对精神障碍患者各项治疗的方法，提高患者治疗的依从性。

（一）给药治疗原则

首先应尊重患者的人格，不能因为患者不合作而表现出简单、粗暴的态度，强制的手段只能加重患者对治疗的抗拒。护士应以耐心、关切的态度，解释在先，礼貌相待，这样做有助于取得患者的合作。另外，护士要严格执行查对制度，防止发生差错。为了保证给药的准确性，应对所应用的药物做到心中有数。同时，还要随时注意观察患者有无出现不良反应，不要把不良反应当作精神症状来对待。

（二）给药治疗方法

1. 口服给药治疗　发药口服时，应组织患者集体服药，患者排队，先发合作的后发不合作的患者，护士将药车推至患者旁，逐个将药发给患者。呼唤患者姓名、认清面貌、核对药卡号无误后再发药。服药后应检查患者口腔、手中、药杯，确认将药服下后再离开。对拒绝服药、说服无效的患者，不能强行喂药，以免发生误服使药进入气管内，可采取鼻饲或注射给药的方法。

2. 注射给药治疗　通过肌内注射的方法给予精神药物治疗时，为了避免在注射部位产生硬结，必须选择肌肉较厚的部位，采取深部肌内注射，并经常交换注射部位。给兴奋躁动患者注射时，要防止折针，固定好注射部位。通过静脉注射或静脉输液途径给药时，要注意注射的速度和滴速宜慢。必要时，对患者采取保护性约束，以保证治疗顺利进行。给药后让患者静卧20～30 min后再起床，避免过快变换体位而发生体位性低血压。静脉输液的患者要在护士的监护下输液，防止患者自己拔针，或被其他患者伤害。同时还要注意观察有无输液不良反应的发生。

考点提示

精神障碍患者给药治疗方法。

第四节　精神障碍患者的组织与管理

一、精神障碍患者日常活动和康复活动的组织与管理

（一）精神障碍患者日常活动的组织与管理

同一病房的精神障碍患者大都躯体健康，活动自如，但生活习惯、个性特征各不相同，而且精神症状各异，处于不同的疾病阶段，有着不同的行为表现，因此，为了保证患者的安全、舒适，保证医疗、护理工作的顺利进行，必须做好住院患者日常活动的组织。

1. 制定制度　制定病房管理制度，并根据实际工作情况及时修订。入院当日即开始向患者及家属做好宣教，包括患者的24 h作息制度、探视制度、外出制度等，让患者和家属理解遵守制度的重要性。督促患者遵守病房内的各项制度。

2. 定期召开工休座谈会　定期召开全体患者工休座谈会。患者可以发表和讨论对病房工作、管理及医务人员服务态度等方面的意见和建议。这样不但可以听取患者的意见，改进工作，满足患者的合理要求；还可通过让患者参与病房管理，充分调动患者的主观能动性。护理人员在工休座谈会上，还可以针对当前病房的问题，对患者提出要求和进行宣教；以及对进步的患者提出表扬和鼓励等。通过这种形式还可以增加护患沟通的机会，有利于良好护患关系的建立。

3. 成立患者委员会　在精神科病房住院时间较长的患者，可以选择病情稳定，有组织能力，积极热心的患者成立患者委员会。委员会成员可以由患者推举产生，也可以由负责相关工作的护士决定产生。委员会成员参与部分病房管理，协助医务人员组织和开展患者的日常生活和活动。鼓励患者参与活动，活跃气氛，增加患者之间的交流和促进症状缓解；督促患者遵守病房内的各项制度，维持病房正常秩序和卫生；还可以协调患者之间关系等。任职患者出院后，要及时推荐补充新成员，使患者委员会的工作能有效顺利地开展。这种方式可以调动患者的积极性，既有利于病房内患者社会功能的恢复，又有利于病房内患者组织管理工作的顺利开展。

（二）精神障碍患者康复活动的组织与管理

1. 患者院内康复活动　药物治疗和功能康复应该是同时开始的，即使精神障碍患者的病情还没好，也要督促他照顾自己的生活，适当地与人交往，住院患者还要参加各种康复治疗和训练。精神疾病的康复过程就是药物治疗为主，多种康复措施综合运用的结果。目前，国内大多数精神病院都采取封闭式管理，患者活动范围受到很大限制。一切生活行为及用具使用都受到严格的监管，且精神障碍患者住院时间相对较长，在这种住院环境里，患者易渐渐形成"住院综合征"。因此，很多精神病院的环境设施和管理模式已经较前有了很大的改观。在适当监护下逐步实行开放管理，扩大患者的活动空间，修建花园绿地、工娱疗室，改造病房门窗，为患者提供个人储物柜、设立公用电话等。

常用的康复疗法：①生活技能训练：训练患者保持个人卫生、健康饮食以及正常衣着、管理个人物品等，以矫正其仪表不整、生活懒散等等行为退缩的表现。②文娱治疗：鼓励患者参与群体活动，提高其生活情趣，促进身心健康。如参加音乐、舞蹈、书法、绘画、棋牌、球类比赛等。这些带有学习和竞技性的活动有助于患者自然地表达情感，稳定情绪，并促进与他人的交流和合作。③社会技能训练：目前国内精神病院都为患者安排了手工作业治疗用品，如编织、烹饪、艺术绘画用品及游戏用品等。作业治疗应尽可能与患者回归社会后将从事的职业技能相同，但实际往往达不到，只能按具体条件选择较接近的工作，即所谓"替代性工作"。即使这样，国内绝大多数精神病院也难以做到。④其他康复治疗：认知治疗、行为治疗、行为矫正治疗、森田疗法等。

2. 患者院外康复活动　精神疾病是一个慢性病程，基本都要终生服药、终生康复，需要政府设立专门的康复机构，教会患者如何制订和实施防止复发的计划，需要与患者进行多次"谈话"并"提出许多建议和指导"，做到对疾病的监控。需要主动将患者组织起来并授予精神疾病知识和治疗技术，使患者成为治疗过程中的伙伴；通过各种训练让患者学会如何获得最好的治疗方案和如何降低复发次数的技能。用角色扮演、辅导、提示、阳性强化的方法，教会患者解决问题的方法，使患者掌握门诊和日常生活中所需要的技能。

> **知识链接**
>
> **精神科开放式病房管理模式**
>
> 为了让精神障碍患者在住院期间与外界社会保持自由联系，发挥患者的自我效能，提高其对疾病的自我管理能力，使其更好地适应社会环境。对一些自知力较好、能安心住院、配合治疗，并能自觉遵守各项住院规章制度的患者，如病情稳定、康复期待出院的患者实施开放式病房管理模式。
>
> 开放式管理类型分为半开放式管理和全开放式管理。①半开放式管理：指在精神科封闭式管理病区住院的患者，经医生评估病情允许并取得患者家属的同意和支持，在医生开具相应医嘱后，可在其家属的陪同下，每日于规定时间段外出活动；②全开放式管理：指住院病房环境是完全开放的，患者可以独自或在家属陪同下自由外出活动的管理模式。

二、精神疾病患者的分级护理管理

（一）特级护理

1. 标志　深蓝三角。
2. 护理对象

（1）病情严重随时需要进行抢救的患者。

（2）有严重冲动伤人、自伤、自杀及逃跑行为的患者。

（3）中度木僵、重度痴呆状态、意识障碍、重度抑郁或者躁狂状态的患者。

（4）合并严重躯体疾病（如伴有严重的心力衰竭、高血压危象或者严重外伤等）或者生活不能自理的患者。

（5）严重拒食、有严重药物不良反应的患者。

（6）受伤或自杀未遂后果严重者，生命体征仍不稳定的患者。

（7）脑立体定向手术后的患者。

3. 护理要点

（1）对特级护理的患者均应安排在重点病室或抢救室，备好急救物品及药品。

（2）对有躯体疾病需抢救的患者设特别护理，观察生命体征，记录 24 h 出入量，做好对症治疗。

（3）所有患者的活动均应在工作人员的视线范围内。

（4）对重点"三防"的患者，必要时进行保护性约束。

（5）对生活不能自理的患者，做好基础护理工作。

（6）对拒食的患者，了解拒食原因，必要时给予鼻饲或者支持疗法。

（7）每天记录睡眠时间和每班做好病情记录，做好床旁交班。

（二）一级护理

1. 标志　红三角。
2. 护理对象

（1）新入院需观察三天的患者。

（2）兴奋、躁狂、精神症状明显和病情不稳定且合并重症躯体疾病的患者。

（3）有冲动、逃跑等行为，中度木僵状态，痴呆状态，中度抑郁或者躁狂状态，中度药物毒性反应的患者。

（4）生活不能完全自理需护理人员督促以保证足够摄入量的患者。

3. 护理要点

（1）安排在重点病室，严格管理，密切观察病情变化，清除周围一切危险物品，严防患者冲动、自杀、逃跑等行为。

（2）督促或者协助患者料理个人生活，对拒食的患者要给予喂食或予以鼻饲，保证患者的营养摄入。

（3）患者睡眠时一律不准蒙头，出入厕所要有人陪伴。

（4）重点病室的工作人员不准脱岗，要经常与患者谈心，掌握病情，及时处理患者的异常行为。

（5）每天记录患者的睡眠时间和病情，做好交接班工作。

（三）二级护理

1. 标志　黄三角。

2. 护理对象

（1）急性症状消失，病情趋于稳定的患者。

（2）轻度木僵状态、痴呆状态、轻度抑郁或者躁狂状态、轻度药物毒性反应的患者。

（3）个人生活在护理人员的督促下能够自理或者基本自理，没有"三防"的患者。

3. 护理要点

（1）密切观察病情变化，严防意外。

（2）督促患者搞好个人卫生及室内卫生。

（3）观察各种治疗后的反应。

（4）按计划组织患者参加集体活动及工娱疗法等。

（5）掌握患者的心理状态，开展心理护理。

（6）在患者出入病房时要做好安全检查，如衣兜、袖口、鞋袜等，严禁带入诸如刀、剪、玻璃碎片、绳子等危险品。

（7）定期做健康教育，帮助患者形成正确的观念和行为习惯，促进身心健康。

（四）三级护理

1. 标志　无标志。

2. 护理对象

（1）安静、合作、配合治疗、生活能够完全自理、躯体疾病基本稳定、精神症状基本缓解的患者。

（2）社会适应能力良好，继续巩固治疗的患者。

（3）自知力有不同程度恢复的恢复期患者。

（4）即将出院的患者。

3. 护理要点

（1）充分调动患者的积极性，鼓励患者参加病区管理、担任组长等职务，逐步培养和锻炼他们回归社会的适应能力。

（2）开展心理治疗，巩固疗效。

（3）注意观察有无撤药反应，做好每周一次的病情记录。

考点提示

精神障碍患者院内常用康复疗法。

第五节　精神科整体护理

精神科系统化整体护理是以精神障碍患者为中心,以现代护理观为指导,以护理程序为框架,对患者进行整体护理。整体护理是精神科患者临床护理综合的、系统化的动态过程。护理程序分为"评估、诊断、计划、实施、评价"五个步骤。

一、评估

护理评估是护理程序的第一步,贯穿于整个护理过程,是护士有目的、有计划、有系统地收集精神障碍患者资料,以达到全面了解患者健康状况的目的。

1. 评估目的

(1) 通过全面、细致地收集患者相关资料,为医疗诊断提供可靠的依据。

(2) 确定患者现存及潜在的健康问题,为护理诊断提供可靠的依据。

(3) 为护理行为提供客观依据,以避免护理行为主观臆断。

2. 评估方法　患者新入院,护士首先通过与患者、患者家属的交往、交流、询问、观察患者语言和非语言的行为,收集患者的健康相关资料,对健康问题做出评估,以全面了解患者健康状况,为下一步对患者及其相关事项做出初步判断奠定基础。

(1) 观察:①直接观察:护士通过感官(视觉、听觉、触觉、嗅觉)直接观察患者包括仪表、体位、步态、个人卫生、精神状态(意识、情绪、言语、思维及人生观念、行为举止、社交能力、生活自理等精神活动表现)、反应情况等;②间接观察:是通过对患者全天活动的观察,了解患者的心理活动和病情变化(患者的主诉,涉及其经历、感觉、主观的症状、体征及以往健康记录以及患者的作业、日记、书信、图画等资料)。

(2) 交谈:指护士运用交谈技巧通过与患者及其亲属、医生以及其他护理人员沟通,获取患者有关健康资料。内容包括:①患者对自身状况的主观感受;②患者亲属、医生、其他护理人员对患者健康状况改变的反映。

(3) 体格检查:评估患者生命体征及各器官系统的功能状态。

(4) 查阅资料:通过查阅书面文字资料,获取患者有关健康资料,包括以往健康记录、各种实验室报告、患者的来往书信。

3. 评估内容

(1) 基本情况:①评估患者的仪表、修饰、衣着情况是否符合季节、年龄、身份等;身上是否散发特殊气味、衣着是否脏乱等。②评估患者的主观能动性及对客观环境适应能力,如接触态度是否合作、姿态表情是否热情或冷淡,甚至是否粗暴或敌视抗拒等。③评估患者饮食、睡眠、排泄及卫生自理情况,日常生活习惯、宗教信仰等。

(2) 健康史:对现病史、既往史、个人史、家族史详细了解。①现病史:患者发病的原因,主要精神症状,持续的时间,有无自杀和冲动伤人的行为;②既往史:患者曾患何种疾病,如何诊断及治疗情况;③个人史:是否为足月顺产,生长发育情况,父母的教育方式,在学校的表现及学习成绩,是否顺利升学、就业,个性特征和兴趣爱好,恋爱、婚姻史,性生活及生育的状况,有无物质滥用史或药物过敏史;④家族史:患者父母双方三代有无精神障碍者,有无自杀身亡者等。

(3) 躯体状况:患者的体温、脉搏、呼吸、血压是否正常,有无外伤,皮肤黏膜是否完整,有无消化、呼吸或心血管等系统的疾病。

(4) 精神状态:①自我意识和周围意识,如对自我和周围环境的正确认知;②认知功能及其障碍，如错觉、幻觉及感知综合障碍，思维联想、逻辑障碍或妄想；③自知力、记忆、智能情况；④情感及其障碍，如情感的稳定性、协调性、反应性和程度等；⑤意志行为及其障碍，如出走、自杀、自伤或伤人企图及强迫、刻板、模仿动作等。

（5）自我概念及社会功能：自我概念是指患者对自己的看法，以及自我概念形成与社会因素的关系。例如认为自己有哪些优点、缺点，对自己有什么期望，对健康、疾病和治疗的态度；社会功能指患者生活自理状况，与人交往、参与活动的情感投入和持久程度，平时做事的效率与质量。

（6）家庭情况：患者与家庭成员的关系，家庭成员中与之关系最密切者，家属精神卫生的知识水平，家属对患者的态度，家庭的气氛是否和谐等。

（7）生活事件：患者最近面临哪些压力，例如升学、就业、升职、恋爱、婚姻、经济拮据、亲人死亡等，以及对这些压力的态度和处理能力。

（8）疗效及不良反应：评估患者对治疗的态度，用药后的情况、疗效及不良反应。

4. 评估资料来源与种类

（1）资料来源：①第一来源：患者；②第二来源：患者的亲属朋友、其他医务人员，门诊的病历、住院病历、出院记录、实验室检查报告、以往健康记录等；③第三来源：患者的作业、日记、书信、图画等资料（但必须是在征得患者及其家属同意的前提下）。

（2）资料种类：①主观资料：是患者的主诉，涉及其经历、感觉、主观的症状；②客观资料：指通过观察或借助医疗仪器检查出的症状和体征。

5. 注意事项

（1）资料整体性：既要注意患者的身体，还要注意其心理、情绪、智能状态、行为模式、社会层面等各方面因素。

（2）资料客观性和可靠性：评估时要保持客观性，避免主观臆断造成的错误评估；因精神障碍患者存在幻觉妄想及主观感受异常等情况，评估中应更重视其亲属朋友提供的资料。

二、诊断

北美护理诊断协会（North American Nursing Diagnosis Association，NANDA）在《NANDA-Ⅰ护理诊断手册2012—2014》中共收录了216个护理诊断。

精神障碍患者相关的护理问题，根据人类反应型态分类的9个反应类型，与精神障碍可能相关的护理问题有：

1. 交换

（1）营养失调：高于（低于）机体需要量。

（2）体温过低（过高）、（调节无效）。

（3）便秘。

（4）排尿异常。

2. 沟通型态　语言沟通障碍。

3. 关系型态

（1）社交障碍。

（2）社交孤立。

（3）角色紊乱。

（4）性生活型态改变。

4. 赋予价值　精神困扰。

5. 选择
（1）个人应对无效。
（2）家庭应对无效：失去能力。
（3）社区应对无效。
（4）不合作。

6. 活动形态
（1）睡眠型态紊乱。
（2）娱乐能力缺陷。
（3）持家能力障碍。
（4）保持健康能力改变。
（5）进食自理缺陷。
（6）穿着和（或）修饰自理缺陷。

7. 感知
（1）自我形象紊乱。
（2）自我认同紊乱。
（3）感知改变。

8. 认知型态
（1）知识缺乏。
（2）思维过程改变。
（3）记忆障碍。

9. 感觉型态
（1）有暴力行为的危险：对自己。
（2）有暴力行为的危险：对他人。
（3）自伤。
（4）有自伤的危险。
（5）强暴创伤综合征。
（6）焦虑。
（7）恐惧。

实际上，临床上患者在社会中的角色不同还有其相应的许多问题存在，如，若精神障碍患者是哺乳母亲，那么必然会存在母乳喂养、婴儿喂养、母亲不称职等问题，因此，护理人员应从患者角色实际情况出发，通过客观、全面评估，收集完整资料才能准确做出护理诊断。

三、计划

计划是对护理诊断进行排序，设计如何满足患者需要，提出护理目标，制订护理计划，采取护理措施，促进患者康复的具体决策过程。

（一）护理问题优先排序

将患者所存在的各种护理问题按先急后缓、先重后轻的原则，排出解决的先后顺序。要优先解决威胁患者生命或安全的问题，如自杀、伤人、毁物、逃跑、拒食、拒药、严重的药物副作用等。

（二）制定护理目标

护理目标是通过护理干预后，期望患者所达到的健康状态。护理目标要切合实际，在护理工作范围之内患者能够达到，有两个类型。

1. 短期目标　一般指少于一周，即几小时或几天能达到的目标，如便秘解除，一天后焦虑减轻，一周内不合作改善等。
2. 长期目标　指期望在一周以上、数周或数月才能实现的目标，如自理能力缺失的患者在一个月内能自行料理个人生活等。

（三）**制定护理措施**

1. 护理措施　是为了达到预防、减轻或消除疾病，促进健康的目的，所采取的一系列护理活动。包括：①独立性护理措施：由护理人员制定并执行。如口腔护理，每日两次。②委任性护理措施：由护理人员执行医生的医嘱。如保护性约束一次。③健康教育措施：由护理人员有目的、有计划地根据患者的需要，以科学的知识和方法，制订患者的教育计划，对患者进行教育。如入院指导、疾病知识指导、用药指导、康复指导、特殊检查指导、出院指导等。

2. 制定护理措施注意事项　①首先要考虑安全，特别是"四防"的护理，即防自杀、防伤人、防毁物、防外逃。②措施内容要明确，便于执行和检查。有些措施要与有自知力的患者商量，取得患者合作。③要考虑执行护理措施的可行性，如患者的病情及其合作程度；医护人员知识、技术水平和人员配备等。④合作性的护理问题，要及时与医生沟通，做到责任明确，互相配合，不要与医疗措施相冲突，如自杀企图、药物反应等。

四、实施

指根据护理目标所制定的护理措施付诸护理活动的过程。

1. 实施方式　直接提供护理措施，有利于了解病情和取得患者信任。同时要鼓励并协助患者进行自我护理，发挥患者的积极性，逐步实现自理。
2. 护理目标动态调整　由于患者病情不断变化，护理目标也要做相应的调整，护理活动应与之发生相应的改变。
3. 分工明确　有数名护士参与的护理活动，则应分工明确。
4. 健康教育　对患者和家属进行健康教育，鼓励其积极参与护理活动。
5. 护理记录　及时、准确做好护理记录，必要时进行书面或口头交班。

五、评价

评价是将患者的健康状况与护理计划中预定护理目标进行比较，并做出判断的过程。

1. 评价贯穿于护理活动的始终　通过评价了解患者是否达到预期的护理目标，患者需求是否得到满足。评价的核心内容是患者的健康状态、行为表现和心理状态等是否有改善的情况。
2. 评价的内容

（1）入院评估是否确切，收集资料是否全面，有无遗漏。

（2）护理诊断是否正确，是否与患者的实际问题一致，是否适应患者的需求。

（3）制定护理目标是否切合实际。

（4）评价护理措施是否实施，执行是否正确、有效。

（5）住院期间评估是否连续，护理计划是否随病情变化而做相应调整。

（6）评价预期目标的效果，将患者的反应与护理目标进行比较，衡量目标实现情况。程度分为：问题全部解决、问题基本解决和问题没有解决三种情况。

3. 评价的意义

（1）决定计划继续或停止：确定问题是否存在，预期目标是否恰当，措施是否适宜，从而确定计划的继续执行或停止。

（2）检验护理活动过程：护理活动是否及时，操作是否正确，效果是否满意。
（3）检验护理管理质量：护理管理是否到位，管理目标是否达标。

考点提示

精神科整体护理中护理程序的五个步骤。

思政园地

南丁格尔精神践行者——精神科护士长张桂英

张桂英是吉林省神经精神病医院精神科的护士长。2009年10月27日，她在中国红十字会第九次全国会员代表大会上，被授予南丁格尔奖章。她一心扑在护理工作上，亲自为患者洗头、洗脚、擦身、处理大小便等基础护理工作，她从不嫌脏、从不嫌累。张桂英热情服务，待患如亲，无私奉献，始终如一，践行了南丁格尔精神，她用"人道、博爱、奉献"的实际行动，感动了患者，也感动了每个人。

自 测 题

一、选择题

1. 精神科躯体状况的观察内容不包括下列哪项
   A. 生命体征　　　　　B. 皮肤黏膜　　　　　C. 躯体症状
   D. 营养状况　　　　　E. 精神状态
2. 下列哪项不是护理记录的要求
   A. 客观　　　　　　　B. 真实　　　　　　　C. 及时
   D. 多用医学术语　　　E. 完整
3. （多选题）精神障碍患者个人卫生护理包括
   A. 刷牙　　　　　　　B. 沐浴　　　　　　　C. 清洗会阴及肛周
   D. 理发　　　　　　　E. 睡眠护理
4. （多选题）给药治疗原则是指
   A. 应尊重患者的人格
   B. 护士应以耐心、关切的态度
   C. 护士要严格执行查对制度，防止发生差错
   D. 解释在先
   E. 礼貌相待
5. 精神科护理诊断根据人类反应型态分类为几种反应类型
   A. 6　　　　　　　　　B. 7　　　　　　　　　C. 8
   D. 9　　　　　　　　　E. 10

二、简答题

精神疾病护理观察的内容有哪些？

三、案例分析

张某，男，50岁，无业。

患者近十余天出现大量抽烟，话多，兴奋，晚上不睡觉，到处打电话给亲戚朋友，讲大话，花钱大手大脚，买很多没有必要的东西，易激惹，于今日就诊我院门诊，门诊拟"双相情感障碍"收住入院。

自1981年始无明显诱因出现言语、活动增多，四处拜访亲戚，讲话滔滔不绝，脾气暴躁易怒，遇到不如意的事情就责怪别人，常与父母发生冲突；自己开着摩托车四处乱跑，不戴头盔，违章驾驶，行为鲁莽，不顾后果。初时未经诊疗。于1999年首次入住我院，具体诊疗欠详，恢复到发病前状态而出院。出院后即自行停药，病情多次发作，均表现为兴奋状态，先后多次住我院治疗，均诊断为"双相情感障碍"，口服"喹硫平、丙戊酸钠"等治疗，末次出院为2017年01月24日，定期门诊取药。

既往史：1999年住院期间发现糖尿病，使用胰岛素注射及口服降糖药结合治疗，血糖控制可。婚育史：已婚。家族史无特殊。

体格检查：生命体征正常，神经系统检查无阳性体征。

辅助检查：头颅CT未见明显异常。

问题：该患者住院期间怎样进行安全管理？

（王美芝　赵金龙）

第四章 精神疾病患者急危状态的防范与护理

第四章数字资源

学习目标

1. 掌握暴力行为、自杀行为、出走行为、木僵等急危状态的概念与临床表现。
2. 掌握暴力行为、自杀行为、出走行为、木僵等急危状态的防范与护理措施。
3. 培养临床思维，能针对案例中的急危状态做出护理诊断及护理措施。
4. 维护自我心理健康，增强职业责任感，树立职业成就感。
5. 具有对精神疾病患者的高度同情心、责任感与爱心。

案例

患者，男，34岁，已婚。无明显诱因于4个月前出现精神失常，怀疑别人在他的饭中下毒，只吃喝有包装未开封的食物和水。觉得处处都有人跟踪、监视自己，不敢出门。近2个月来常在房间里走来走去，说家里也不安全，妻子也要谋害他以获得财产，殴打妻子。入院后患者觉得病房也不安全，拒绝任何治疗和护理，强烈要求出院。一次夜间，患者突然举起拳头猛击邻床患者的头部，被护士及时发现并阻止。

问题与思考：
1. 护士应如何评估及防范该患者的暴力行为？
2. 如果患者再次出现类似情况护士该如何处理？

精神科急危状态是指精神疾病患者突然发生的、无法自控的、可能危及自身或他人或物体的一种状态，包括暴力行为、自伤自杀行为、出走行为、噎食、吞食异物、木僵等。精神疾病患者常常由于精神症状的影响或严重的精神刺激而出现急危状态。这种状态导致的后果往往极其严重，不仅危害患者自身的健康和生命，对他人和环境也是一种严重的威胁。因此，对精神疾病患者急危状态的防范和护理是精神科护理中非常重要的组成部分，从事精神科护理的人员必须时刻警惕，用高度的责任心预防急危事件的发生，当急危事件发生时应及时进行有效的处理。

第一节 暴力行为的防范与护理

暴力行为是指对他人的躯体或某一物体的严重破坏性攻击行为。暴力行为是一种十分严重的紧急情况，需立即处理。精神科的暴力行为多见于精神分裂症、心境障碍、药物依赖及酒精滥用、病态人格、脑器质性精神障碍、人格障碍等患者，是精神科最常见的急危状态。

一、护理评估

(一) 暴力行为发生的原因及危险因素评估

1. **精神症状** 暴力行为的发生与精神症状多有直接或间接的关系。如某患者受命令性幻听的支配攻击他人；因妄想误认为某人在监视自己或正在陷害自己，于是出现伤人或杀人的行为；或在意识障碍下出现冲动性的暴力行为。因为意识障碍患者的行为往往是突发性的难以预料，所以这类行为最难以预防。另外，许多严重的精神疾病患者因缺乏对疾病的自知力，不认为自己有病，被强行收住院，也是导致发生暴力行为的原因。应强调的是，患者如果有某种病理性优势情绪，如焦虑、抑郁、躁狂，往往一点小小的挫折就会激发其暴力行为，这也是精神疾病患者暴力行为的发生率高于健康人的原因之一。有自杀行为的患者发生暴力行为的可能性比较小，但仍需严密观察病情变化，比如抑郁症患者可能出现杀人以达到杀死自己的目的，或者出现扩大性自杀行为。因此，应仔细评估可能与暴力行为有关的精神症状及患者的情绪状态。

2. **个性特征** 当个体遭受挫折，是否采用暴力行为来应对，与其个体的性格、心理应付方式、行为反应方式等有关。习惯以暴力行为来应付挫折的个体最容易发生暴力行为；过去有过暴力行为，尤其是最近发生过暴力行为者，很可能再次发生暴力行为。另外，暴力行为的对象大部分是患者家属及熟人。

3. **诱发因素** 诱发患者出现暴力行为的因素有很多，如药物不良反应使患者难以耐受；住院环境过分炎热、拥挤、封闭、缺乏隐私；工作人员态度粗暴激惹患者，患者的需求没有得到满足等。因此在制订护理计划时要充分考虑如何避免这些诱发因素的产生。

4. **社会因素** 社会学习理论认为，暴力行为是在社会化过程中由外在和内在的学习而形成。如对周围人们不良行为方式的模仿或从暴力行为中获益之后更容易产生暴力行为。社会人口学特征中，青壮年患者较儿童或老年患者更容易发生暴力行为；男性患者较女性患者暴力行为发生率高；单身患者发生暴力行为可能性较非单身患者大；受教育经历更多的患者发生暴力行为的可能性较低、破坏性较小。

5. **生物学因素** 智力低下、内分泌失调、脑器质性疾病等引起的神经系统病变、药物、脑外伤等都可以使人产生暴力倾向。

(二) 暴力行为发生的征兆评估

当精神疾病患者有下列反应时，常是即将要发生暴力行为的征兆，护理人员要高度警惕。

1. 说话较平时大声且具威胁性。
2. 全身肌肉紧张度增加，尤其是脸部与手臂的肌肉，如握拳。
3. 活动量较平时增加，如不安地来回走动，不能静坐、踱步。
4. 动作增加，可能有甩门、捶打物体等行为。
5. 挑剔、抗议、不合理要求增多，或随意指责病友或工作人员。
6. 拒绝接受治疗或反复纠缠医务人员要求出院，或不时违反医院规定。
7. 情绪波动大，随着暴力倾向的增加，患者情感的兴奋也逐步升级，如激动、愤怒等。
8. 对周围人或特定人员持敌对态度，并以伤人或杀人相威胁。
9. 意识障碍的改变如思维不连贯、定向力缺乏、记忆损害等也提示暴力行为发生的可能。

知识链接

攻击风险因素评估量表

Ⅰ级：有下列情况之一者，若为男性则有两项，①男性；②精神分裂症，伴有幻听或被害妄想；③躁狂；④酒精、药物依赖的脱瘾期；⑤意识障碍伴行为紊乱；⑥痴呆伴行为紊乱；⑦既往人格不良者（冲动、边缘型人格障碍）。

处理：防冲动，密切观察。遵医嘱，对症治疗。

Ⅱ级：被动的言语攻击行为，表现为激惹性增高，如无对象的抱怨、发牢骚、说怪话。交谈时态度不好、抵触、有敌意或不信任；或精神分裂症有命令性幻听者。

处理：防冲动，密切观察，安置在重症监护室；遵医嘱使用精神药物降低激惹性；对症治疗。

Ⅲ级：主动的言语攻击行为，如有对象的辱骂，或被动的躯体攻击行为，如毁物，或在交往时出现社交粗暴（交谈时突然离去、躲避、推挡他人善意的躯体接触）；既往曾有过主动的躯体攻击行为。

处理：防冲动，安置在重症监护室。遵医嘱实施保护性约束，必要时陪护，使用精神药物降低激惹性。

Ⅳ级：有主动的躯体攻击行为，如踢、打、咬或使用物品打击他人；攻击行为在一天内至少出现两次以上或攻击行为造成了他人躯体上的伤害。

处理：防冲动伤人，安置在重症监护室。遵医嘱实施保护性约束，必要时陪护，使用精神药物降低激惹性。

二、护理诊断

1. 有暴力行为的危险　与幻觉、妄想、焦虑、器质性损伤等因素有关。
2. 有受伤的危险　与精神症状、意识障碍等有关。

三、护理目标

1. 短期目标　①患者在住院治疗期间不会伤害自己；②患者能够确认造成自己愤怒、激动的因素，并能控制自己的行为或立即寻求帮助。
2. 长期目标　①患者能够以合乎现实的行为表达自己的愤怒与欲望；②以积极健康的方式处理挫折、紧张、被攻击的感受。

四、护理措施

（一）针对暴力行为的预防措施

暴力行为重在预防，当患者出现暴力行为征兆时，即有可能发生暴力行为时，应及时给予患者有效的护理干预措施，减少暴力行为的发生。护理人员评估时需注意不要单独检查患者，不要将患者带到封闭的空间内，不要用言语、行为激惹患者。

1. 减少诱发因素　为住院患者营造一个安静与整洁的环境，避免嘈杂、拥挤，保持病房内的良好秩序，使患者感觉到安全舒适。满足患者的合理需求，如吸烟、打电话、写信等。护理人员运用适当的沟通技巧，表明自己对患者的关心，建立良好的治疗性护患关系。护理人员与患者沟通时应尽量使用平静而低沉的声音来降低患者的激惹程度，并注意避免不恰当的笑声；运用共情等方法理解患者心情，鼓励患者表达内心困扰。此外，护理人员与患者沟通时应注意非语言交流，如护理人员调节其身体的位置，置于患者体侧，避免对立位置给患者带来的压迫感；避免长时间眼睛直视患者，让其感到威胁，从而激发其攻击性。护理人员在观察到患者出现如紧握拳头、面部肌肉紧张等提示患者可能感到威胁时，应适当后退保持与患者的安全距离。

2. 加强对精神症状的控制　安全有效的药物治疗是减少患者冲动行为发生的基础。护士应保证医嘱的执行，做到"发药到手，看服到口，服后再走"。保证药物对精神症状的控制，减少由精神症状引起的暴力行为。

3. 去除环境中的安全隐患　做好病房安全工作，实行定期检查与安全抽查相结合，随时去除环境中的各种危险物品，如刀、棍、锐器、绳索、打火机等。

4. 注重对患者的健康教育　护理人员可通过沟通性咨询及健康教育，指导患者掌握人际沟通的方法，鼓励患者以语言等方式表达和宣泄不良情绪，告知患者暴力行为的后果，当无法自控时，及时向医护人员寻求帮助。

（二）暴力行为发生时的处理

以安全第一、劝诱为主，将危害程度降到最低限度为原则。应先考虑人员安全，包括医护人员、暴力行为者及其他患者、家属的安全；采取措施防止患者发生危险，如高处坠下、火灾、触电等，切忌采用威胁患者的方法，以免患者发生自杀、自伤。同时尽快疏散围观人群，转移被攻击对象。

1. 控制局面　当患者有冲动行为时，当班护士应立即呼叫其他工作人员援助，通知医生，疏散围观患者，并适当用简洁语言稳定患者的情绪。在此过程中护士必须用平静、坚定的语调与患者交流，尽量满足患者提出的合理要求，一方面稳住患者，另一方面赢得充足时间，以寻求专业人员的帮助；必要时由患者信任的亲属、主治医护人员与患者沟通；切勿把任何负性情绪传递给患者，使患者害怕从而失去控制，造成严重的后果。

2. 解除危险品　当患者手中有危险品时，一定要尽快解除，但不可贸然行事。护士要取得患者的信任，向患者解释并代为保管，以后归还；为减轻患者愤怒的情绪，承诺尽可能实现患者提出的要求，使患者自行停止其暴力行为；如果语言制止无效，可以采用转移其注意力的方法，乘其无防备时从患者背后或侧面迅速夺去危险物品，控制住局面。不可用强制的方法，硬行夺取，以免激起伤人行为。

3. 隔离与约束　如言语劝诱无效，可采取适当的形式制服并约束患者。若患者手中无危险物品，由4人同时行动，分别负责固定患者的四肢，行动要果断迅速，在不使患者受到伤害的基础上对其进行约束。对患者身体约束的目的是保护患者和其他人的安全，但是不能作为对患者的惩罚。在约束保护患者的同时，应持续与患者对话，以缓和的口气告知身体约束的目的、时间。注意保护性约束必须有医嘱才可实施，在约束时要对患者进行告知，约束后由医护人员按时对患者进行评估，当患者不再符合约束指征时，应及时为患者解除约束。

4. 药物治疗　适用药物有氟哌啶醇、氯丙嗪、地西泮。一般采用肌内注射给药，以氟哌啶醇最为常见，用药后护士应严密观察患者生命体征及药物反应等。

五、护理评价

1. 患者在住院期间有无发生暴力行为，有无伤害他人或自己。患者能否控制自己的情绪和行为。
2. 患者能否以适当的方式表达自己的情绪及要求，能否积极地处理自己的不良情绪。
3. 患者能否识别应激源，并以有效的方法处理自己遇到的挫折，表达自己的需要。
4. 患者的人际关系是否得到改善。

 考点提示

暴力行为的好发人群及暴力行为的防范及护理。

第二节　自杀行为的防范与护理

自杀行为是指有意或故意伤害自己的身体以结束生命的行为。按其结果的不同，可将自杀分为四类：自杀死亡、自杀未遂、自杀威胁、自杀意念。据世界卫生组织报告，自杀是全世界第5位的人类死亡原因，仅次于心脑血管病、恶性肿瘤、呼吸系统疾病和意外死亡。据国外研究资料显示，与精神障碍有关的自杀死亡者中，50%～70%患有抑郁性疾病，其中很多合并酒精或者药物依赖，25%患有精神分裂症。精神疾病患者自杀率高于普通人群数十倍。因此，预防自杀是精神科护理尤其是住院精神疾病患者护理的一个重要任务。

一、护理评估

（一）自杀原因的评估

对自杀原因的评估有助于对自杀行为的有效干预。个体自杀的原因很复杂，是生物、心理、社会因素共同作用的结果。精神疾病患者的自杀行为，疾病本身是一个重要的原因。在所有的精神疾病患者中，抑郁症患者自杀率最高，据报道抑郁症患者自杀率是普通人群的25倍，且15%的患者最终自杀死亡。男性酒精成瘾者自杀率比男性一般人群高75倍，7%的酒瘾者在出院5年内死于自杀。精神分裂症患者也是自杀的高危人群，据报道10%的患者死于自杀。此外，吸毒、人格障碍、神经症患者的自杀率都高于普通人群。

因此评估精神疾病患者时，除了要评估患者是否存在一般人群可能有的自杀原因及个体的特殊原因外，着重要评估与自杀有关的精神症状。

1. 抑郁　严重的抑郁情绪是导致自杀最常见的精神症状。因此对有抑郁情绪的患者（尤其是抑郁症患者），要特别仔细地评估有无自杀的意念和付诸行动的可能。精神障碍患者在服药期间，药物服用过量引起严重抑郁情绪，也是自杀原因之一。

2. 妄想　如罪恶妄想的患者，觉得自己犯了不可饶恕的罪过，只能以死赎罪；被害妄想的患者，感到周围的人都在迫害他，走投无路而自杀；疑病妄想的患者觉得自己身患不治之症，五脏六腑都烂了，只有死路一条。

3. 幻觉　如患者在命令性幻听症状的支配下付诸行动。其他幻觉如议论性幻听、某些恐惧性的幻视、躯体幻觉等都可能成为自杀的原因。

4. 病情缓解期　如患者在精神症状恢复期，面对即将出院后的环境如社会的歧视、学习工作的压力、家庭成员的相处、经济的困境等觉得无能应对，可能让患者孤立无援，无能为力，而选择以死解脱。

5. 心理因素或生活事件　不良的心理素质和个性特征与自杀相关，如脆弱、偏执、自卑或自尊心过强、依赖、回避社交等性格特征的人，社会支持系统缺失，不良生活事件容易使人产生自杀行为。

（二）自杀危险性的评估

1. 自杀行为发生的征兆评估

（1）有家族精神病史。

（2）有自杀史：近期内有过自我伤害或自杀未遂的行为，其自杀死亡的可能性比无类似情况的患者高十倍至几十倍。因为有企图自杀的行为就表明自杀行为是该患者的一种应对方式。如果导致患者采取自杀行为的原因未解决或未被重现，患者有可能再次采取自杀行为。

（3）存在严重的抑郁情绪、影响行为的命令性幻听、妄想等症状。

（4）近期内有重大的压力及创伤，如遭遇自己无法应对的事件、丧失性事件等。

（5）社会支持系统缺乏。家人及亲友是患者重要的社会支持系统，也是患者处理危机的生命线，社会支持系统的缺乏就如同生命线没有了，自杀的危险性会大大增加。

（6）伴有严重或慢性的躯体疾病的患者。

（7）向亲人、朋友、医务人员及其他人或在其日记留言中透露了对人生的悲观情绪，甚至表露过自杀意愿，或过分关注、收集与自杀有关的信息、工具等。

（8）完全不愿提起自杀的话题或者经常谈论死亡与自杀问题的，如患者可能会说"我不想活了"或"没有什么值得我活下去"等。或者问一些与死亡有关的问题，如"这窗户离地面有多高"或"值夜班多久巡视一次"或"流血死亡需要多长时间"等。

（9）病情突然"好转"或突然拒绝治疗。

（10）日常生活方式突然改变，如存积安眠药物、准备刀剪或绳索，开始写遗书留遗嘱，喜欢独处。

2. 自杀意愿的强度评估

（1）自杀意念：评估其频度与强度。

（2）自杀计划：评估计划的周密性；选择的方法是否容易实施，是否容易致命（容易致命者危险性大）；选择的自杀场合是否隐蔽（隐蔽者危险性大）；选择的时间（夜深人静时危险性大）；有无对后事的安排（有安排者危险性大）等。

（3）自杀动机：如为个人内心动机（悲观厌世，以自杀求解脱）者危险性大，以人际动机者（企图通过自杀去影响、说服、报复他人）危险性相对较小。

（三）**评估自杀意念强度的辅助工具**

在临床护理工作中，护理人员还可借助于一些量表来评估患者的自杀风险和预测自杀的危险性。如贝克抑郁量表、自杀观念量表、自杀意向量表、抑郁自评量表等。

 考点提示

自杀行为的评估。

二、护理诊断

1. **有自杀危险** 与严重的抑郁情绪、幻听、妄想等有关。
2. **无效应对** 与社会支持不足、无助感有关。

三、护理目标

1. **短期目标** ①患者在治疗期内不再伤害自己，能够与工作人员建立良好的信任关系；②能够确认及表达自己痛苦的内心体验，并向医护人员讲述；③人际关系有所改善。

2. **长期目标** ①患者不再有自杀意念，无自我伤害行为；②对自己的生活有正向的认识，并且能维持良好的身体状况；③能够掌握良好的应对技巧，以取代自我伤害的行为。

四、护理措施

（一）**自杀的预防**

对有自杀危险患者的治疗与护理必须做到积极、有效，以保证患者的生命安全为第一。保护及支持应维持到患者自杀危机消失。

1. **提供安全的环境** 患者生活的环境中杜绝自杀物品如刀、剪、绳、玻璃、药物、有毒物品等。生活设施应安全，不能成为自杀工具。严格执行安全管理制度，如交接班制度、外出检查制度、探视制度等。

2. **密切观察患者病情** 一般情况下，10～15 min 一次观察患者活动，勿让患者掌握规律而伺机自杀；对高度自杀危险者应置于重症监护室，24 h 不离工作人员视线。患者的自杀行为常出现在凌晨和半夜时分，护士在巡视时应认真仔细，对走廊、厕所、暗角处仔细巡查，保持高度警惕。

3. **以人为本的原则与患者建立良好治疗性护患关系** 护理人员应了解患者的感受，给予支持性心理护理。鼓励患者表达自己的负性情绪。与患者制订不伤害或不自杀契约。训练患者学习新的应对方式。教会患者在无力应对时如何求助（如告诉医护人员"我再也坚持不住了"）。

4. **连续评估自杀危险** 连续评估直至自杀危险消除，必要时 24 h 监测。对已有自杀计划的患者，须详细询问其方法、地方、时间，了解患者获得自杀工具和发生自杀行为的可能性。

5. **调动社会支持系统** 调动患者的亲朋好友等社会支持系统以帮助患者战胜痛苦，加强对抗自杀的内外在资源支持。如对患者家属进行与自杀干预有关的健康教育，让家属参与干预治疗。

6. **保证患者能遵医嘱服药** 应注意防止患者藏药，以防患者囤积药物用于自杀。必要时对有自杀意图的患者制定约束条约，可以降低患者伤害自己的危险，患者的家属亲友也可以参与条约的制定和监督。

知识链接

自杀行为的三级预防

1. **一级预防** 是指为防止引起致命后果的行为而采取的措施，目标在于降低死亡率。针对一般人群及潜在人群。预防措施包括普及心理健康知识、治疗精神障碍者、控制危险物品、缓和新闻报道等。

2. **二级预防** 指对处于自杀边缘、有自杀危险的人进行早期干预，包括危机干预机构的建立、控制造成自杀的便利途径、加强急诊服务等。

3. **三级预防** 指对曾经有过自杀未遂的人防止其再次出现自杀行为，降低死亡率。其措施包括：建立自杀的急救系统；心理咨询和早期危机干预；加强对高危个体的药物和心理治疗；开展对导致自杀的环境因素的研究，并通过职业训练、提高教育文化水平，调整易导致自杀的亚文化心态等措施以尽量减少环境文化对自杀的影响。

（二）**常见自杀的救护**

1. **服毒** 最常见的是服用精神类药物。抢救措施：①评估患者神志、瞳孔、肤色、呕吐物、分泌物等。②判断毒物的性质、种类和量，向意识清楚的患者和家属了解所服用毒物的种类、过程。③催吐：刺激清醒患者的咽喉部使其呕吐，必要时口服催吐药物。④洗胃：根据毒物选择正确的洗胃液，服用了抗精神病药物和镇静催眠药物者，首选 1∶20 000～1∶15 000 高锰酸钾溶液，对毒物不明者首选清水彻底洗胃。⑤导泻：洗胃后要用硫酸镁溶液导泻。⑥对毒物种类不明确的要对胃内容物进行检验。⑦对意识不清或休克患者，护士应配合医生进行急救。

2. **自缢** 自缢是精神科最常见的一种意外事故，且导致的后果最严重。处理方法：①发现患者自缢，应立即解下患者，如患者悬挂于高处，应抱住患者上举，防止坠地跌伤，同时呼叫求助。②将患者就地平放或放置于硬板床上，松解衣领和腰带，如心搏尚存，可将其下颌抬起，保持呼吸道通畅，并给氧吸入。③如患者心搏停止，护理人员应立即进行徒手心肺复苏术，直到患者恢复呼吸、心搏。④同时通知值班医生或其他人员共同抢救。⑤护理人员配合医生抢救，并遵医嘱及时给氧、用药等抢救处置。⑥根据医生指令转运患者至ICU。⑦及时整理、收藏好自缢物品，清理现场，疏散患者及家属，做好协调工作。⑧在抢救结束后6h内，据实、准确记录抢救过程。

3. 触电　处理方法：①发现患者触电，立即切断电源。如果触电是由断裂、掉下的电线或漏电的电器造成的，可以用干燥的物品如木棒、扁担等，把电线挑开或把电器推开。切断电源之前切忌接触患者。②患者神志清醒，但感乏力、头昏、心悸、出冷汗，甚至有恶心或呕吐时，应让患者就地平卧休息，松解衣服，抬起下颌，保持呼吸道通畅。③心搏和呼吸停止的患者，应立即进行心肺复苏术。④复苏成功的患者，要维持血压稳定，对电烧伤的部位进行清创处理，给予抗生素和破伤风抗毒素，禁止下床活动，防止心力衰竭甚至休克。

4. 自伤　患者使用刀、剪等锐利器引起的切割伤，护士应迅速止血处理。四肢较大的出血可用结扎止血带止血。使用止血带止血要注意：动脉出血或动脉静脉混合出血，止血带要扎在受伤肢体的近心端，单纯静脉出血，止血带要扎在肢体的远心端；每30 min松解止血带一次，以防出现肢体坏死。还可用指压止血法，即按压受伤动脉的近心端，阻止血流。如前额及头皮出血，应压迫耳前下颌关节处的颞动脉；如颜面部出血，应按压下颌角前方1.2 cm处；上肢出血，应压迫锁骨下动脉（位于锁骨上凹内1/3处），或压迫肱动脉；下肢出血，应压迫位于腹股沟韧带中点搏动处的股动脉。严密观察患者的面色、口唇、血压、尿量、脉搏等，大致估计失血量，判断是否存在休克，配合医生进行急救。

五、护理评价

对自杀患者的评价应该是一个长期持续的过程，护士需根据患者病情变化不断地重新评价和判断目标是否达到。对患者的护理评价可以从以下几个方面进行。

1. 患者能否自己述说不会自杀，并能有效地控制自己的行为。
2. 患者能否表示人生是有意义的，并能与他人互动及建立关系。
3. 患者有自杀意念出现时，能否寻求帮助和接受他人帮助。
4. 是否有良好的支持系统，并发挥积极作用。

考点提示

自杀行为的防范及护理。

第三节　出走行为的防范与护理

出走行为是指患者在住院期间，未经医生批准，擅自离开医院不归的行为。由于患者自我防护能力下降，出走可能给患者或他人造成严重后果，因此，护理人员必须掌握患者出走行为的防范与护理。

一、护理评估

（一）出走原因的评估

1. 受精神症状支配　下列精神症状可能与患者的出走行为有关：①患者自知力缺乏，否认有病，拒绝接受治疗而出走；②受妄想、幻觉支配，认为住院是要对其迫害而设法离开医院；③患者为实现某种病态心理而脱离医院，如上访、告状等；④有自杀观念的患者因医院防范严密，达不到目的而寻找机会离开医院后自杀；⑤严重的精神发育迟滞或痴呆患者在无人看管时会迷失方向而走失。

2. 社会心理因素　患者被强制住院后既不愿接受治疗，也担心以后会受到歧视，从而影响名誉与前途；同时，封闭式的管理使患者感到生活单调、苦闷，受拘束和限制，处处不自由，想尽快脱离这个环境；患者病情好转牵挂家庭，想念孩子；患者对治疗存在恐惧心理，如电休克治疗、药物治疗。

3. 其他因素　工作人员态度生硬，方法简单，解释不耐心等给患者以劣性刺激，使其产生不满心理；工作人员责任心不强、离岗或注意力不集中，患者借外出做检查或活动机会或者病房设施有漏洞、损坏而逃逸。

（二）出走的征兆评估

患者出走前，多数都会有一些异常表现，只要护理人员仔细观察，提前发现患者出走的征兆，采取相应的护理措施，就能避免患者出走行为的发生。护理人员可以通过下列提示评估患者的出走危险性。

1. 患者有无出走史？
2. 患者是否缺乏对疾病的认识，不承认有病？
3. 患者对治疗是否配合，有无对治疗恐惧、害怕？
4. 患者是否强迫入院？
5. 患者是否有明显的幻觉、妄想？
6. 患者是否有焦虑、思念家庭及亲人？
7. 患者是否对住院反感，不愿意住院或不能适应住院环境？
8. 患者是否有寻找出走机会或途径的表现？

（三）出走的表现

1. 意识清楚的患者多采用隐蔽的方法，平时创造条件，遇有机会便可出走。如主动帮助工作人员打水、取送餐具或其他物品等以骗取工作人员的信任，待工作人员放松警惕后乘机出走；常在门口附近活动，窥视情况，乘门口人员杂乱或工作人员不备时出走，如下班时间、有参观人员进出的时间和患者家属探视时间等；四处寻找可出走的地方，如不结实的门窗、围墙等。

2. 处于朦胧状态或意识不清楚的患者，出走不讲究方式，不知避讳，会旁若无人地从工作人员身边走过。其出走无目的、无计划，多受幻觉妄想支配，一旦成功出走，找寻起来非常困难，故危险性较大。

3. 部分患者出走前表现焦虑、坐卧不安、徘徊不止、频繁如厕、东张西望、失眠。

二、护理诊断

1. 有受伤的危险　与幻觉、妄想、思念亲人或意识障碍等有关。
2. 有对他人实施暴力的危险　与出走时遇阻（对人或物）、精神症状有关。

三、护理目标

1. 患者能对疾病有正确的认识，了解住院的重要性，安心住院。
2. 患者能适应医院环境，在住院期间不发生自伤及伤人毁物情况。

四、护理措施

1. 加强入院指导，主动介绍住院环境和周围的人、物，使患者尽快熟悉环境，减少或消除不适应感。

2. 密切观察病情变化，了解患者的心理需求。对不安心住院者，与其多接触，加强沟通，了解其想法和原因，给予安慰与解释，力求消除患者出走的想法。

3. 对于精神发育迟滞、痴呆、处于谵妄状态的患者，应加强监护；对可能会发生出走行为的患者，适当限制活动范围。

4. 患者外出活动或做检查应专人陪护，禁止单独外出。

5. 丰富患者住院生活，鼓励患者参加集体活动，消除紧张和顾虑。

6. 加强工作人员责任心，在进出病房时注意防护，防止患者伺机出走。

7. 护理人员要主动关心、爱护患者，建立良好的护患关系，避免激惹或刺激患者。

8. 加强与家属的联系，鼓励家属探视，减少患者的孤独感。

9. 发现患者出走后，立即报告科主任、护士长以及上级部门并与患者家属联系，充分调动一切可以利用的力量寻找患者。分析患者出走发生的原因以及医院存在的薄弱环节，针对原因进行改正，杜绝类似事件再次发生。

五、护理评价

1. 患者对疾病与住院治疗是否有正确的认识，能否安心住院。
2. 患者是否已适应医院环境。
3. 患者是否对治疗及护理合作，有无焦虑不安。
4. 患者有无出走的想法及其他不安心住院的因素。

第四节　木僵的防范与护理

木僵是在意识清晰时出现的精神运动性抑制综合征，患者动作行为和言语活动完全抑制或减少，经常保持一种固定姿势。轻症患者表现为问而不答、唤之不动、动作迟缓、反应迟钝、表情呆滞，但在无人时可自己进食，能自己大小便，又称为亚木僵状态，多见于抑郁症、反应性精神障碍及脑器质性精神障碍患者。重症患者全身肌肉紧张，随意运动完全抑制，不言不语、不吃不喝、不动或卧床不起、面无表情、大小便潴留，可出现"蜡样屈曲"等表现，又称之为紧张性木僵，多见于精神分裂症。木僵不同于昏迷，患者一般无意识障碍，各种反射存在。患者通常双眼睁开，可注视或追视周围人或物体，常抗拒检查（违拗）。木僵解除后患者可回忆起木僵期间发生的事情。

一、护理评估

（一）木僵的原因

与木僵相关的常见的精神障碍有精神分裂症的紧张性木僵，情感障碍的抑郁性木僵，严重应激障碍的反应性木僵，脑部感染、中毒、肿瘤、血管病变等所致的器质性木僵，药物引起的药源性木僵。评估时应详细了解患者发病的情况，包括木僵发生的时间、过程、起病缓急，分析可能的原因。

（二）木僵的典型表现

轻症患者表现为言语动作明显减少，有时呆坐不语、刻板动作、刻板言语、模仿言语或动作、违拗等；严重时出现不语不动、不食不饮，双目凝视，面无表情，推之不动，呼之不应，甚至针刺也无反应，大小便潴留，全身肌肉张力增高（有的患者也表现为全身肌肉张力下降），并可出现"蜡样屈曲"的表现。呼吸、脉搏变慢，血压偏低，嘴唇和肢端发绀，瞳孔缩小，对光反射迟钝。患者虽然对外界环境没有反应，但一般可有正确的感知，有的患者在木僵解除后能回忆木僵经过。

在安静环境中，与患者小声耳语，有时可获得回答。有的患者在夜深人静时，可在室内走动、大小便或进食等，但遇到外界刺激又立即陷入木僵状态。木僵持续时间长短不一，短的可几小时，长的可数年，既可逐渐消失，也可突然结束，部分患者可突然进入兴奋状态，或与兴奋状态交替出现。

二、护理诊断

1. 营养失调：低于机体需要量　与进食量少有关。
2. 进食/沐浴/如厕等生活自理能力缺陷　与精神运动性抑制有关。
3. 有受伤的危险　与缺乏自我保护能力有关。
4. 有对他人暴力行为的危险　与突然转为兴奋状态有关。
5. 有失用综合征的危险　与长期卧床有关。
6. 有感染的可能（皮肤、口腔、肺部）　与长期卧床机体抵抗力下降有关。
7. 便秘　与精神运动性抑制有关。
8. 尿潴留　与精神运动性抑制有关。

三、护理目标

1. 患者生命体征保持稳定，不发生并发症。
2. 患者木僵解除后，生活自理能力和社会功能恢复正常。

四、护理措施

1. 安全保护　木僵患者缺乏自卫能力，应安置于单人隔离室内保护性约束，若无条件隔离时应在工作人员视野内，以防被其他患者伤害。同时亦要防范木僵患者突然转为兴奋时出现冲动伤人行为等意外。
2. 密切观察病情　防坠床及突然冲动，特别对维持较长时间的木僵患者，可能会出现体温、脉搏、血压异常变化及口唇与指（趾）端发绀等躯体情况，必须密切观察，以防各种躯体疾病。
3. 基础护理　包括防压疮、口腔和皮肤的清洁、协助大小便、进食等。
4. 心理护理　由于木僵患者无意识障碍，各种反射均存在，可回忆所有病程经过，因此在护理过程中应该实行保护性医疗制度。在进行各种治疗护理操作前，如进行鼻饲、输液、换床褥等都应事先向患者解释、安慰。根据患者病情多做精神安慰、正向劝导和鼓励，有利于病情好转，尤以心因性、癔症性木僵状态患者更为明显。避免在患者面前谈论病情及其他不利患者的事情，以免给患者恶性刺激，加重病情。

五、护理评价

1. 患者生命体征是否平稳，有无并发症发生。
2. 患者有无发生受伤或伤人等意外情况。
3. 患者木僵解除后，生活自理能力和社会功能是否恢复正常。

（覃　涛）

自 测 题

一、选择题

1. 精神科的急危状态不包括
   A. 自伤自杀　　　　B. 噎食　　　　C. 出走
   D. 拒药　　　　　　E. 暴力

2. 以下做法正确的是
   A. 发现患者出现暴力行为时应该立即呵斥患者，以阻止暴力行为
   B. 当患者手中有危险物品时应立即夺下
   C. 当患者出现暴力行为时不可满足患者的要求，以免患者提出更多要求
   D. 在约束保护患者时，应持续与患者对话，以缓和的口气告知身体约束的目的、时间
   E. 当暴力行为出现后应予患者适当的惩罚

3. 精神科最常见的急危状态是
   A. 自杀行为　　　　B. 暴力行为　　　　C. 噎食
   D. 出走行为　　　　E. 吞食异物

4. 最容易引起自杀的幻觉是
   A. 议论性幻听　　　B. 恐惧性的幻视　　C. 命令性幻听
   D. 躯体幻觉　　　　E. 真性幻觉

5. 精神科最常见的意外事故是
   A. 服毒　　　　　　B. 割腕　　　　　　C. 跳楼
   D. 自缢　　　　　　E. 触电

6. 患者服毒后的处理错误的是
   A. 观察患者神志、瞳孔、肤色、呕吐物、分泌物等
   B. 判断毒物的性质、种类，了解所服用毒物的种类、过程
   C. 先催吐、导泻后洗胃
   D. 对毒物不明者，洗胃首选清水
   E. 对毒物种类不明确的要对胃内容物进行检验

7. 关于木僵的表述不正确的是
   A. 木僵的典型表现为紧张性木僵
   B. 推之不动，呼之不应，但对针刺一定有反应
   C. 木僵持续时间长短不一，短的可几小时，长的可数年
   D. 全身肌肉张力增高，基本不会出现下降
   E. 对外界环境没有反应，过后也无正确的感知

二、案例分析

患者，女性，25岁，已婚，育有一男婴。产后两个月渐出现心情不好，常哭泣、悲观、不管甚至虐待孩子，说自己不想活了，有自杀的想法，无自杀行为。逐渐加重，表现自语，饮食不规律、夜间睡眠差，担心孩子将来受罪，生活懒散，不主动照顾小孩，不注重个人卫生，在家护理困难被送入医院。住院期间进食少，仍有自杀想法，收集危险品。一日，趁外出病房检查时，在厕所窗棂上自缢，被护士及时发现并解救下来。

问题：针对该患者的行为如何进行防范与护理？

第五章　器质性精神障碍及患者的护理

第五章数字资源

学习目标

1. 列举器质性精神障碍的临床类型。
2. 描述器质性精神障碍的临床特征。
3. 简述器质性精神障碍常见临床综合征的定义及临床表现。
4. 掌握阿尔茨海默病的临床表现、护理诊断和护理措施。
5. 能运用整体护理程序为阿尔茨海默病患者提供相应的护理措施。
6. 具有同理心，关爱身边的老人，弘扬尊老、敬老、爱老的传统美德。

案例

患者，女性，68岁，退休工人。5年前因丈夫去世，独自居住。近两年来"好忘事"，经常丢三落四，对任何事情不感兴趣，情绪低落，记不住亲人的名字，对生活中的事情常做错误的判断和解释。近日常将女儿说是母亲，夜里不睡，吵闹，有时说看见小人在床边，并怀疑自己的东西被人偷了，满屋子乱翻东西。既往无高血压病史，血糖正常。

问题与思考：
1. 患者可能的诊断是什么？
2. 针对患者目前存在的问题，应如何更好地护理患者？

第一节　器质性精神障碍概述

一、概念

器质性精神障碍是一组由脑部疾病或躯体疾病引起的精神障碍，具有明确的生物学病因或者发病与某种生物学因素有关。前者称之为脑器质性精神障碍，包括脑变性疾病、脑血管病、颅内感染、脑外伤等所致精神障碍；躯体疾病所致精神障碍是由脑以外的躯体疾病引起的，如躯体感染、内脏器官疾病、内分泌障碍、营养代谢性疾病等影响脑功能所致的精神障碍。

精神疾病通常分为器质性精神障碍和功能性精神障碍两大类。但需注意器质性与功能性的区分只是相对的、有条件的，随着科技的发展，已经在许多功能性精神障碍，如精神分裂症及心境障碍等的遗传学、生物化学和病理学等研究中，发现了神经系统的病理变化。所以，近年来功能性、器质性的概念划分有逐渐模糊的趋势。

二、常见临床类型

（一）脑器质性精神障碍

1. 脑变性疾病所致精神障碍　包括阿尔茨海默病、帕金森病、亨廷顿病、匹克病、肝豆状核变性病等所致的精神障碍。
2. 脑血管病所致精神障碍　包括急性脑血管病（急性血管性痴呆）、皮层性血管病（多发梗塞性血管性痴呆）等导致的精神障碍。
3. 颅内感染所致精神障碍　包括各种感染源引起的颅内炎症所致的精神障碍，如急性病毒性脑炎所致的精神障碍。
4. 脑外伤所致精神障碍　包括脑震荡和脑挫裂伤所致的精神障碍。
5. 脑肿瘤所致精神障碍　包括神经胶质瘤、脑膜瘤、垂体腺瘤等所致的精神障碍。
6. 癫痫等其他脑病所致的精神障碍。

（二）躯体疾病所致精神障碍

1. 躯体感染所致精神障碍　包括人类免疫缺陷病毒（human immunodeficiency virus，HIV）感染、肺炎、伤寒、流行性感冒、血吸虫病等所致的精神障碍。
2. 内脏器官疾病所致精神障碍　包括肺性脑病、肝性脑病以及器官移植等所致的精神障碍。
3. 内分泌疾病所致精神障碍　包括甲状腺功能异常、垂体功能异常、肾上腺皮质功能异常、性腺功能异常等所致的精神障碍。
4. 营养代谢疾病所致精神障碍　包括糙皮病、水电解质紊乱、维生素 B_1 缺乏所致的精神障碍。
5. 结缔组织疾病所致精神障碍　包括系统性红斑狼疮、结节性动脉周围炎、皮肌炎、硬皮病等所致的精神障碍。
6. 染色体异常所致精神障碍　包括 Klinefelter 综合征、Turner 综合征、超雄综合征、超雌综合征等所致的精神障碍。
7. 物理因素所致精神障碍。
8. 其他躯体疾病/因素所致精神障碍　包括肿瘤所致精神障碍、围生期精神障碍、手术后精神障碍等。

三、临床特征

器质性精神障碍的临床表现有如下特征。

1. 器质性精神障碍的临床特征与原发疾病之间并不存在特异性的关系，也就是说，不同的病因可以引起相同的精神症状，相同的病因在不同的患者身上也可以引起不同的精神症状。
2. 根据起病的急缓和病程的长短，可将器质性精神障碍的临床表现大致分为谵妄（急性器质性脑综合征）和痴呆（慢性器质性脑综合征）。谵妄起病急，病程较短，临床表现以意识障碍、幻觉、妄想、兴奋为主，具有昼轻夜重的特点；痴呆起病较慢，病程较长，临床表现以智能减退、人格改变、记忆力减退为特征。一般来说，谵妄的病变是可逆的，而痴呆的病变往往是不可逆的，并且呈进行性发展。
3. 器质性精神障碍临床表现的严重程度与原发疾病呈平行关系。
4. 器质性精神障碍的临床结局与原发疾病的缓解或改善密切相关。

第二节 器质性精神障碍的临床特征

一、谵妄

谵妄（delirium）又称急性脑病综合征（acute brain syndrome），是一种发生突然、变化急速而可逆的，以意识障碍、注意障碍以及广泛的认知障碍为主要临床表现的异常精神状态。一般病情发展速度较快、病程较短暂，病变可逆，预后较好。

（一）病因

谵妄的主要原因为颅内病变（如感染、外伤、肿瘤、急性脑血管病变等），内脏疾病，急性代谢障碍（低血糖、高血糖、水电解质紊乱等），内分泌紊乱，营养物质缺乏（如缺乏维生素 B_{12}、烟酸、叶酸），药物及其他物质中毒等。

（二）临床表现

谵妄是器质性疾病的常见并发症，在住院患者中，特别是在老年病房、急诊室和重症监护病房中很常见。有些患者在发病前可表现有前驱症状，如坐立不安、焦虑、激越行为、注意涣散和睡眠障碍等，前驱期持续 1～3 天。谵妄患者可有以下多种表现。

1. 意识障碍　主要以意识清晰度下降为主，是谵妄的核心症状。患者轻度仅有嗜睡，中度呈意识混浊状态，重度可达昏迷。对环境的定向力丧失或不完整，首先出现的一般是时间定向障碍，随着意识障碍严重程度的加深依次出现地点、人物、自我定向障碍。

2. 感知觉障碍　多以恐怖性的错视和幻视为主，如将输液器看成蛇，地板上看到有来回走动的小人等。

3. 思维障碍　思维形式障碍表现为思维不连贯，说话语无伦次、颠三倒四，令人无法理解其主题。思维内容障碍主要表现为妄想，被害妄想、关系妄想尤其常见。

4. 注意障碍　主要表现为注意的唤起、保持、分配和转移等多个环节出现障碍。患者反应迟缓，无法集中注意力，谈话无法保持同一话题而经常离题。

5. 情感障碍　既可以表现为情感迟钝或情感淡漠，也可以表现为焦虑、恐惧、情感不稳，还可以表现为易激惹、敌对等。

6. 记忆障碍　主要表现为新信息的保存困难，对病中经过大多不能回忆。

7. 精神运动障碍　患者可表现为高活动性、低活动性或混合性谵妄。高活动性谵妄中，患者表现为激越、警觉性增高和精神运动性兴奋，低活动性患者表现为情感淡漠、嗜睡。

8. 睡眠/觉醒周期紊乱　主要表现为睡眠节律紊乱，从失眠到 24 h 内睡眠觉醒周期完全解体，患者经常白天嗜睡。

 考点提示

谵妄的临床表现。

二、遗忘综合征

遗忘综合征（amnestic syndrome）是由脑部器质性病理改变所导致的一种选择性或局灶性认知功能障碍，以近事记忆障碍为主要特征。

（一）病因

遗忘综合征的主要原因以慢性酒精中毒最为常见。由于慢性酒精中毒常继发维生素 B 族缺乏，造成乳头体、海马、背内侧丘脑等结构损害的结果。其他如胃癌及严重营养缺乏、脑外伤、脑血管性疾病、缺氧、一氧化碳中毒、脑炎及脑肿瘤等器质性疾病也可以是其发病原因。

（二）临床表现

遗忘综合征的主要临床表现是记忆障碍，患者表现为对近期发生的事情，特别是近期接触过的人名、地点和数字最易遗忘，注意力和即刻回忆正常。在智能检查时，当要求患者立即回忆被告知的地址或三件物品时问题不大，但 10 min 后却难以回忆。另外，常有虚构，患者因为近记忆缺损，常捏造生动和详细的情节来弥补。其他认知功能和技能则保持相对完好。

三、痴呆

痴呆是一种获得性的，通常也是进行性的智能、记忆和人格等方面的全面性损害，一般无意识障碍，病程迁延，病情大多不可逆，但部分经治疗后可有改善。因起病缓慢，病程较长，故又称慢性脑病综合征（chronic brain syndrome）。

（一）病因

痴呆可由多种原因造成，任何能导致大脑病理生理改变的生物、化学、物理因素均可导致痴呆。其中最常见的病因是脑组织变性引起的疾病，以阿尔茨海默病（Alzheimer disease，AD）最常见；其次是脑血管疾病，以血管性痴呆（vascular dementia，VD）最常见，是引起老年期痴呆的第二大病因。其他的病因相对少见，包括脑外伤、颅内肿瘤、颅内感染、内分泌障碍（如甲状腺功能减退、库欣综合征等）、营养障碍（如缺乏维生素 B_1、叶酸等）、物质中毒（如慢性酒精中毒）等。

（二）临床表现

痴呆患者在数月到数年的时间内潜隐起病，通常为进行性的、不可逆的，主要临床表现有以下几个方面。

1. 认知功能障碍　认知功能障碍是痴呆的核心症状，记忆障碍常为突出表现，首先出现近记忆受损，逐渐进展为远记忆受损。视空间障碍、抽象思维障碍、语言障碍、失认、失用也较常见。

2. 人格改变　开始仅为原有性格缺陷的日益加重，随着病情的加重，人格改变则显得突出，表现为生活懒散、不讲卫生、不修边幅、自私、贪婪、挥霍、不负责任、缺乏羞耻感及伦理观念、行为不顾及社会规范等。

3. 其他精神病性症状　患者会出现焦虑、易激惹、攻击性和抑郁等心境改变；还会出现暂时的、多变的、片段的妄想观念，以被害妄想、嫉妒妄想和被偷窃妄想较为常见。在行为方面患者主要表现为行为缺乏目的性，可表现为刻板或作态行为，有的患者可出现无目的的游走、收集废旧物品或垃圾，痴呆晚期的患者多表现懒散，甚至卧床不动。

4. 社会生活功能减退　患者日常生活能力明显下降，逐渐需要他人照顾，对他人的依赖性不断增强。严重者个人生活完全不能自理。

第三节　阿尔茨海默病患者的护理

阿尔茨海默病是一组病因未明的中枢神经系统原发性退行性脑变性疾病，患者伴有明显影响社会和职业功能的认知和行为损害。本病多起病于老年期，其发病率随年龄增长而显著升高。女性多于男性，病程缓慢且不可逆，临床主要表现是痴呆。

病理改变主要为大脑皮质弥漫性萎缩，沟回增宽，脑室扩大，神经元大量减少，并可见老年斑（senile plaque，SP）、神经原纤维缠结（neurofibrillary tangle，NFT）等病变。起病在 65

岁以前者称老年前期痴呆，或早老性痴呆（presenile dementia），多有同病家族史，病情发展较快，颞叶及顶叶病变较显著，常有失语和失用。65 岁以后发病者称老年性痴呆。

 考点提示

阿尔茨海默病的病理改变。

知识链接

世界阿尔茨海默病日

1906 年，德国神经病理学家阿尔茨海默（Alois Alzheimer）首次报告了一例具有进行性痴呆表现的 51 岁女性患者。1910 年这种病被命名为"阿尔茨海默病"。

1994 年，国际老年痴呆协会在英国爱丁堡第十次会议上确定将每年的 9 月 21 日定为"世界阿尔茨海默病日"。在这一天，全世界 60 多个国家和地区都将组织一系列活动。

2012 年，国际老年痴呆协会首次把 1 日的宣传活动延长至 1 个月，希望在全球范围内引起更多人关注阿尔茨海默病，主题是"防治痴呆，你我同行"（dementia：Living together）。

2023 年，世界阿尔茨海默病月主题是"立防立治，无问早晚"（never too early, never too late），聚焦于危险因素筛防并立，诊治同行。

一、临床表现

AD 通常起病隐匿，为持续性、进行性病程，最后发展为严重痴呆。由发病至死亡平均病程 8～10 年，但也有些患者病程可持续 15 年或 15 年以上。AD 的临床症状分为两方面，即认知功能减退症状和非认知性精神症状。根据疾病的发展和认知功能缺损的严重程度，可分为轻度、中度和重度。

（一）轻度

近记忆障碍常为首发及最明显症状，如经常遗失物品，忘记重要的约会及已许诺的事，记不住新来同事的姓名；学习新事物困难，看书读报后不能回忆其中的内容。常有时间定向障碍，患者记不清具体的年月日。计算能力减退，很难完成简单的计算，如 100 减 7、再减 7 的连续运算。思维迟缓，思考问题困难，特别是对新的事物表现出茫然难解。早期患者对自己记忆问题有一定的自知力，并力求弥补和掩饰，例如经常做记录，避免因记忆缺陷对工作和生活带来不良影响，可伴有轻度的焦虑和抑郁。随着记忆力和判断力减退，患者对较复杂的工作不能胜任，例如妥善地管理钱财和为家人准备膳食。尚能完成已熟悉的日常事务或家务。患者的个人生活基本能自理。

人格改变往往出现在疾病的早期，患者变得缺乏主动性，活动减少、孤独、自私，对周围环境兴趣减少，对周围人较为冷淡，甚至对亲人漠不关心，情绪不稳，易激惹，对新的环境难以适应。

（二）中度

到此阶段，患者不能独自生活。表现为日益严重的记忆障碍，用过的物品转瞬即忘，日常用品丢三落四，甚至遗失贵重物品。刚发生的事情也易遗忘。忘记自己的家庭住址及亲友的姓名，但尚能记住自己的名字。有时因记忆减退而出现错构和虚构。远记忆力也受损，不能回忆自己的工作经历，甚至不知道自己的出生年月。除有时间定向障碍外，地点定向也出现障碍，容易迷路走失。甚至不能分辨地点，如学校或医院。言语功能障碍明显，讲话无序，内容空洞，不能列出同类物品的名称；继而出现命名不能，在命名测验中对少见物品的命名能力丧失，随后对常见物品的命名亦困难。失认表现为不能识别物品、地点，不能从面容辨认人物，不认识自己的亲人和朋友，甚至不认识镜子中自己的形象。失用表现为不能正确地以手势表达，无法做出连续的动作，如刷牙动作。患者已不能工作、难以完成家务劳动，甚至洗漱、穿衣等基本的生活料理也需家人督促或帮助。

患者的精神和行为障碍也比较突出，情绪波动不稳；或因找不到自己放置的物品，而怀疑被他人偷窃，或因强烈的嫉妒心而怀疑配偶不贞；可伴有片段的幻觉；睡眠障碍，患者会出现正常睡眠节律的紊乱或颠倒，白天卧床，晚上则到处活动。行为紊乱，常捡拾破烂；乱拿他人之物；亦可表现本能活动亢进，当众裸体，有时出现攻击行为。

（三）重度

记忆力、思维及其他认知功能皆严重受损。忘记自己的姓名和年龄，不认识亲人。语言表达能力进一步退化，患者只有自发言语，内容单调或反复发出不可理解的声音，最终丧失语言功能。患者活动逐渐减少，并逐渐丧失行走能力，甚至不能站立，最终只能终日卧床，大小便失禁。晚期患者可出现原始反射如强握反射、吸吮反射等。最明显的神经系统体征是肌张力增高，肢体屈曲。患者最后发展为严重痴呆，常因压疮、骨折、肺炎、营养不良等继发躯体疾病或衰竭而死亡。

考点提示

阿尔茨海默病的临床表现。

二、诊断与鉴别诊断

AD患者的脑电图变化无特异性。CT、MRI检查显示大脑皮质萎缩，脑室扩大，伴脑沟、脑裂增宽。由于很多正常老年人及其他疾病同样可出现脑萎缩现象，且部分AD患者并没有明显的脑萎缩，所以不可只凭脑萎缩诊断AD。单光子发射计算机断层成像（single photon emission computed tomography，SPECT）和正电子发射断层成像（positron emission tomography，PET）可显示AD的顶-颞叶联络皮质有明显的代谢紊乱，额叶亦可能有此现象。

AD病因未明，目前诊断首先主要根据临床表现做出痴呆的诊断，然后对病史、病程的特点、体格检查及神经系统检查、心理学检查与辅助检查的资料进行综合分析，排除其他原因引起的痴呆，才能诊断为AD。

其中心理学检查是诊断有无痴呆及痴呆严重程度的重要方法。我国已经引进和修订了许多国际通用的简捷、快速的筛查工具，具有良好的诊断效度、敏感性与特异性。最常用的有简易智能状态检查（mini mental state examination，MMSE），是一个非常简单的测试工具。此外，阿尔茨海默病评定量表（Alzheimer disease assessment scale，ADAS）亦是国际通用的测试工具。

在鉴别诊断方面，应注意与血管性痴呆、维生素B族缺乏、恶性贫血、神经梅毒、正常压力脑积水、脑肿瘤以及其他脑原发性退行性病变如匹克（Pick）病和帕金森病所引起的痴呆相鉴别。此外，亦要注意与抑郁症导致的假性痴呆及谵妄相鉴别。

考点提示

阿尔茨海默病的诊断与鉴别诊断。

三、治疗

本病病因未明,针对病因治疗很难,一般采取以下措施。

(一)药物治疗

1. **乙酰胆碱酯酶抑制剂**　多奈哌齐可改善认知功能,主要不良反应为腹泻、肌肉痉挛、乏力、恶心及失眠等;卡巴拉汀是选择性地作用于脑皮质和海马的乙酰胆碱酯酶抑制剂,可以延缓阿尔茨海默病患者症状的进展速度;石杉碱甲是我国研制的胆碱酯酶抑制剂,对认知功能、日常生活能力有改善,主要不良反应是消化道症状。

2. **谷氨酸受体拮抗剂**　美金刚可以改善记忆。

 考点提示

阿尔茨海默病的药物治疗。

(二)对症治疗

主要针对痴呆伴发的各种精神症状。

1. **抗焦虑药**　如有焦虑、激越、失眠症状,可考虑应用短效苯二氮䓬类,以劳拉西泮、奥沙西泮、阿普唑仑最常用。

2. **抗抑郁药**　20%~50%的AD患者可出现抑郁症状。首先予以心理社会支持、改善环境,必要时应用抗抑郁药,如选择性5-羟色胺再摄取抑制剂氟伏沙明、西酞普兰等。

3. **抗精神病药**　有助于控制患者的行为紊乱、激越、攻击性和幻觉妄想等,可选用新型抗精神病药,如利培酮、奥氮平、喹硫平等,一般用量较小。

知识链接

如何提高认知储备,降低患失智症的风险?

失智症是一种影响大脑功能的疾病,导致记忆、思维、语言和日常活动能力的下降,其最常见的类型是阿尔茨海默病(Alzheimer disease)。

认知储备(cognitive reserve)指的是大脑对损伤的应对能力,即大脑能够利用不同的神经网络来补偿功能的丧失,维持正常的表现。许多研究表明,提高认知储备可以降低患失智症的风险,或者延缓失智症的症状出现。

①可以通过不断学习新知识、新技能等,刺激大脑形成新的神经连接,增加大脑可用资源。

②社交活动可以增加大脑的活力,提高情绪和自信,减少孤独和抑郁。

③锻炼身体可以改善身体健康,还可以改善大脑健康。

④可以多吃一些富含抗氧化剂和抗炎物质的食物,如水果、蔬菜、坚果、鱼类等,少吃一些加工食品、禁忌烟酒等。

⑤改善睡眠,睡眠可以帮助大脑清除一些有害物质,这是阿尔茨海默病的主要致病因素之一。睡眠还可以帮助大脑巩固和整理记忆,提高学习效率。

⑥学会管理压力,压力会导致一些激素的分泌,如皮质醇(cortisol),这会损害大脑的某些区域,如海马体(hippocampus),这是记忆和学习的重要部位。

总之,人类可以通过多种方式来提高自己的认知储备,从而保持或增强大脑功能。

四、护理

（一）护理评估
采用交谈、观察、身体检查及查阅病历记录、诊断报告等方式，收集有关患者目前健康状况的主、客观资料。

1. 生理状况评估　患者有无意识障碍、睡眠异常、排泄异常，有无呕吐反射或呕吐，监测呼吸、脉搏、血压，皮肤颜色、皮肤弹性等。
2. 认知活动评估　患者有无注意力不集中，记忆、分析、判断及计算能力是否降低；有无错觉、幻觉等。
3. 情感活动评估　患者有无情感淡漠或焦虑。
4. 人格方面评估　患者有无人格改变的表现。

（二）护理诊断
1. 有受伤的危险　与患者处于意识障碍状态及不熟悉的环境、生活方式的改变、照顾者没有经验等有关。
2. 营养失调：低于机体需要量　与患者咀嚼或吞咽困难、不思饮食、获取食物困难、缺乏营养知识、情绪紧张、心情抑郁而厌食及老年人缺齿、味觉改变等有关。
3. 吞咽障碍　与神经肌肉受损、面部麻痹有关。
4. 急性意识障碍　与脑结构性改变、感染性因素、癫痫及环境或人际关系的不良刺激有关。
5. 有自杀的危险　与患者处于抑郁状态、支持系统不足、患者无安全感或有自我生存危机有关。
6. 有暴力行为的危险　与身体不适、睡眠型态改变，感知觉障碍，极度焦虑、惊恐或愤怒反应等有关。
7. 不合作　与患者否认疾病，患者或家属对治疗缺乏信心、缺乏有关知识，患者与照顾者关系不好、对提供照顾或对环境不满意等因素有关。
8. 睡眠型态紊乱　与疼痛、不舒适，焦虑、恐惧，兴奋、抑郁不良情绪，患者缺乏运动或活动过多，白天睡眠过多及生活方式或环境改变等因素有关。
9. 生活自理能力缺陷　与认知功能障碍和活动能力下降有关。

（三）护理目标
1. 患者能够减少或不发生外伤危险，表现在照顾者看护或协助下很少有外伤发生。
2. 患者能经口摄入足够的营养，或增加摄入营养物的品种和数量。患者表现为在得到治疗、护理帮助后，按时获得食物。
3. 患者能够在进食和饮水后不发生误吸和噎食的危险。有些患者能叙述进食、吸水时的注意事项。
4. 患者能够保持良好的意识水平，表现为意识清楚或意识障碍无进一步加重。
5. 患者能够自诉与其情感状态有关的感受，确认产生自杀观念及其行为的后果。或表现为接受护理人员或照顾者的护理帮助与支持。家庭成员能够正确评价患者所需帮助并给予关心和支持。
6. 照顾者和周围人不发生受伤、患者所处环境不受破坏。
7. 患者表现合作，并能理解不合作的后果；或患者能够在鼓励和提醒下勉强接受治疗和护理；或患者表现不再拒绝治疗和护理。
8. 患者能够得到充足的睡眠，或睡眠量有所增加，精神面貌较好。
9. 患者的生活自理能力提高。

（四）护理措施

1. 为意识障碍、智能障碍者（特别是较重者）安排专人护理，或指导协助照顾者做好患者的安全护理。

2. 做好进食前后患者口腔卫生；鼓励患者与其他人共餐，提供愉快、舒适、优美的进餐环境；允许患者选择个人嗜好食物，帮助代购或准备食物。对于不能进食或不宜进食的患者，采用鼻饲或其他途径保证摄入足够营养。

3. 监测患者吞咽反射情况；注意防止患者口咽分泌物吸入气管或支气管；为刚刚消除吞咽障碍及吞咽障碍较轻的患者喂食时，仍应注意少量慢速进行。

4. 除昏迷状态患者外，需向患者介绍环境，且在改变患者居室布局时，或行操作前做详细解释，以减轻患者焦虑或恐惧，并争取患者合作。可使用日历、钟表帮助患者恢复时间定向力；为患者提供他熟悉的照片等物品，帮助患者恢复记忆力。鼓励患者表达自己的想法和要求。保证患者足够的休息和睡眠，以利病情恢复，防止加重意识障碍程度。其他按昏迷患者护理常规或意识障碍护理常规护理。

5. 减少或去除危险因素；积极配合医生治疗，改善患者情绪；主动关心患者，及时给予护理帮助，同时做好心理护理。

6. 尽量满足患者的合理需要，为患者安排适宜的娱乐活动、作业劳动。做好患者个人卫生、饮食、睡眠等护理。告诉患者及照顾者与患者暴力行为发展的有关因素，鼓励患者表达身心不适并提出要求。若可能，告诉患者暴力行为的后果，并教给患者如何努力克制暴力行为的发生。

7. 对因智能障碍而导致不合作的患者治疗和护理时，应耐心给予解释和鼓励，防止批评指责患者。对有意见的患者，还应及时了解情况，并努力改进工作。满足患者合理要求，并做到主动关心、接近患者，争取患者的合作。应给予患者或照顾者有关疾病、治疗及护理方面知识的健康教育和指导；指出不合作将给患者健康产生的不良后果。鼓励患者及照顾者表达想法和要求。

8. 尽量减少或消除影响患者睡眠型态的相关因素，如治疗躯体问题、精神不适和疾病；及时妥善处理好患者的排泄问题。协助医生调整影响睡眠规律的药物种类、剂量或给药时间。为患者安排合理的运动、活动及减少白天卧床、睡眠。帮助患者适应生活方式或环境的改变。夜间患者睡眠时，除必要的观察和操作外，不宜干扰患者睡眠。应通过进行有针对性的心理护理，减轻患者的焦虑、恐惧、抑郁及兴奋程度，从而改善患者的睡眠。

9. 向患者和照顾者说明营养、个人清洁卫生的重要性。教给患者及照顾者进食、喂食、洗澡及个人清洁卫生的技能。向患者及照顾者说明保持和获得自理能力与生活质量及满足个人心理需要的关系。教给患者及照顾者使用辅助设备的方法。

 考点提示

阿尔茨海默病的护理措施。

（五）护理评价

1. 患者所存在的护理问题是否去除。
2. 患者的危险因素是否减少。
3. 患者能否得到足够营养。
4. 患者吞咽障碍是否去除。
5. 患者睡眠型态紊乱是否改变。

> **思政园地**
>
> **15 年的爱与坚守**
>
> 朱文元先生是江苏省人民医院皮肤科的一位主任医师、教授、博士生导师，享受国务院政府特殊津贴，曾被评为全国优秀教师、江苏省有突出贡献中青年专家和高校科技先进个人。
>
> 他的妻子夏明玉是南京医科大学超微病理学教授。15 年前，夏明玉确诊了阿尔茨海默病，朱文元先生从一位资深的皮肤科专家，摇身一变，从头开始，当起了神经内科的学徒，照顾"被困在时间里"的妻子，开始了长达 15 年的陪护。
>
> 2022 年，在 9 月 21 日世界阿尔茨海默病日到来之前，这位老人将自己多年的陪护心得写成了一本书——《阿尔茨海默病陪护手记和百问》，希望帮助更多的患者和家庭走出困境。
>
> 朱文元先生先后查阅了大量国内外资料，在用药上精准把控，有效控制了夏明玉的病情，经验和心得都写进了这本 20 万字的《阿尔茨海默病陪护手记和百问》中，希望能给中国约 1000 万阿尔茨海默病患者和家人以帮助。
>
> 朱文元先生表示，目前国内阿尔茨海默病的相关书籍不多，需要普及相关知识，"这也算是我在退休后，尽力做一些有益于社会的事吧！"

自 测 题

一、选择题

1. 谵妄的主要特征是
   A. 错觉、幻觉　　　　　B. 智力障碍　　　　　C. 妄想
   D. 意识障碍　　　　　　E. 情感障碍

2. 患者，男性，60 岁，对其他事情没有兴趣。常忘记和客户约定的时间，已熟悉的工作流程近日也常忘记，他常自编说法，以弥补忘记的事情。情绪易怒、易激动，与病前判若两人。诊断为阿尔茨海默病，此病最先出现的症状是
   A. 记忆障碍　　　　　　B. 老年健忘　　　　　C. 人格障碍
   D. 语言障碍　　　　　　E. 定向障碍

3. 患者，女性，73 岁。2 年前丈夫病故后，经常独自流泪，近 1 年来常出现当天发生的事、刚说的话和做的事不能记忆，忘记进食或物品放在何处，外出找不到家门，失眠，焦躁不安。根据临床表现，护士评估患者最可能患有
   A. 老年精神病　　　　　B. 抑郁症　　　　　　C. 大脑慢性缺血改变
   D. 早期阿尔茨海默病　　E. 脑肿瘤

4. 患者，男性，71 岁，诊断为阿尔茨海默病，目前临床最常用的治疗药物是
   A. 抗焦虑药物　　　　　B. 抗抑郁药物　　　　C. 抗精神病药物
   D. 乙酰胆碱酯酶抑制剂　E. 促脑代谢药物

5. 患者，男性，65 岁。1 年前诊断为阿尔茨海默病，由其老伴照顾，前几日，患者独自外出后未归，后被家人找到，社区护士家庭访视时，注意到其老伴照料患者的过程中采取以下做法，其中不正确的是
   A. 为防止患者走失，老伴不让其外出，把他整日关在家里

B. 为防止患者走失，老伴在他衣服上写名字和家中电话
C. 老伴尽量让患者自己刷牙、洗脸、穿衣、吃饭
D. 老伴时常会让患者帮忙做一些家务
E. 为帮助患者记忆，老伴会常和他一起看过去的生活照片

（6~8题共用题干）

患者，女性，69岁。近3年来逐渐出现好忘事，做事经常丢三落四，检查未发现有器质性病变。近1年不会自己穿衣服，有时把裤子当作上衣穿，有时对着镜子中的自己问"你是谁"；2周前一个人跑出家门，找不到回家的路。说不清地址，说不出自己的名字，幸被邻居发现才未发生意外。

6. 首先考虑的诊断是
   A. 血管性痴呆　　　　　B. 精神发育迟滞　　　　　C. 遗忘障碍
   D. 阿尔茨海默病　　　　E. 谵妄
7. 对患者的精神行为进行干预时，护士应
   A. 给予及时制止，必要时保护约束
   B. 让患者认识到其行为的异常
   C. 转移患者的注意力后耐心解释和疏导，帮助患者情绪平稳
   D. 不去理睬患者的行为
   E. 对家属进行药物相关知识指导
8. 该患者的护理目标为
   A. 患者能按时服药
   B. 重新建立患者的定向感和现实感
   C. 能够有效地进行语言交流
   D. 生活能够完全自理
   E. 能够进行有效沟通

二、简答题

1. 简述器质性精神障碍的临床特征。
2. 简述谵妄患者的临床表现。
3. 简述轻度阿尔茨海默病的临床表现。

三、案例分析

患者，女性，72岁，曾是银行职员，高中文化。

3年前开始记忆力下降，逐渐加重，刚吃完饭后就忘记，说没吃饭；记不住孙子的名字，把子女错认为别人；远期记忆尚可，经常吵闹要回原来的家；有时焦虑；简单计算力尚可，复杂计算力差；在家乱翻东西，自己存折忘记放在什么地方，找不到就认为被女儿偷了。

躯体及神经系统检查无显著体征。

问题：1. 首先考虑的诊断是什么？
2. 针对该患者，护理诊断及护理措施有哪些？

（崔洪艳）

第六章　精神活性物质所致精神障碍及患者的护理

学习目标

1. 理解精神活性物质、依赖、耐受性及戒断状态的概念。
2. 熟悉常见精神活性物质所致精神障碍的临床表现。
3. 具备对精神活性物质所致精神障碍患者的护理技能。
4. 对精神活性物质所致精神障碍患者具有同情心和理解心。
5. 能够做好预防教育，防止人们滥用精神活性物质，减少社会危害的发生。

案例

患者，男，40岁，因"反复吸食冰毒5年，怀疑有人监视自己、伤害自己1年半左右，近1个月情绪高涨、易激惹，耳闻人语伴失眠10天"入院。患者于2011年开始吸食冰毒，患者很兴奋，不停地说话。期间，冰毒使用频率逐渐增加，有时隔几天一次，后来几乎每天使用，每次剂量0.15～0.3 g不等。兴趣明显减少，朋友圈子缩小，体重从原来的70 kg降到50 kg。入睡困难。2015年有一天，听到敲门声，打开门后并没发现有人，他怀疑是因为借了朋友钱不还，朋友想要报复他。此后，总怀疑家里有人在监视他，有一次拿着刀冲到邻居家门口，被家人拦住。近一个多月，突然情绪易激动，无故发脾气，最近10天出现失眠，耳闻人语，疑心重，觉得有人跟踪他，要报复他，自己内心的想法没有说出来就被别人知道了，心里很紧张、害怕，不愿和人交往。家属视其病情加重，故送至精神卫生中心戒毒科。否认起病以来有高热、抽搐、昏迷，食欲欠佳，大小便正常。

个人既往史：否认重大躯体疾病史。18岁开始有吸烟史，病前性格内向。无家族遗传史。体格检查未发现特殊阳性体征。

问题与思考：
1. 该患者可初步诊断为什么疾病。
2. 请为该患者提出护理诊断与护理措施。

第一节　精神活性物质概述

一、基本概念

（一）精神活性物质

精神活性物质（psychoactive drug or substance）又名成瘾物质，是指来自体外的，能够影响人类心境、情绪、行为，改变意识状态，并可致成瘾的化学物质。包括酒精类、阿片类、大麻类、兴奋剂、致幻剂、镇静催眠剂、烟草等，人们使用这些物质的目的在于取得或保持某些特殊心理、生理状态。

（二）物质依赖

物质依赖（substance dependence）指一组由反复使用精神活性物质所引起的行为、认知和生理症状群。包括强烈的对精神活性物质的渴求；尽管明知对自身有害，但仍然难以控制，持续使用；耐受性增加，出现戒断症状和强制性觅食行为。一般将依赖分为精神依赖和躯体依赖两种。

精神依赖又称心理依赖，是指使用者对精神活性物质强烈的渴求，以期获得使用后的特殊快感，驱使其为寻求这种感觉而反复使用此药物，表现出所谓的渴求状态。

躯体依赖又称生理依赖，指反复使用精神活性物质，使中枢神经系统发生了某些生理、生化改变以致需要药物持续地存在于体内，否则机体难以正常工作，表现出耐受性增加和戒断的症状。

（三）滥用

滥用（abuse）是指自行或不恰当地使用医学上不必要的精神活性物质，并对使用者和社会都造成了一定损害，ICD-11称为有害使用。滥用强调的是不良后果，没有明显的耐受性增加或戒断症状，反之就是依赖状态。滥用者进行有害的强制使用，常可形成依赖。

此外，ICD-11还引入"危险使用（hazardous use）"这一分类，是指虽未达到障碍（disorder）或者疾病（disease）的诊断标准，但是可能增加使用者对自身或他人造成躯体以及精神损害的风险，并需要引起专业人士关注的一种物质使用模式。

（四）耐受性

耐受性是一种状态，指使用者长期持续地使用某种物质，若欲达到预期效应，必须明显增加使用剂量，若仅使用原来的剂量则效果明显降低。

（五）戒断状态

戒断状态是指因停用精神活性物质、减少使用剂量或使用拮抗剂所出现的特殊的心理生理症状群，是躯体性依赖的特征。症状和病程与所使用的精神活性物质的种类和剂量有关，一般表现为与所使用物质的药理作用相反的症状。戒断也是其强迫性用药行为和短期内复吸的主要原因。

二、精神活性物质的分类及常见代表物质

根据精神活性物质的药理特性，分为以下几类。

（一）中枢神经系统抑制剂

如酒精、巴比妥类和苯二氮䓬类等。

（二）中枢神经系统兴奋剂

中枢神经系统兴奋剂又称精神兴奋剂，包括苯丙胺、咖啡因（含咖啡或茶中的咖啡因）、可卡因等，引起关注的主要是苯丙胺类药物及可卡因。

（三）阿片类

如阿片（鸦片）、吗啡、海洛因、哌替啶、美沙酮、喷他佐力欣等。

（四）大麻

大麻是一种古老的致瘾剂，仅次于鸦片。大麻在我国俗称火麻，大麻类毒品的主要活性成分是四氢大麻酚。医疗上可用于减轻抗癌化疗中产生的恶心、呕吐等症状。吸食后使人欣快，可出现错觉和感知综合障碍，兴奋后出现不安、抑郁、共济失调，继而进入睡眠。

（五）致幻剂

如麦角二乙酰胺（LSD）、仙人掌毒素等，临床上用LSD治疗慢性酒精中毒及减轻不易处理的疼痛。

（六）挥发性溶剂

如丙酮、甲苯、苯环己哌啶（PCP）类。

（七）烟草

如香烟、雪茄等。

> **知识链接**
>
> **新精神活性物质**
>
> 据了解，新精神活性物质是近年来国际禁毒领域最棘手和突出的焦点问题，全球发现品种已从2012年的7类251种增加到2017年的9类789种，报告发现的国家和地区由2012年的70个增加到2016年的107个。在欧美、俄罗斯、日本等地区和国家滥用流行趋势明显，许多新精神活性物质的毒理作用比海洛因、吗啡等传统毒品更加强烈，我国2017年新列入的U-47700的药效约是吗啡的7.5倍。
>
> 2010年以来，我国及时将国际社会反映突出的四甲基甲卡西酮等13种新精神活性物质先后列入麻醉药品和精神药品目录。2015年10月1日起实施的《非药用类麻醉药品和精神药品列管办法》，一次性列管116种新精神活性物质。对于国际社会较为关注的芬太尼类物质，目前我国已列管23种，远超联合国已列管的15种。

三、精神活性物质依赖的相关因素

（一）遗传因素

研究发现，在共同的生活背景下，只有部分人尝试吸毒，而在尝试者中，只有部分人成瘾，成瘾者中则有部分能戒除，另一部分则戒而复吸。家系调查结果表明，吸食海洛因者的一级家属中，精神活性物质滥用依赖者，是正常对照组的6.7倍，酒精依赖为3.5倍，反社会人格高达7.6倍，孪生子调查显示其药物依赖的病因有一半以上归因于遗传因素。有专家调查发现，寄养子的吸毒行为与其亲生父母有明显相关性。

（二）心理因素

精神活性物质滥用的人因"自我"的功能发展不佳，保持着高度的依赖性。在吸食者中，多有较严重的社会、家庭的不幸遭遇或者疾病所致的焦虑、抑郁等不良情绪，很容易接受毒品，以求解脱。较常见如经营亏损、夫妻离异、恋爱受挫、炒股失利等，部分吸毒者家庭中有多个吸毒、酗酒、吸烟、赌博等特殊不良嗜好者。另外还有研究发现有父子、兄弟、夫妻共吸现象。

（三）社会因素

社会文化对精神活性物质滥用的发生有一定影响，多数精神活性物质都有提高情绪的作用，如"酒逢知己千杯少"，所谓"无酒不成席"，似乎是中国人不成文的规矩。同样精神活性物质还具有抑制作用，即所谓"一醉解千愁"。在吸毒人群，80%以上是中、小文学文化程度，78%是17～35岁的青壮年，这些人多处于情绪不稳定期，冒险、好奇、追求享乐或有人有一些不良品行，文化素质偏低，分辨是非的能力较差，容易产生追求毒品特有的"愉悦"效应的倾向，受人引诱而染上吸毒的恶习。

总之，个体对精神活性物质的依赖是遗传 - 心理 - 社会因素相互作用的结果。

第二节 精神活性物质所致精神障碍的临床表现

一、酒精所致精神障碍

酒精是世界上应用最为广泛的成瘾物质，酒精中毒已成为严重的社会问题和科学问题，引起了全世界的普遍关注。少量适当饮酒可让人有舒服的感觉，过量饮酒不仅损害身体健康，导致躯体多系统的并发症，特别是对消化系统和神经系统的损害更为明显。短时间内饮酒量超过了机体代谢酒精的速度，可造成过量中毒，即急性酒精中毒；如果长期反复大量饮酒，则会引起脑功能减退和各种精神障碍，即慢性酒精中毒。

（一）急性酒精中毒

1. 普通性醉酒（common drunkeness） 又称单纯性醉酒，是由一次大量饮酒引起的急性酒精中毒。临床症状的严重程度与患者血液酒精含量及酒精代谢速度有关。绝大多数醉酒者吐词不清、步态不稳，伴有心率增快、呼吸急促、血压降低、皮肤血管扩张、呕吐、意识清晰度下降等，但记忆力和定向力多保持完整。醉酒初期，醉酒者的自我控制能力减退，出现兴奋话多、言行轻佻、不加思考、情绪不稳等类似轻躁狂的兴奋期症状。随后可出现言语凌乱、步态不稳、困倦嗜睡等麻痹期症状。若醉酒进一步发展，则出现意识障碍，意识清晰度下降或意识范围狭窄，甚至出现嗜睡、昏睡、昏迷甚至死亡。多数经数小时或睡眠后恢复正常。

2. 病理性醉酒（pathological drunkeness） 是个体特异性体质所引起的对酒精的过敏反应。发生于极少数人，表现为一次少量饮酒就出现明显的意识障碍，多伴有片段恐怖性幻觉和被害妄想，表现为极度紧张惊恐。在幻觉妄想的支配下，患者常突然产生攻击行为，如毁物、自伤或攻击他人等，病理性醉酒突然发生，持续时间数分钟到数小时，多以深睡告终，醒后患者对发作过程往往不能回忆。

3. 复杂性醉酒（complex drunkeness） 是介于普通性醉酒与病理性醉酒之间的一种中间状态。一般患者均有脑器质性疾病或躯体疾病，如癫痫、颅外脑伤、脑血管病、肝病等。在此基础上，患者对酒精的耐受力下降，当饮酒量未达到醉酒量时，便发生急性中毒反应。可出现明显的意识障碍，伴有错觉、幻觉或妄想，甚至出现冲动行为。发作常持续数小时，醒后患者对事情经过可能存在部分记忆。

（二）慢性酒精中毒

1. 酒精依赖（alcohol dependence） 酒精依赖俗称"酒瘾"，是由于长期反复饮酒所导致的对酒精渴求的一种特殊心理状态。患者这种渴求所致的行为已极大地优先于其他重要活动。一般饮酒10年以上可形成依赖，而青少年和女性，6～7年甚至更短时间内便可形成依赖。酒精依赖患者对饮酒有强烈的渴求且无法自控，饮酒模式固定；经常欺骗或殴打家人，变得自私、没有责任感；离婚、失业、交通肇事、犯罪及自杀的比例在酒精依赖者中都较高。

2. 戒断综合征 出现戒断症状是酒精依赖的标志。当患者突然停止饮酒或减少饮酒量数小时后，会出现一系列的精神和躯体症状，如抑郁、焦虑、恶心、呕吐、食欲缺乏、心悸、出汗、失眠以及手、足和四肢震颤、共济失调等。若饮酒及时会缓解戒断症状，患者会反复出现戒酒后重新饮酒，并短时间内再现原来的依赖状态。

（三）酒精中毒性精神障碍

1. 酒精中毒性幻觉症 在意识清晰时可出现幻觉，幻听最多见且夜间加重，内容多为斥责、辱骂、诽谤和威胁，有"包围性幻听"之称，严重者可产生攻击或自杀行为。

2. 酒精中毒性妄想症 患者在意识清晰时出现嫉妒妄想和被害妄想，内容荒谬，受其支配可出现攻击及杀人等行为。

3. 科萨科夫综合征（Korsakov's syndrome） 主要表现为严重的近记忆力障碍、错构、虚构、遗忘和定向力障碍。遗忘以顺行性遗忘多见，患者不能学习新的言语及非言语信息。但患者的情绪显得活跃和欣快，且对自己的缺陷并不苦恼。

4. 酒精中毒性痴呆（alcoholic dementia） 慢性酒精中毒反复出现震颤谵妄和痉挛发作，发生急性或慢性进行性人格改变、智力低下和记忆缺损等痴呆状态。

5. 韦尼克脑病（Wernick's encephalopathy） 是最严重的酒精中毒性精神障碍。与维生素B_1缺乏有关，表现为眼球震颤和眼球不能外展，意识障碍伴定向、记忆障碍和震颤、谵妄等。

 考点提示

酒精中毒的临床表现、科萨科夫综合征、韦尼克脑病。

二、阿片类及其他精神活性物质伴发的精神障碍

（一）概述

阿片类物质是指天然的或者人工合成的、对机体产生类似吗啡效应的一类药物，主要包括阿片、阿片中提取的生物碱吗啡、吗啡衍生物海洛因，以及人工合成的化合物如哌替啶、喷他佐辛、美沙酮等。医疗上使用阿片类药物主要是因为阿片类药物具有强有力的镇痛镇静作用。海洛因是此类主要的药品。

一旦形成依赖，个体的心理症状、精神症状、社会功能出现特征性的变化，吸毒成为生活中唯一目标，最终沦为没有人格、没有社会能力、违法犯罪的瘾君子。

（二）临床表现

1. 依赖表现　阿片类物质连续使用2周～1个月即可成瘾，具有强烈的精神依赖、躯体依赖及耐药性。一旦形成依赖，患者往往表现为生活无规律、情绪低落、消沉、易激惹；服用药物后则情绪高涨、思维活跃；还可表现为记忆力下降、注意力不集中，但智能障碍不明显。躯体症状主要表现为食欲下降、体重降低和性欲减退，男性易出现阳痿，女性易出现月经紊乱等症状，还可表现为头晕、冷汗、体温升高或降低、心悸等。神经系统方面可见震颤、步态不稳、缩瞳、腱反射亢进等。

2. 戒断综合征　戒断反应的严重程度与阿片类物质的种类、用量和用药持续时间有关。

一般来说，在中断使用海洛因8～12h后出现，36～72h到高峰，连续3～10天后明显减轻或消失。最初表现哈欠、流涕、流泪、寒战、出汗等。随后陆续出现各种戒断症状，如厌食、恶心呕吐、腹泻、腹痛、瞳孔扩大、全身骨骼和肌肉酸痛及肌肉抽搐、心搏加速、呼吸急促、血压升高，以及失眠、抑郁、烦躁不安、意识障碍、嗜睡、谵妄，常伴鲜明生动的幻觉，在戒断反应期间，患者可出现强烈的心理渴求和自主性行为，如抱怨、恳求、不择手段的求药行为。

3. 急性中毒　为追求强烈药效，患者往往会静脉注射过量的海洛因。由于使用量过大，可致中毒甚至死亡。过量中毒者多有不同程度的意识障碍，重者可达深度昏迷，呼吸缓慢，皮肤冰冷、体温和血压下降，瞳孔缩小等表现。其特征性的三联症状为针尖样瞳孔、呼吸抑制（频率可减慢至2～4/min）和昏迷。

三、镇静催眠类药物所致精神障碍

（一）概述

镇静催眠类药物包括巴比妥类药物和非巴比妥类药物。巴比妥类药物包括长效类药物如巴

比妥、苯巴比妥，中效类药物如异戊巴比妥、戊巴比妥，短效类药物如司可巴比妥等。可镇静催眠，随剂量增加可产生镇静、催眠、抗惊厥、麻醉，直至呼吸、循环抑制，甚至中毒致死。长期用药易引起依赖，突然停药易引起反弹，中、短效作用的巴比妥类药物最易成瘾，并能快速产生耐受性。非巴比妥类药物如水合氯醛、甲丙氨酯等也容易导致成瘾。

（二）临床表现

1. 依赖表现　长期大量服用主要引起人格改变和智能障碍，表现为丧失进取心和责任感、性格孤僻、意志消沉、偷药骗药，创造力和主动性下降，计算力和理解力受损，另外还可有消瘦、乏力、多汗、食欲低下及性功能减退等躯体表现。如一次大量服用巴比妥类药物，则可导致中毒，患者产生意识障碍，伴有震颤、语言不清、步态不稳等神经系统体征，严重者可致死。

2. 戒断综合征　一般在停药1~3天后出现，轻者浑身难受、虚弱无力、头痛、失眠、心慌等。重者出现全身肌肉抽搐、癫痫发作、意识障碍、幻觉、兴奋、冲动等。药物的镇静作用越强，戒断症状越重，一般持续2~3周后恢复正常。

四、中枢神经系统兴奋剂所致精神障碍

（一）概述

中枢神经系统兴奋剂又称精神兴奋剂，包括咖啡或茶中所含的咖啡因，主要引起社会关注的是可卡因和苯丙胺类药物，后者在医疗上可用于减肥、治疗儿童多动症和阵发性睡眠病。包括苯丙胺、冰毒及摇头丸等非法类兴奋剂和麻黄碱、匹莫林、哌甲酯、芬氟拉明等合法类兴奋剂。

苯丙胺类兴奋剂（amphetamine-type stimulants，ATS）除有强烈的中枢神经兴奋作用和致欣快作用外，还包括觉醒度增加、支气管扩张、心率加快、排血量增加和口干、食欲降低等。

（二）临床表现

急性中毒的临床表现有中枢神经系统和交感神经的兴奋症状。轻度中毒时出现瞳孔扩大、脉搏加快、血压升高、出汗、口渴、呼吸困难、反射亢进、头痛、兴奋躁动等症状；中度中毒表现为精神错乱、谵妄、幻视、幻听和被害妄想等精神症状；重度中毒时出现心律失常、循环衰竭、出血或凝血、胸痛、高热、昏迷甚至死亡。

长期使用ATS患者可出现分裂样精神障碍、躁狂抑郁状态、人格和现实解体症状、焦虑状态和认知功能损害，还可有明显的暴力、伤害和杀人等犯罪倾向。

五、抗焦虑药物所致精神障碍

（一）概述

常见抗焦虑药物是苯二氮䓬类药物，此类药物有安定、氯氮、奥沙西泮、硝西泮、氟西泮等。这类药物都具有抗焦虑作用、镇静作用和大剂量时的催眠作用，亦是一种有效的肌肉松弛剂和抗癫痫药物。其药物主要作用于大脑的网状结构和边缘系统，因而产生镇静催眠作用。但如果使用不当，容易形成依赖。

（二）临床表现

1. 药物依赖　长期服用抗焦虑药物可导致患者躯体状况恶化，出现消瘦、面色苍白、倦怠无力、皮肤无光泽、性功能下降，一般智能改变不明显。随着服药量的增大，其人格也会逐渐改变，轻者表现为易激惹及意志薄弱，重者撒谎、欺骗、偷窃及缺乏责任感等。可见肌张力低下、腱反射降低或消失及步态不稳等神经系统症状。如一次大量服用，可导致急性中毒，主要表现为意识障碍，严重者可致死。

2. 戒断综合征　停用1～3天后出现明显的症状，依赖的剂量越大，药物的镇静作用越强，戒断症状越严重，临床可有自主神经功能紊乱、癫痫发作、幻觉、意识障碍等症状。

> **知识链接**
>
> **游戏成瘾被列入精神障碍**
>
> 2018年6月19日，世界卫生组织（WHO）做出了结论，将游戏障碍（即通常所说的游戏成瘾）首次在全球范围内列入了国际疾病分类（ICD）精神与行为障碍章节。
>
> 这意味着，在发布的ICD-11中，游戏障碍将与合成毒品、酒精、烟草、咖啡因、非法药物等列入物质使用及成瘾行为障碍。
>
> 将游戏成瘾列入精神障碍并非首次提出。2013年，美国《精神障碍诊断与统计手册》第5版第3章称，将网络游戏成瘾纳入研究并进行精神障碍诊断。同时，我国首部《网络成瘾临床诊断标准》通过专家论证，玩游戏成瘾被正式纳入精神疾病诊断范畴。

第三节　精神活性物质所致精神障碍患者的护理

一、护理评估

（一）主观资料评估

1. 一般情况评估　患者有无意识障碍及程度；日常生活情况；与周围环境接触能力，对周围事物的关心程度；合作情况等。

2. 认知活动评估　患者有无知觉改变，如幻听、幻视；有无人格改变；有无智能和记忆力的损害，如遗忘、错构、虚构；有无思维内容障碍和思维过程方面的改变，如妄想；有无注意力和定向力障碍；有无决策能力的改变；患者对自己精神症状有无自知力等。

3. 情感活动评估　患者急性酒精中毒时有无兴奋、吵闹、易激惹和情绪不稳；观察戒断时有无焦虑、抑郁、紧张、恐惧不安等恶劣情绪；停止用药期间是否对以往行为感到自责、悲伤或羞愧；对周围环境的反应能力等。

4. 意志行为活动评估　患者用药的动机，如好奇心、生活苦闷；在戒断过程中防卫机制的应用情况，有无抱怨、争执、兴奋躁动，甚至继续寻觅、伤人或自伤等行为；有无动作迟缓、不协调及步态不稳等行为抑制情况。

5. 社会功能特别评估　患者人际交往与沟通能力，有无撒谎、偷窃、赌博等影响社会安定的行为；与家庭成员的关系是否和谐；对社会活动的参与度，有无逃避、不负责任或不讲道德的行为；有无自卑、不合群、冷酷、仇恨、缺乏爱心等。

（二）客观资料评估

1. 躯体状况评估　患者的营养、生命体征、意识、睡眠、饮食、排泄及生活自理情况，有无性功能下降（阳痿、闭经）及神经系统受损，有无并发症等。

2. 社会心理状况评估　患者的家庭环境、在家中的地位、经济状况、受教育情况及工作环境，能否正常工作及与同事家人相处能否融洽。

3. 既往健康状况评估　患者的家族史、患病史，饮酒、吸烟以及毒品接触史和药物过敏史等。

4. 以往治疗情况　评估患者既往用药及用药反应等。

5. 实验室及其他辅助检查　评估常规化验与特殊检查结果。

二、护理诊断

1. 急性意识障碍　与酒精或药物过量中毒、戒断反应等有关。
2. 营养失调：低于机体需要量　与以酒、药取代摄取营养的食物有关。
3. 暴力危险　与戒断综合征、个人应对机制无效有关。
4. 认知改变　与酒精或药物过量中毒、戒断反应等有关。
5. 焦虑　与调试机制发生困难、需要未获满足或戒断症状等有关。
6. 自我概念紊乱　与长期使用毒品，导致低自尊、自暴自弃有关。
7. 社交障碍　与药物依赖后社会功能受损有关。

三、护理目标

1. 改善患者的营养状况。
2. 帮助患者认识并接受自己的成瘾问题，帮助患者有效处理和控制成瘾情绪和行为，避免暴力行为的危险。
3. 患者能保持生命体征平稳，不发生并发症，睡眠改善。
4. 协助患者建立良好的行为模式和人际关系，能逐步主动行使社会职能和承担社会责任。

四、护理措施

（一）基础护理

1. 建立良好的护患关系　关心患者，与患者有效沟通。根据患者具体情况制订详细适宜的护理计划。
2. 对器质性疾病的观察与护理　根据病情需要，观察患者体温、脉搏、呼吸、血压、出入量、意识状态、缺氧程度等；避免或消除诱发因素；保持呼吸道通畅，防止痰液、分泌物堵塞；及时发现患者中毒症状并采取措施。
3. 生活护理　做好晨晚间护理；帮助患者做好个人日常卫生；保持床单清洁、整齐、干燥，防止褥疮；根据天气变化及时帮患者增减衣物、被服，防止受凉；预防患者继发感染。
4. 饮食护理　患者多有胃肠道症状，为其提供易消化、营养丰富的饮食，以流质、半流质为宜。丰富食物种类，并鼓励患者多饮水。为患者创造整洁、舒适的就餐环境，提供充足的进餐时间，嘱患者细嚼慢咽，防止噎食。必要时鼻饲或静脉补充营养物质，以保持营养代谢的需要。
5. 睡眠护理　患者常有顽固性失眠、睡眠质量差等问题，为避免诱发复吸和对镇静催眠药物的依赖，合理用药，以强弱间断用药为佳，充分发挥药效减少副作用。鼓励患者白天参加各种工娱活动，尽量减少卧床时间。创建良好的睡眠环境，避免着凉，睡前不宜太饿或太饱，不宜大量饮水；睡前避免剧烈运动、过度兴奋或其他刺激；听轻柔的音乐；睡前用温水洗澡或泡脚，观察并记录睡眠时间，及时调整，保证充足、有效的睡眠。
6. 大小便护理　观察并记录患者大小便情况。尿潴留时应及时予以导尿，注意预防泌尿系统感染；保持大便通畅，增加粗纤维饮食，必要时遵医嘱给予缓泻剂或者灌肠；有水肿、高血压的患者，适当限制水分摄入，并准确记录出入量；对长期卧床的患者，要定时提供便器，帮助患者适应床上排便。对有认知障碍的患者，定时送其到卫生间，训练其养成规律的排便习惯。
7. 皮肤护理　营养不良患者常有周围神经损害，戒毒患者对疼痛非常敏感，应注意操作轻柔，减少患者痛苦；对奇痒难忍的症状，除了给予药物缓解及其他对症处理外，护士应加强心理护理，对患者安慰、鼓励与正向暗示，增加患者治疗的信心。

8. 并发症护理　常见并发症有心血管疾病、肝功能异常等消化系统疾病、神经系统损害及传染性疾病。首先做好生活护理，另外对神经系统中存在不同程度的损害，如手指颤抖、步态不稳、共济失调的患者，应加强照顾，预防跌倒或发生其他意外；对有心血管系统疾病的患者，应密切监测血压和脉搏；对肝功能异常等消化系统疾病的患者，重视患者饮食，减少刺激性食物的摄入，保护肝等消化器官；对传染病患者应严格遵守无菌原则，预防交叉感染。

（二）安全护理

1. 评估可能受伤的因素　观察患者是否有暴力行为和自杀观念及其出现的频率和强度，尽量减少或去除危险因素。

2. 加强安全护理　将患者安排在舒适、安全且易于观察的病室，并在工作人员视线下活动，定时巡视患者，必要时专人看护，减少不良刺激及环境对患者的潜在危险因素。

3. 严密观察　密切监测患者生命体征、意识状态、皮肤黏膜等情况；患者入院3～5天后，护士要密切关注患者的言行，分析、掌握其心理活动，预防逃跑，保证患者的安全；发现异常情况应立即报告医生，并做好抢救准备。

4. 防止发生意外　接触患者时应注意方式方法，对烦躁不安、躁狂状态的患者，可安置在重症室，安排专人监护，防止摔伤及坠床，必要时可给予保护性约束；对抑郁状态的患者应将其置于易观察的地方，在护士的视线范围内，避免其单独活动；癫痫大发作时要预防舌咬伤、下颌脱臼以及骨折和摔伤；护士要严格检查患者随身物品，避免患者将酒、毒品、镇静催眠药物等带入病区，以保证安全和脱瘾治疗的效果。

（三）心理护理

1. 入院阶段　精神活性物质所致精神障碍的患者，会有各种心理反应，如恐惧、焦虑、易激惹、消极等。应根据患者情况，如年龄、文化、社会背景以及人格特点，制定心理护理方案，帮助患者尽快适应环境和住院生活。关心、尊重患者，耐心做好安慰和劝导，建立信任的治疗性人际关系，鼓励患者表达自己的想法和需要，提供发泄情感的机会，从而缓解患者的焦虑、恐惧和抑郁。帮助患者树立治疗疾病的信心，调动其戒除成瘾物质的心理动力，有利于疾病的康复。

2. 治疗阶段　向患者讲解疾病的病因、临床表现、进展情况以及治疗和护理的方法，消除其顾虑和紧张。告知患者用药计划及其必要性，以及有关药物的不良反应。矫正觅酒或觅药等不良行为。向患者说明重视精神障碍的治疗和护理的重要性。指导患者进行有效的情绪调控，建立良好的护患关系，鼓励患者参加各种工娱治疗、看电视、看书、绘画、下棋、打球等，以转移对物质的渴求状态。鼓励患者参加"匿名戒酒会"等自助团体，请戒除成瘾成功的患者现身说法，进行集体心理治疗，说明使用成瘾物质的危害，鼓励患者树立信心，同时可利用肯定训练来协助增强患者的自尊，调动其主观能动性。

3. 康复阶段　评估患者知识缺乏的程度，了解患者的特长、兴趣，依据个人情况制订相应的康复计划。帮助患者运用更有效的应对方式来应对、适应个人健康情况，尽快适应病后所需的生活方式。帮助患者重新认识自己，使其改变对自己消极的认识，以积极的态度来看待自己，增强自尊心。

 考点提示

对精神活性物质所致精神障碍患者实施的护理措施。

五、护理评价

1. 患者营养状况有无改善。
2. 患者戒药、戒酒有无明显进步，情绪是否得到改善，暴力危险是否解除。
3. 患者生命体征是否平稳，有无并发症，睡眠是否改善。
4. 患者有无积极参加社会活动，建立良好的人际关系，逐步承担社会责任，行使社会职能。

六、健康指导

1. 患者　对患者进行疾病有关知识的宣教，说明成瘾物质滥用后的危害。使患者了解复发的高危因素，回避可引起复发的刺激，指导患者建立正常的生活方式和行为习惯，培养良好的兴趣爱好，以减少使用成瘾物质，帮助患者建立正确的价值观和人际关系。鼓励患者在力所能及的范围内料理个人生活，并有计划地进行生活能力的培养和康复训练。

2. 家属　家庭成员提供的可靠支持对精神活性物质依赖者的恢复十分重要，由有经验的工作人员对家属进行家庭咨询，协助家属为患者提供重要的社会支持。避免接触发生物质滥用的环境，遇到问题及时纠正。让家属树立信心，帮助患者恢复健康。

> **思政园地**
>
> **树立防毒意识，提高自我保护能力，争当"禁毒卫士"**
>
> 一、认识毒品的危害
>
> 首先，吸毒对人体的消化系统、呼吸系统、心血管系统、神经系统都有极大的危害；产生生理和心理依赖性，使吸毒者成为毒品的奴隶，成瘾后难以戒除。其次，吸毒巨大的成瘾性令吸毒者无法控制地想要购买更多毒品，花费巨大的资金，影响家庭正常生活，甚至倾家荡产、妻离子散、家破人亡。再次，吸毒是犯罪行为，吸毒者为了满足自我对毒品的依赖，常常置道德、法律于不顾，越过法律红线，做出危害人民生命健康和社会治安的犯罪行为。
>
> 二、如何有效预防、拒绝毒品
>
> 首先，我们要认真学习禁毒知识，增强法制观念，提高对毒品危害性的认识。同时树立防毒意识，提高自我保护能力。面对犯罪分子的花言巧语和伪装，我们要学会鉴别，学会保护自己，防止被人引诱吸毒。自觉远离毒品，不吸食、不传播毒品。增强社会责任感，发现吸、贩毒行为要及时向公安机关举报。树立高尚的人生观、世界观、价值观，用健康的行为抵御毒品的侵害，做"珍爱生命、拒绝毒品"的好公民。另外还需提倡健康文明的生活方式，摒弃不良的生活习俗，积极加入到"禁毒志愿者队伍"行列，做到"不让毒品进我家"，争当"禁毒卫士"。

自 测 题

一、选择题

1. 我国的毒品不包括
   A. 阿片类　　　　　　　B. 可卡因　　　　　　　C. 大麻

D. 兴奋剂 E. 酒精
2. 下列不属于阿片类物质的是
   A. 海洛因 B. 吗啡 C. 苯丙胺
   D. 美沙酮 E. 丁丙诺啡
3. 在临床上常用来缓解酒精依赖戒断症状的是
   A. 苯二氮䓬类 B. 小剂量抗精神病药物 C. 大剂量维生素
   D. 能量合剂 E. 新型抗抑郁药
4. 下列不符合酒精性震颤谵妄的是
   A. 在戒酒后发生 B. 有意识障碍 C. 有大量的感知异常
   D. 全身肌肉有粗大的震颤 E. 症状多迁延，可持续数月
5. 男，55岁，有长期饮酒史，近期出现情绪低沉，想死，由家属送来急诊，当时呼吸有明显酒味。对这样有自杀意图的酒精依赖者，最首要的护理是
   A. 安全护理，防自杀 B. 药物护理，帮助戒酒
   C. 心理护理，改变其低落情绪 D. 生活护理
   E. 特殊症状的护理
6. 以下哪一项不是酒精依赖的特征
   A. 强烈的饮酒欲望 B. 耐受性增加
   C. 难以控制自己的饮酒行为 D. 无戒断症状
   E. 明知饮酒会导致各种不良后果，仍坚持饮用

二、案例分析

患者张某，男，21岁，某高校学生。患者常与朋友周末一起光顾家附近的酒吧。半年以前，在朋友的劝说下服用半片摇头丸，用药半小时后即感到头晕，随即出现爱讲话，愿和他人交谈，口渴、出汗、磨牙等症状，在通宵的跳舞过程中不觉疲乏，并随其他舞者不住地摇头，起初只是到周末才和朋友一起服用摇头丸，2~3个月后，即使不是周末也要自己去酒吧，为的是能找到这种药片，并体验用药后舒服的感觉。同时，服用剂量逐渐增加。就诊前每次服用2~3片。服药6~8 h后感到疲乏、无力，入睡醒来后感觉极度饥渴，心情郁闷，精神不振，此时希望夜晚尽快到来，以便尽快体验用药后的舒适感。由于患者父母发现其学习成绩下降，双手轻微震颤，并且其他同学反映患者经常旷课、出入酒吧，故携患者前往医院就诊。

问题：
1. 根据张某的情况，可以做出何种诊断？
2. 入院后，需给患者张某提供哪些护理措施？

（彭海霞）

第七章 精神分裂症及患者的护理

第七章数字资源

学习目标

1. 对精神分裂症患者具有高度同情心、责任感与爱心。
2. 掌握精神分裂症的概念、特征性症状以及分型。
3. 熟悉精神分裂症的治疗原则。
4. 熟悉精神分裂症的护理诊断以及相关护理措施。
5. 具备护理精神分裂症患者的能力。
6. 给予精神分裂症患者充分的支持与关爱,帮助患者"与病共存、与症状共存"。

案例

蔡某,女,18岁,高三学生,从小性格内向、孤僻任性、固执好强,从小学到初中每次测验考试成绩均在前4名之内。近一年来无原因不与任何人交往,孤僻少语、生活懒散、成绩下降。后来每晚睡觉都睡地上,说"床立在地上,地便是床,地床更大,睡在地床上能把地球上所有的知识都汇集到我的头脑里"。不久出现无原因行为冲动、砸玻璃、砸电话,还打母亲,睡眠无规律,常在夜间无故大喊大叫。

精神检查时,医生问:"你在哪里工作?",患者答:"这是多余的问题,卫星照在太阳上,阳光反射到玻璃上,跟着我不能解决任何问题,马马虎虎,捣捣糨糊。"医生问:"你近来好吗?",答:"我不是坏人,家中没有房产,计算机病毒是谁捣的鬼,我想回家。"患者不承认自己有病,不愿治疗。体格及实验室检查和影像学检查未见异常。

问题与思考:
1. 该患者有哪些精神症状?
2. 住院期间,护士应从哪些方面为蔡同学做好护理工作?

第一节 概念及病因

一、概念

精神分裂症(schizophrenia)是一组病因未明的精神障碍,具有思维、知觉、情感和行为等多方面的障碍,以精神活动脱离现实、与周围环境不协调为主要特征。一般无意识和智能障碍。

精神分裂症是重型精神病中患病率最高的一种。WHO估计精神分裂症的终生患病率为3.8‰~8.4‰,美国研究的终生患病率高达1.3%。国内12地区流行病学调查中精神分裂症的终生患病率为5.6‰,1994年进行的12年随访,上升为6.55‰,而且15岁以上人口中,城市的精神分裂症患病率明显高于农村,前者为7.11‰,后者为4.26‰。患病率女性高于男性;城市高于农村;无论城市或农村,精神分裂症的患病率与家庭经济水平呈负相关。

二、病因

精神分裂症的病因与发病机制尚不十分清楚,可能与遗传、环境与社会心理因素、脑的生化代谢和脑结构的异常改变、神经电生理异常等多方面的因素有关。

(一)遗传因素

国内外有关精神分裂症的家系调查发现,本病患者近亲中的患病率要比一般人群高数倍,且血缘关系越近,发病率越高。双生子研究发现同卵双生的同病率是异卵双生的4~6倍。寄养子研究发现精神分裂症母亲所生子女从小寄养出去,生活于正常家庭环境中,成年后仍有较高的患病率,提示遗传因素在本病中的重要作用。近年来由于分子遗传学技术的进步,使易感基因的定位有了可能,并且发现多个相关基因,但尚未有一致性的研究结果公布。

(二)神经病理学及大脑结构的异常

选取典型病例进行尸体解剖,发现恒定在中前颞叶(海马、嗅外皮质、海马旁回)存在脑组织萎缩,类似的表现也存在于额叶。CT发现精神分裂症患者出现侧脑室、第三脑室增大,沟回增宽,小脑萎缩,这些变化与病程和是否服药无关。脑电图普遍呈现θ波、快波和阵发性波活动增加。磁共振成像检查,患者额叶区体积减小,中位脑区域较小,大多数脑区信号降低,海马旁回及颞叶体积变小。

(三)神经生化异常的假说

1. 多巴胺(DA)假说　20世纪60年代许多研究支持精神分裂症的多巴胺假说。此项研究发现,精神分裂症患者血清中多巴胺的主要代谢产物高香草酸增高,尸检发现,此类患者脑组织中DA的浓度也高于对照组;PET(正电子发射断层成像)研究发现未经抗精神病药治疗的患者纹状体D_2受体数量增加,因此推测脑内多巴胺功能亢进与精神分裂症有关。此假说认为精神分裂症系患者为中枢DA功能亢进所致。传统的抗精神病药物即是通过阻断DA受体发挥治疗作用的。

2. 5-羟色胺(5-HT)假说　该假说认为精神分裂症患者脑内5-HT水平明显低于一般人群,新型抗精神病药物既对中枢DA受体有拮抗作用,也同时对$5-HT_{2A}$受体有很强的拮抗作用。$5-HT_{2A}$受体可能与情感、行为控制及DA调节释放有关。$5-HT_{2A}$受体激动剂可促进DA的合成和释放,而$5-HT_{2A}$受体拮抗剂可使DA神经元放电减少,并能减少中脑皮质及中脑边缘系统DA的释放,这与抗精神病作用及锥体外系反应的减少均有关系。

3. 氨基酸类神经递质假说　中枢谷氨酸功能不足可能是精神分裂症的病因之一。谷氨酸是皮质神经元重要的兴奋性递质。使用放射配基结合法及磁共振波谱技术,发现与正常人群相比,精神分裂症患者大脑某些区域谷氨酸受体亚型的结合力有显著变化,谷氨酸受体拮抗剂如苯环己哌啶可在被试身上引起幻觉及妄想,但同时也会导致情感淡漠、退缩等阴性症状。抗精神病药物的作用机制之一就是增加中枢谷氨酸功能。

4. 子宫内感染与产伤　研究发现母孕期曾经历病毒感染者及产科并发症高的新生儿成年后发生精神分裂症的比例高于对照组。

(四)心理社会因素

1. 分裂样人格　临床发现大多数精神分裂症患者的病前性格表现为内向、孤僻、敏感多疑。
2. 生活事件　临床发现大多数精神分裂症患者病前6个月可追溯到相应的生活事件,国内调查发现,精神分裂症发病有精神因素者占40%~80%,提示生活事件可能对精神分裂症的发生起到促发作用。

3. 社会环境　以往研究发现精神分裂症的发病率在不同的社会阶层和不同的国家有所差异，提示社会环境对精神分裂症的发生有一定的影响。

4. 家庭环境　家庭环境与精神分裂症的发生也有一定的关系，如儿童时期遭遇不幸、父母离异、缺少家庭温暖、父母性格怪异等，常导致其子女成年后患病。

 考点提示

精神分裂症患者的致病因素。

第二节　精神分裂症的临床特征

一、临床表现

精神分裂症的早期症状多种多样，一般与起病类型有关。本病起病形式不一，可呈慢性、亚急性或急性，临床以缓慢起病多见。早期也称为前驱期，主要表现有个性改变、类神经症症状以及语言和行为的变化。如原来性格和蔼可亲变得冷漠孤僻；或出现失眠、烦躁、头晕、乏力、注意涣散、焦虑抑郁等；或表现出一些古怪的想法、行为怪异、生活懒散，不遵守规章制度，社会功能下降等。

保罗·尤金·布鲁勒（Paul Eugen Bleuler，1857—1939年）认为精神分裂症的特征性症状有诊断意义，即联想障碍（association）、情感淡漠（apathy）、意志缺乏（abulia）和内向性（autism），也称为4A症状，这一概念对现今国际诊断标准仍具有影响。美国精神医学家爱菊生（Adraesen）提出一种对精神分裂症症状归纳分类的方法，即将精神分裂症症状分为阳性症状与阴性症状两类。凡是精神功能的亢进或歪曲的表现，称为阳性症状，例如幻觉、妄想、被动体验、明显的思维形式障碍、行为紊乱怪异等。凡是精神功能的减退或缺失的表现，称为阴性症状，例如情感平淡、兴趣减退与缺失、意志减退、思维贫乏和注意力不集中等。

对精神分裂症的临床描述及临床特点，国内外精神病学家根据各自的经验从不同角度进行阐述。本文从精神症状各方面如认知过程、情感过程、意志行为过程、自知力等方面进行阐述。

（一）思维障碍

1. 妄想（delusion）　是精神分裂症最常见的症状之一。内容上以关系妄想、被害妄想和影响妄想最为常见。此外，还可见嫉妒妄想、疑病妄想、钟情妄想、自罪妄想、非血统妄想等。妄想内容与患者的生活经历、教育程度和社会背景有一定的联系。妄想可分为原发性和继发性，继发性妄想常发生于幻觉等基础之上。精神分裂症妄想的主要特点是：①内容离奇，逻辑荒谬，发生突然。②妄想所涉及的范围有不断扩大和泛化趋势或具有特殊意义。③患者对妄想的内容多不愿主动暴露，并往往企图隐蔽它。

 考点提示

精神分裂症妄想的主要特点。

2. 被动体验　正常人能够自由支配自己的思维活动和躯体运动，并在整个过程中时刻体验到这种主观上的支配感。而精神分裂症患者的支配感常常丧失，相反，患者感到自己的躯体运动、思维活动、情感均受他人控制，自己完全不能自主，甚至感到有某种高科技仪器、电波或一种超自然的奇怪的力量在控制自己（物理影响妄想）。这种体验常与被害妄想联系起来，也有人由此坚信自己内心体验或所思所想旁人尽知（内心被揭露感）。

3. 思维联想障碍　是精神分裂症最具有特征性的障碍。其特点是患者在意识清楚的情况下，思维联想散漫或分裂，缺乏具体性和现实性。表现有思维松弛或散漫、思维贫乏、破裂性思维、思维云集和思维中断等。

4. 思维逻辑障碍　表现为在判断、推理过程中丧失具体概念所规定的含义以及不同概念的差别，违反逻辑和语法规则，其言论令人费解。例如患者不停地在病房里跑步，解释为"紧跟时代步伐"，此为病理性象征性思维。此外还有语词新作、逻辑倒错性思维和诡辩症等。

（二）情感障碍

精神分裂症患者情感迟钝淡漠，情感反应与思维内容以及外界刺激不协调。最早涉及的是较细致的情感，如对同事缺少关怀、同情，对亲人不知体贴。接着是对周围事物的情感反应变得迟钝或平淡，对一般人能引起鲜明的、生动的情感反应的刺激缺乏相应的情感反应。随着疾病的发展，患者的情感体验日益贫乏，对一切无动于衷，甚至对那些使一般人产生莫大悲哀和痛苦的事件，也表现得心如止水，不能激起情感共鸣。此外，还可见到患者流着眼泪唱愉快的歌，笑着诉说自己的痛苦与不幸（情感倒错），或对同一事物产生对立的矛盾情感。

（三）意志行为障碍

意志行为障碍中最常见的症状是意志的下降或衰退，患者表现为活动减少、缺乏主动性，行为被动、退缩，对社交、工作和学习缺乏应有的要求，如不主动与人交往，行为懒散，无故旷课或旷工等。严重时患者行为极其被动，终日卧床或呆坐，日常生活懒于料理，长年累月不理发、不梳头、不洗澡、不更衣。随着意志活动愈来愈减退，患者日益孤僻离群，脱离现实。有的患者吃一些不能吃的东西，如吃肥皂、烟头、昆虫、纸屑、粪便或出现伤害自己的身体的行为（意向倒错）。有的患者可对一事物产生对立意向（矛盾意向）。还有的患者可表现为违拗、被动服从、蜡样屈曲、模仿言语、模仿动作等。

（四）幻觉和其他感知觉障碍

幻觉见于半数以上的患者，有时可相当顽固。最常见的是幻听，主要是言语性幻听。患者听见邻居、亲人、同事或陌生人说话，内容往往是使患者不愉快的。具有特征性的是听见两个或几个声音在议论患者，彼此争吵（争论性幻听），或以第三人称评论患者（评论性幻听），或是威胁患者、命令患者（命令性幻听）。有时患者想什么，幻听就重复什么（思维鸣响）。患者的行为常受幻听支配，如与声音进行对话、发怒、大笑、恐惧；或冲动、伤人、毁物、自杀；或喃喃自语，做侧耳倾听状；或沉醉于幻听之中，自笑、自语、做窃窃私语状。幻视也不少见。精神分裂症幻视的形象往往很逼真，颜色、大小、形状清晰可见。内容多单调离奇。幻触、幻味、幻嗅较少见。

感知综合障碍在精神分裂症并不少见。常见有精神人格解体（感到精神活动不存在或不属于自己）、躯体人格解体（躯体某部分不存在或不属于自己的身体）、现实人格解体（对环境缺乏真实感）三类。其人格解体的特点是内容多变，不固定，多种内容可同时或交替出现。

（五）紧张综合征

紧张综合征是精神分裂症紧张型的典型表现，包括紧张性木僵和紧张性兴奋两种状态，可交替出现。木僵时以缄默、随意运动减少或缺失以及精神运动无反应为特征。严重时患者保持一个固定姿势，不语不动、不进食、不排便，头与枕头间可隔一段距离（空气枕头），肢体可被随意摆布并保持固定位置（蜡样屈曲）。有时患者可突然出现冲动行为，动作杂乱、做作或带有刻板性，此即紧张性兴奋。

精神分裂症患者一般无意识障碍，妄想、幻觉和其他思维障碍一般都在意识清醒的情况下出现。一般无明显智能障碍，慢性衰退患者有智能减退症状，是由于长期缺乏社会交往、接受新事物很少造成的。此外，患者往往自知力缺乏或丧失，不承认自己有病，有的患者只对自身的躯体症状认为可能是病，否认精神疾病。自知力恢复与否通常是患者病情好转程度的评价标准之一。

 考点提示

精神分裂症的特征性症状及常见症状。

二、临床分型

精神分裂症根据临床症状群的不同，可划分为不同的亚型，临床上常见以下亚型。

1. 单纯型　多在青少年时期起病，起病缓慢，持续发展。表现日益加重的孤僻、被动，活动减少，生活懒散；情感逐渐淡漠，对生活学习的兴趣越来越少，对亲人表现冷淡；行为退缩，日益脱离现实生活。最终发展为精神衰退。一般无幻觉妄想。此型患者常被人忽视，往往病程多年后才就诊，治疗效果和预后差。

2. 青春型　多在青春期急性或亚急性起病。临床主要表现言语增多，内容荒诞离奇、想入非非，思维零乱，甚至破裂；情感喜怒无常，变化莫测；表情做作，好扮鬼脸；行为幼稚、愚蠢、奇特，常有兴奋冲动。患者的本能活动（性欲、食欲）亢进，也可有意向倒错，如吃脏东西、吃大小便等。可伴有片断的幻觉、妄想。本型病情发展较快，虽可自发缓解，但易复发，系统治疗可延长缓解期，减少复发。

3. 紧张型　本型近年有减少趋势，大多数起病于青年或中年。起病较急，病程多呈发作性，自发缓解较其他型多见。主要表现为紧张性兴奋和紧张性木僵，两者交替出现，或单独出现。紧张综合征是本型患者的典型表现，预后较好。

4. 偏执型　是精神分裂症最常见的一个类型，发病年龄较晚，多在中年。起病缓慢，起初变得敏感多疑，逐渐发展成妄想。其临床表现以妄想为主，一般不伴有感知障碍，少数人伴有幻觉（以言语性幻听多见）。情感、意志、言语、行为障碍不明显。妄想内容以关系妄想、被害妄想最多见，其次是自罪、影响、中毒和嫉妒妄想。绝大多数患者有数种妄想同时存在。妄想和幻觉的内容多较离奇、抽象、脱离现实，而情感、行为则常受妄想、幻觉支配。本型患者较少出现显著性人格改变，在相当长的阶段内，部分工作能力尚能保存，故不易早期发现。自发缓解者少见，病程发展较其他类型缓慢，如治疗及时彻底则多数疗效较好。

5. 其他类型　除上述传统的4种类型以外，还有相当数量的患者无法被归入上述分型中的任何类型，临床上有时会将其放到"未分化型"中。此类型患者临床表现可能同时具备1种以上类型的特点，但没有明显的分类特性。另外，还有衰退型、残留型、假性神经官能症型等。

此外，20世纪80年代，英国学者根据阳性、阴性症状群对精神分裂症进行分型，提出了Ⅰ型和Ⅱ型精神分裂症的概念。Ⅰ型精神分裂症以阳性症状为主要表现，Ⅱ型精神分裂症则以阴性症状为主要表现。

 考点提示

精神分裂症临床上常见的分型。

三、诊断

我国的 CCMD-3 诊断标准如下：

1. 症状标准　至少有下列 2 项，并非继发于意识障碍、智能障碍、情感高涨或低落，单纯型分裂症另规定。

（1）反复出现的言语性幻听。

（2）明显的思维松弛、思维破裂、言语不连贯、思维贫乏或思维内容贫乏。

（3）思想被插入、被撤走、被播散、思维中断或强制性思维。

（4）被动、被控制或被洞悉体验。

（5）原发性妄想（包括妄想知觉，妄想心境）或其他荒谬的妄想。

（6）思维逻辑障碍、病理性象征性思维，或语词新作。

（7）情感倒错，或明显的情感淡漠。

（8）紧张综合征、怪异行为或愚蠢行为。

（9）明显的意志减退或缺乏。

2. 严重程度标准　自知力障碍，并有社会功能严重受损或无法进行有效交谈。

3. 病程标准

（1）符合症状标准和严重标准至少已持续 1 个月，单纯型另有规定。

（2）若同时符合分裂症和情感性精神障碍的症状标准，当情感症状减轻到不能满足情感性精神障碍症状标准时，分裂症状需继续满足分裂症的症状标准至少 2 周，方可诊断为分裂症。

4. 排除标准　排除器质性精神障碍及精神活性物质和非成瘾物质所致精神障碍。尚未缓解的分裂症患者，若又罹患本项中前述两类疾病，应并列诊断。

四、治疗原则、预后及预防

药物治疗应系统而规范，强调早期、低剂量起始，逐渐加量、足量、足疗程的"全病程治疗"的原则。一般急性期以药物治疗为主，治疗时间 2 个月；巩固期治疗 4～6 个月，剂量与急性期相同；维持期治疗时间一般在症状缓解后不少于两年，如患者为复发，维持治疗的时间要求更长一些，这一阶段的药物用量逐渐减量，以减至最小剂量而能维持良好的恢复状态为标准。在慢性期阶段，用药物减轻症状，同时加强社会心理康复训练。对严重的兴奋躁动、木僵、严重抑郁患者可选择无抽搐电休克治疗，以快速控制症状；对难治性患者可选择手术治疗。

精神分裂症的发生是在易感素质和环境中的不良影响、生活中的应激因素相互作用下发生的，心理应激对引起疾病复发的作用尤为明显。因此在治疗过程中，要了解与发病相关的生活与工作中的应激，了解患者在病情好转阶段对疾病的态度、顾虑，协助患者解除家庭生活中的急慢性应激，并给予心理支持治疗。

自从 1953 年精神科药物问世以来，精神分裂症治疗效果大幅提高，第二、第三代抗精神病药物应用于临床后，普遍反映效果好、副作用轻。尽管如此，仍有部分患者治疗效果不理想，反复发作之后，可完全丧失社会适应能力，即精神衰退。

精神分裂症预防的重点是早期发现、早期治疗和预防复发。要在社区建立精神疾病防治机构，在群众中普及精神疾病防治知识，消除对精神疾病患者的歧视及不正确的看法，使患者能及时发现和早期得到治疗。患者出院后，家庭与社会要为患者的康复创造条件，设法提高患者的社会适应能力，减少应激，坚持服药，避免复发。另外，加强优生优育宣传，建议处于生育年龄的精神疾病患者，不宜在精神症状明显时生育；双方均患过精神分裂症的，避免生育。

第三节 精神分裂症患者的护理

一、护理评估

在对精神分裂症患者进行护理评估时需注意：重视患者的需求，不必注重疾病分型；重视患者家属、朋友、同事提供的资料，甄别不一致信息；重视心理测验以帮助了解患者的心理与社会功能状态。

（一）健康史

了解发病情况与过程、治疗经过、病前个性特点、家族史等。除了与患者、患者家属交谈外，还需与患者亲人、朋友、同事或同学进行沟通了解。

（二）身体状况

评估生命体征、饮食营养、卫生、排泄、睡眠情况及运动等。

（三）心理状况

评估患者知、情、意是否异常，对照精神分裂症各类症状进行辨别与评估。

（四）社会功能及文化背景

评估患者的自理能力、角色功能、人际交往能力、现实检验能力等。此外，还需评估患者的一般情况、社会文化背景、家庭核心价值观、家庭成员对疾病的认识与态度、社区及工作、学习环境对患者的影响等。

二、护理诊断

（一）生理方面

1. 营养失调：低于机体需要量　与幻觉、妄想、兴奋、躁动、消耗量过大及摄入量不足有关。
2. 睡眠型态紊乱：如入睡困难、早醒等　与睡眠节律紊乱、环境、症状及情绪影响有关。
3. 生活懒散　与意志行为障碍有关。
4. 衣着怪异　与精神症状、意志行为减退有关。

（二）心理方面

1. 有暴力行为的危险　与命令性幻听、被害妄想、精神运动性兴奋有关。
2. 焦虑　与药物及焦虑源有关。
3. 抑郁　与认知评价有关。
4. 恐惧　与被害妄想及精神药物副作用有关。
5. 不合作　与自知力缺乏、幻听、妄想、拒绝服用精神药物、违拗等有关。
6. 自杀、自伤、冲动、逃跑等　与罪恶妄想、被害妄想、命令性幻听、自知力缺乏等精神症状有关。

（三）社会方面

1. 生活自理能力缺陷　与意志行为活动减少或缺乏及精神衰退导致生活懒散有关。
2. 社交能力受损　与幻觉、妄想、沟通障碍、行为退缩、对他人的敌意有关。
3. 工作、学习能力下降　与精神症状、注意力不集中、记忆力下降等有关。

三、护理目标

1. 营养供给适合身体需要，睡眠改善或有规律，生活基本自理。

2. 减少或避免因幻觉、妄想造成的自我损伤或他人损伤。
3. 能够配合治疗与护理。
4. 能够与人进行正常交流，自我暴露、情感表达适当。
5. 基本了解精神分裂症发病原因、临床表现、预后及药物维持治疗的重要性等知识。

四、护理措施

在护理措施的实施过程中，一定要建立良好的护患关系。因为多数患者对疾病没有自知力，不承认自己有病，故而拒绝治疗。有些患者甚至将医护人员也牵涉进其精神症状之中，如有被害妄想的患者，认为医护人员可能与那些欲害己之人是一伙的，而对医护人员采取敌视态度甚至伤害医护人员。因此，护理人员一定要注意自己的言行，熟练运用与精神疾病患者的接触技巧，设法维护良好的护患关系。

（一）营养失调的护理

1. 拒食的护理　精神分裂症患者拒食原因复杂，故应针对不同原因分别做出处理。对怀疑饭菜有毒的患者，可由护理人员先尝食或给予多份饭菜任其自选一份，以消除其疑虑；对有罪恶妄想认为不配进食的患者，可将饭菜混拌似残羹剩饭让其安心进食；对有命令性幻听而拒食的患者，可设法分散其注意力并督促进食；对兴奋躁动不能安心进食的患者应单独进食或予以约束协助进食；对木僵患者，宜进食半流食或易消化食物，并由护理人员协助进行，以防吞咽困难发生噎食。无论是坚决拒食还是进食困难，必要时都应予以鼻饲，以保证足够的营养。

2. 乱食的护理　对食欲旺盛、暴饮暴食的患者，应控制其饮食；对抢食和狼吞虎咽的患者应挑出食物中的骨头、鱼刺，并劝说患者细嚼慢咽；对精神衰退、痴呆患者，应加强食品管理，防止摄入不洁食物。

3. 进食困难的护理　对锥体外系药物副作用严重患者，宜给予营养丰富的流质或半流质食物，必要时由护理人员协助其进食。

（二）睡眠型态紊乱的护理

1. 失眠的护理　针对不同原因实施护理。如果是精神症状所致，反映给医生调整用药方案；如果是环境所致，应改善环境，避免噪声、强光刺激；如果是心理因素（认知因素、家庭问题、外界压力等），则给予心理护理；如果是躯体不适，应设法消除不适，如脚冷应给予温水泡脚，咳嗽应给予止咳等。

2. 嗜睡的护理　如果是躯体症状所致，应反映给医生处理；如果是药物性或者懒惰所致，应鼓励患者参加集体活动，多运动，多交流。

3. 睡眠倒错的护理　设法减少白天睡眠时间，组织患者参加集体活动和工娱活动，保证患者夜间有充分的睡眠时间，从而恢复其良好的睡眠习惯。

（三）幻觉、妄想的护理

1. 幻觉的护理　幻觉是精神分裂症常见症状。患者对幻觉内容往往坚信不疑，因此可支配其思维、情感、行为，特别是"命令性幻听"，可使患者出走或做出危害自己危害他人的行为。护理人员必须根据幻觉的内容特点及疾病的不同阶段进行护理。

（1）密切观察患者的言行举止，辨别哪些言行与幻觉相关，并了解幻觉的类型、内容、频率、患者对幻觉的态度等，根据患者症状的危害程度合理安排病房。对受幻觉支配而可能出现伤人、自伤、毁物等危险行为者，应安置在重症监护室，专人监护，防止意外发生。

（2）对于整日沉浸于幻觉中的患者，应加强日常生活自理能力的督促。此外，可与患者谈论其他话题，以转移注意力；若患者主动谈论幻觉内容，应认真倾听，并做合理回应，使患者感到被尊重、理解，从而信任医务人员，谈话更开放，理解更深入。

（3）如果可能，应想办法将患者的思绪拽回现实，以缓解症状。如患者听到房里有人讲话，护理人员带他进入事先空置的房间，反复多次，以消除其幻觉体验。

（4）转移注意力。许多幻觉在注意转移后，症状减轻或消失，故应鼓励患者投入工娱活动中或投身于人际交往中。

（5）帮助患者了解并接受幻觉。在病情稳定或基本康复时，向患者讲解幻觉的基本知识，使其了解幻觉的性质及对当事人的影响，从而以科学态度对待幻觉。

2. 妄想的护理

（1）运用"以人为本"理念，建立信任关系，获得完整的妄想内容。妄想状态的患者大多意识清晰，智能完整，自知力缺乏，拒绝住院治疗。有被害妄想的患者，可能将医务人员也牵扯进来，认为医院参与了对其迫害的活动，因而敌视医务人员。有的患者由于其妄想内容荒诞离奇，曾遭他人嘲笑，因而不再轻易暴露思想活动。还有的患者认为其思想高度机密，害怕泄露授人以柄，故而心思缜密。护理这些患者，要信守以人为本的理念，深入病房，多与其交谈，从关心日常生活入手，询问饮食起居，了解兴趣、爱好，谈论患者感兴趣的话题，多认同、多支持，尽量解决其合理需求，使其感到被尊重、被信赖，逐渐解除其戒备、顾虑之心，取得信任，从而建立融洽的护患关系。在这样的关系基础上，还要注意沟通方法，询问不可唐突，要有铺垫，不要轻易提及敏感内容；不要轻易评论，更不可争辩、反驳或批评；灵活运用沉默、内容反映、共情等倾听技巧等。通过这些方法引导患者的情绪表达和思想暴露。

（2）根据症状和妄想内容，对症护理。对新入院又情绪不稳、有冲动伤人或自伤、逃跑意图的患者，应安置在重症监护室，专人看护。当出现明显的情绪症状或冲动先兆时，要及时采取防范措施，防止意外发生。

被害妄想患者，常常不安心住院，拒绝治疗，甚至自伤、伤人、毁物或逃跑。护理这样的患者，要有耐心，多讲道理，并适当限制其活动范围。有的患者认为饭里有毒，护理人员可采用集体进食的方式，让患者任选饮食，也可以让别人先吃一口，以解除患者的疑虑。要特别观察其情绪与行为变化，防止其伤人或逃跑。

罪恶妄想患者，认为自己罪大恶极，不配活着，情绪低落，为了"赎罪"，常常低头下跪，不断检讨，捡拾剩菜剩饭，勤奋劳动，别人要他干什么就干什么，严重者自残、自杀。护理人员应多加关心，劝喂进食或将饭菜混拌以诱导进食，限期休息防止过劳，密切观察病情变化，防止其自残、自杀事故发生。

疑病妄想患者，常认为自己患有不治之症，并有许多躯体不适主诉，严重者认为脏器腐烂，身体只剩下躯壳。对此类患者，护理人员态度要温和耐心，细听其倾诉，同情其感受，督促其进食，必要时给予暗示治疗。

关系妄想患者，总觉得周围的人和事与己有关，是针对自己的，且牵连的范围不断拓宽。护理时，言谈要谨慎，不要在患者面前讲悄悄话，不要与其争辩理论，更不要拿其症状开玩笑。要了解其牵连的广度和深度，注意保护被牵连者。嘱咐周围人注意自己的言行，尽量避免成为被牵连者，注意自身安全，防止因关系妄想而受到攻击。

（四）躯体移动障碍——木僵的护理

1. 木僵是较深的精神运动性抑制状态，表现为不语不动、不进食、不排便，面无表情，身体长时间保持一固定姿势，如"空气枕头""蜡样屈曲"等。有时患者可突然出现冲动行为，动作杂乱、做作或带有刻板性，此即紧张性兴奋。患者意识清晰，能感知周围所发生的事情，有些患者康复后能回忆木僵中的情况，因此要执行保护性医疗措施，避免不良刺激，不要在患者周围谈论不利于患者的事情。

2. 注意保护患者。应将患者安排在单独房间或隔离病房，防止其他患者干扰和伤害；注意观察患者的病情变化，当由木僵状态转入紧张性兴奋状态时，要防止冲动伤人等意外事件发生。

3. 有的木僵患者可在夜深人静时主动进食或如厕，护理人员可在床旁准备食物和手纸，提供"方便"，在其行动时不要惊扰患者。

4. 对长期木僵卧床患者，要做好口腔护理、大小便护理、皮肤护理。要经常按摩及活动肢体，防止褥疮、肌肉萎缩，并保持肢体于功能位。

（五）不合作的护理

1. 关心、尊重患者，与患者建立良好的护患关系，获得信任，加深了解。
2. 运用沟通技巧，引导患者表达其思想与情感。
3. 在条件许可情况下满足其合理要求。
4. 巧妙实施健康教育，比如给其他患者做健康教育，让其在旁边听，促使患者对疾病有正确认识。
5. 给药时要监督患者服药，防止暗藏药物。
6. 密切观察病情变化，防止冲动伤人、逃跑等意外发生。

（六）暴力行为的护理和危险、意外事故的预防

1. 凡是处于急性兴奋状态、有冲动行为的患者，应安置在单人房间，派专人护理，必要时可用约束带暂行保护性约束。
2. 密切观察病情变化，加强巡逻，不让其他患者前来招惹，保持病房安静，收藏好可能被用来伤人的器物。
3. 对攻击性很强的患者，可由两人或多人前去护理，一人实施护理，其他人从旁协助并做安全防护，不使用刺激性语言，避免动作力度过大导致误解。
4. 加强安全检查，防止意外发生。一切危险物品应妥善保管，防止遗失。凡可藏身之处，如门后、床下、厕所、浴室等应不时巡查，以防患者自缢或溺水。严格执行发药和药品管理制度，严防患者藏药。密切观察病情，及时发现患者自伤、伤人先兆。
5. 做好生活护理，督促饮水进食，保证睡眠和休息。当患者兴奋吵闹很长时间后突然安静入睡，要防止衰竭等意外情况发生。

（七）生活自理能力缺陷的护理

1. 对生活懒散或生活不能自理的患者，与其共同制订生活技能训练计划，督促患者按计划实施。
2. 用行为疗法如代币疗法鼓励患者自理生活，促使其形成良好的生活习惯。
3. 鼓励参加工娱活动、劳动技能训练，延缓精神衰退进展。
4. 引导患者树立生活目标，激发生活动力，提升自尊水平。
5. 对严重生活不能自理患者，护理人员应在饮食、卫生等日常生活方面予以协助。

（八）社交孤立的护理

1. 与患者共同制订社交技能训练计划，计划要符合患者的实际，一旦制订就要督促实施。
2. 可配合代币疗法强化患者在社交方面的进步。
3. 护理人员主动与患者沟通，认真倾听，积极回应，表达关注，态度平等尊重。
4. 鼓励患者积极参加文体活动、劳动技能竞赛，训练其沟通与表达能力。

（九）语言沟通障碍的护理

1. 对沉默不语或思维贫乏患者，要密切观察其非言语行为，分析其意图；护理人员要多引导患者说话，鼓励其表达。

2. 对思维破裂患者，要耐心倾听，不能让外界环境转移其注意力，鼓励患者把话说完；护理人员表达要简单明了，语句宜短。

3. 对文化程度低或方言重的患者，不要嘲笑，尽量用通俗易懂的词句或对方能听得懂的方言与其交谈。

4. 引导、鼓励沉浸于白日梦状态的患者积极参与工娱活动，将其注意力转移到现实生活中来，并锻炼其言语表达能力。

（十）知识缺乏的护理

1. 重视健康宣教。宣传讲解精神分裂症的性质、发病原因、主要临床表现、治疗方法、预后与转归。告诉患者精神分裂症具有反复发作倾向，急性期之后需要进行较长时间的维持治疗，一般首次发作需维持治疗1～2年，第二次或多次发作维持治疗时间更长一些，甚至是终生服药。维持治疗对于减少复发或再住院具有肯定作用。

2. 告诉患者社交训练、生活技能训练对回归社会的重要性。

3. 宣传精神疾病、精神科药物对优生优育的影响，以及怀孕前后服药方法。

4. 宣传心理卫生知识，以及出院后面临社会歧视、生活压力等困境时如何自我调节与应对。

五、护理评价

精神分裂症患者的护理，可从以下几方面评价。

1. 患者能否正常或被动进食，有无营养不良发生；睡眠情况如何。
2. 是否主动接受治疗，药物依从性如何。
3. 患者是否安全度过木僵阶段及其他意志行为抑制阶段。
4. 患者精神症状是否改善，自伤、伤人、自杀、逃跑的动机是否消失。
5. 患者自知力的恢复情况。
6. 患者的社交能力、社会适应能力是否得到改善。

考点提示

精神科护理人员如何应对暴力行为及预防危险、意外事故？

自 测 题

一、选择题

1. 以下有关精神分裂症的定义哪项不正确
   A. 一组病因未明的精神疾病
   B. 具有思维、情感、行为等多方面的障碍
   C. 慢性患者可有意识障碍
   D. 多起病于青壮年、常缓慢起病且病程迁延
   E. 一般智能无明显损害

2. 精神分裂症最多见的幻觉是
   A. 视幻觉　　　　　　　　B. 听幻觉　　　　　　　　C. 触幻觉
   D. 嗅幻觉　　　　　　　　E. 本体幻觉

3. 精神分裂症的遗传方式最可能的是
   A. 单基因遗传　　　　　B. 双基因遗传　　　　　C. 多基因遗传
   D. 常染色体显性遗传　　E. 常染色体隐性遗传
4. 精神分裂症护理措施的重点是
   A. 安全护理　　　　　　B. 治疗护理　　　　　　C. 心理护理
   D. 生活护理　　　　　　E. 环境护理
5. 精神分裂症的情感障碍主要表现为
   A. 情绪低落　　　　　　B. 情绪不稳　　　　　　C. 情绪高涨
   D. 情感不协调　　　　　E. 欣快
6. 某女，18岁，家人诉其近2年来逐渐变得寡言少语、孤僻淡漠、生活懒散、被动，有时发呆。此患者最可能的诊断是
   A. 青春型精神分裂症　　B. 偏执型精神分裂症　　C. 紧张型精神分裂症
   D. 单纯型精神分裂症　　E. 未分化型精神分裂症
7. 下列何种症状不属于精神分裂症的阳性症状
   A. 思维破裂　　　　　　B. 被控制体验　　　　　C. 幻觉
   D. 意志活动缺乏　　　　E. 注意力不集中

（8～10题共用题干）

患者男性，31岁，其父有精神分裂症病史，近3个月来，敏感多疑，经常怀疑有人在他饭菜里下毒而不敢吃饭，最近一直说外面有人害他，整日不敢出门，不敢睡觉，家属发现异常后将其送入医院。

8. 初步考虑患者最可能患有
   A. 焦虑症　　　　　　　B. 抑郁症　　　　　　　C. 强迫症
   D. 精神分裂症　　　　　E. 睡眠障碍
9. 该患者的思维属于
   A. 关系妄想　　　　　　B. 夸大妄想　　　　　　C. 被害妄想
   D. 罪恶妄想　　　　　　E. 物理影响妄想
10. 该患者主要护理问题
    A. 社交障碍　　　　　　B. 睡眠形态紊乱　　　　C. 思维过程改变
    D. 营养失调　　　　　　E. 生活自理能力降低

二、案例分析

患者，男，25岁，因坚信有人要迫害自己，三次自杀未遂，被家人送到医院治疗。患者一年前因被单位评为"先进个人"，为此受到同事议论，生闷气少语，后来又因为和女朋友闹意见，以后逐渐出现精神异常。怀疑别人说他坏话，怀疑别人对他不怀好意，路人故意冲他吐唾沫、吐痰等。有自言自语，自笑，追逐异性等行为，引起家人注意。入院前有自言自语、自笑，思维内容离奇，患者自语："我要死了，同志们再见，拜上帝，微波控制我""××，咱们结婚吧。"对异性不礼貌。

患者病前性格敏感多疑，胆小害羞怕事。追溯其家族史中，外祖母曾患精神病多年，后在发病时意外死亡。

患者入院后检查躯体、神经系统无阳性体征发现。

精神检查：接触被动，自言自语、自笑，问他笑什么，他说："我才没傻笑呢，神经病。"

在医生提问下谈出以下体验：近半年来常听到不熟悉的人声，有男有女，有时命令他"去跳楼！"或者"快去死吧。"入院后，声音仍然命令他："躺在床上！"有时议论他，说他"无能"。偶尔感到脑内有声音，声音与他的思想一致，在家中曾多次闻到死尸气味，有时感到自己的身体一会儿变大，一会儿变小。患者坚信外界有某种"微波"在控制他的思维和行为。喊女朋友的名字，自笑，认为笑是仪器控制的结果。交谈时，情感与外界环境不配合，常闭眼无声地发笑。患者生活自理差，洗漱、更衣需督促，对今后无打算。记忆、智能未见明显缺陷。否认有病。

问题：

1. 此个案可能属于哪种精神疾病？
2. 请给该患者制订一个具体的护理计划。

（柴巧莲）

第八章 心境障碍及患者的护理

学习目标

1. 掌握心境障碍的概念。
2. 掌握心境障碍的临床特征及分类。
3. 了解和熟悉心境障碍患者的护理措施和护理诊断。
4. 能运用所学知识判断心境障碍患者的临床症状。
5. 运用护理程序对心境障碍患者进行相应的护理。
6. 具有对心境障碍患者高度同情心、责任感与爱心。

案例

张某，男，20岁，某军校学员，未婚，独居。一年前因高考失利认为其所考的军校不理想而出现严重失眠，并经常早醒。后渐起情绪低落，认为活着很累，自己没用，不如死了算了。自感大脑反应慢，不能胜任学习，故多次写退学申请。不愿讲话，后出现怕见人，对什么也不感兴趣，并感到烦躁不安，胸闷。因上述症状导致学习成绩下降，期末考试有四门课不及格。近一个月无明显诱因出现：一改以往表现，整夜不睡觉，但白天精力充沛，喜外跑，喜与人交往，跟以前很少交往的朋友写信；情绪不稳，易激动，常为小事与人吵架，话多，并常用英语与领导讲话，称自己的脑子特别聪明，可以考研究生，又找到高三时的感觉，有时特别兴奋，手舞足蹈，上课时质问教导员；乱花钱，并到处借钱，最后张某被送往医院治疗。

精神检查：意识清晰，定向力好，年貌相符，接触被动，称自己最近心情时好时坏，有时高兴觉得自己能力很强，认为自己很了不起，有时无原因认为活着没有意思，想死。情感反应协调，部分自知力。

问题与思考：
请说出患者的症状及可能患的疾病。

第一节 心境障碍患者的临床特点

一、概述

心境障碍（mood disorder）是一类临床常见的重性精神疾病，抑郁症是其中比较常见的亚型，是自杀率最高的精神障碍。据世界卫生组织统计，目前抑郁症全球发病率约11%，约有3.4亿人受抑郁症困扰，而且还在快速增长中。目前，抑郁症已成为人类第二大杀手，也是我国疾病负担的第二大疾病。近几年人们时常听闻因抑郁症导致的自杀死亡，对其恐惧日益增加，然而许多综合性医院对抑郁症的识别率和诊断率却较低，这严重影响个人、家庭的和谐发展及社会文明的进步。本章重点介绍躁狂发作和抑郁发作的临床特点、治疗原则以及护理要点。

（一）概念

心境障碍，又称为情感性精神障碍（affective disorder），是指以显著而持久的心境改变为主要临床特征的一类精神障碍。临床上主要表现为情感高涨或低落，伴有相应的认知和行为改变，可有精神病性症状，如幻觉、妄想。大多数患者有反复发作的倾向，每次发作多可缓解，部分可有残留症状或转为慢性。

临床表现形式有两种：躁狂和抑郁的循环交替发作，或躁狂和抑郁的混合存在状态。这种在病程中既有躁狂相又有抑郁相的状态称为双相情感障碍；病程中只有躁狂发作或只有抑郁发作，称为单相躁狂或单相抑郁。

心境障碍的种类繁多，症状多样，表现不一，其思维、情感、意志活动相协调。在反复发作的间歇期，精神活动可完全正常，本病预后较好，病程进展中始终不发生精神衰退。

（二）流行病学特点

根据1982年我国12个地区流行病学调查结果报告，心境障碍城市患病率为0.73‰，农村为0.79‰，其总患病率0.76‰。1993年对十年前调查的7个地区进行了复查，发现心境障碍的终生患病率为0.83%。2002年江西省精神病患病率调查结果发现心境障碍的总患病率为1.12%，总体看来患病率有逐年增加的趋势。2001年到2005年费立鹏教授等人在我国山东、浙江、青海、甘肃4省随机抽取了96个市，267个乡村的63 004人，发现抑郁症患者患病率为6.1%，农村患病率为2.24%，高于城市的1.57%。西方国家心境障碍患者的终生患病率因使用的诊断标准不同及文化等差异与我国有明显区别，一般为2%～25%。躁狂发病多在16～30岁之间，女性更早。抑郁症平均患病年龄为40岁，女性患病率高，但男性抑郁症自杀率较高。双相障碍起病平均年龄为30岁，临床上研究发现近年来起病年龄有年轻化的趋势。心境障碍是功能性精神病中仅次于精神分裂症的另一类常见精神疾病。

（三）病因与发病机制

随着科学的进步，近年来关于心境障碍的病因与发病机制有了深入的科学研究，尤其在生物学因素和心理社会因素等方面取得了较大的进展。

1. 遗传因素　遗传因素在心境障碍的发病中具有重要作用，但作用机制较为复杂，家系调查中患者亲属的患病率明显高于正常人2～10倍，且亲缘级数越低患病风险越高，其中双相障碍表现较高的遗传度。如果双亲中有一位患双相障碍，其子女发生心境障碍的概率为25%，如双亲均有双相障碍，其子女发病率50%～75%，双生子调查显示同卵双生子的同病率显著高于异卵双生子，寄养子研究也证实了遗传因素的作用。

2. 生物化学因素　大量研究资料提示中枢单胺类神经递质的变化和相应受体功能的改变以及神经内分泌功能失调，可能与心境障碍的发生有关。

（1）5-HT假说：目前的研究认为5-HT直接或间接参与调节人的心境，5-HT活动功能降低与抑郁症出现有关，而5-HT功能活动增高则与躁狂症有关。

（2）去甲肾上腺素（NE）假说：双相障碍患者抑郁发作时，尿中NE代谢产物3-甲氧基-4-羟基-苯乙二醇（MHPG）较对照组明显降低，转为躁狂时则MHPG含量升高。三环类抗抑郁药通过抑制NE的回收治疗抑郁，与此相反的是利血平造成突触间隙的NE耗竭可导致抑郁。

（3）多巴胺（DA）假说：研究显示某些抑郁症患者脑内DA功能降低，躁狂时DA功能增高。

3. 神经内分泌功能失调

（1）下丘脑-垂体-肾上腺轴（HPA）：抑郁症患者血浆皮质醇分泌过多，提示患者可能有HPA功能障碍。还发现地塞米松不能抑制抑郁症患者的皮质醇分泌，抑郁症患者的地塞米松抑制试验（DST）呈阳性。

（2）下丘脑-垂体-甲状腺轴（HPF）：抑郁症患者促甲状腺激素（TSH）显著降低，游离显著提高。许多抑郁症患者TSH对促甲状腺激素释放激素（TRH）的反应迟钝。

（3）下丘脑-垂体-生长激素轴（HPGH）：抑郁症患者生长激素（GH）反应低于正常对照组。

4. 心理社会因素　心理社会因素在发病中有重要作用，重大负性生活事件，如亲友亡故、重大经济损失、意外灾害等往往成为抑郁障碍的致病因素；其他一般性负性生活事件，如失业、家庭破裂、慢性躯体疾病等持续存在也会诱发抑郁症。精神分析理论认为童年阴影可使患者形成某种易感素质，而认知理论则认为抑郁症患者存在一些"习惯性"的负性认知，常倾向于消极、悲观的自我评价，无法积极应对突发的生活事件。近年来对反社会型人格障碍的家系研究发现抑郁症的发病存在着基因、环境的交互影响，如寄养在抑郁症、酒精依赖或反社会型人格障碍家庭中的女性，其抑郁症发病率明显高于对照组。

总之，一般认为遗传等生物学因素是可能导致患病的易感素质，在心理社会应激的促发下使具有这些易感素质的人发病。

二、临床表现

心境障碍的基本症状是心境改变，通常表现为躁狂发作和抑郁发作这两种完全相反的临床状态，伴有相应的认知和行为改变，有反复发作的倾向，多数患者每次发作后可缓解，少数患者有残留症状或转为慢性。发作症状较轻者达不到精神病性的程度，病情重者则可能出现幻觉、妄想等精神病性症状。临床上分为躁狂发作、抑郁发作、双相障碍和持续性心境障碍四个亚型。

（一）躁狂发作

躁狂发作（manic episode）的典型临床症状是情感高涨、思维奔逸和意志活动增多，称为"三高"症状，可伴有夸大观念或妄想、冲动行为等。大多数急性或亚急性起病，以春末夏初发病较多，病程较短，平均病程为3个月。

1. 情感高涨　是一种强烈而持久的喜悦与兴奋。患者整日沉浸在欢乐的情绪中，自我感觉非常好，整日兴高采烈、眉飞色舞、得意洋洋，情感反应生动鲜明，与内心体验协调，具有一定的感染力。尽管情感高涨，但患者情绪不稳定，易激惹，可因小事而大怒，甚至出现冲动、攻击性行为，但转瞬即逝，转怒为喜。

2. 思维奔逸　患者大脑联想速度加快，言语明显增多，说话声调高亢，口若悬河，高谈阔论，滔滔不绝，感到自己说话的速度远远跟不上思维速度，有时可出现音联或意联，但说话内容较肤浅，信口开河，话题常随境转移。在情感高涨的基础上，患者自我感觉良好，过分夸大自己的能力、财富、权力或容貌等并可达到妄想的程度，在夸大妄想的基础上产生被害体验或妄想，持续时间较短暂。

3. 意志活动增强　患者活动增多，精力充沛，忙碌不停，主动与人交往，与素不相识的人一见如故，好管闲事，爱打抱不平，但做事虎头蛇尾、随心所欲、不顾后果，兴趣广泛但无定性。行为轻率，如有时狂购乱买，有时举止轻佻，注重打扮，好接近异性。患者也可惹是生非，有粗鲁、冲动行为，严重时有攻击或毁物行为。

4. 躯体症状　患者自我感觉良好且精力充沛，较少有躯体不适的主诉。常伴有睡眠需要减少，可整夜不睡或只睡2~3 h。患者面色红润、食欲旺盛、性欲亢进，因体力过度消耗而体重减轻。亦可出现心率加快、血压增高、便秘等交感神经兴奋的症状。

5. 其他症状　症状较轻的躁狂发作患者一般能保持一定的自知力，社会功能不受影响，称为轻躁狂。少数躁狂发作极其严重的患者，可出现谵妄性躁狂，此时可有兴奋症状加重、行为紊乱、无目的、常伴有攻击性行为或出现意识障碍、幻觉、妄想、思维不连贯等症状。

（二）抑郁发作

抑郁发作（depressive episode）概括为情感低落、思维迟缓和意志活动减少，称为"三低"症状，但这些典型的抑郁发作不一定出现在所有抑郁症患者中。目前认为，抑郁发作表现分为核心症状、心理症状群和躯体症状群。起病多缓慢，少数因心理社会因素诱发者则发病较急。多发于秋冬季，一般病程较长，病程为6～8个月，复发率较高。

1. 核心症状

（1）情感低落：情感低落是抑郁症的核心症状，患者表现为情绪低沉，从闷闷不乐到悲观绝望、忧愁、沮丧、愁眉不展、唉声叹气、郁郁寡欢，患者感到非常痛苦，有生不如死、度日如年之感。许多患者常用"心里难受""高兴不起来""活着没有意思""想死"等描述自己的体验，常伴有无用感、无助感和无望感。部分患者可表现无故的紧张恐惧、烦躁不安、易激惹，担心自己或家人的健康，偶尔出现冲动行为。

（2）兴趣减退：患者对以前喜爱的各种活动兴趣显著减退，甚至完全丧失，离群索居，不喜见人。

（3）乐趣丧失：患者部分或完全丧失了体验快感的能力，不能从日常活动中获得乐趣。虽然患者也参加一些日常活动，但毫无乐趣可言。

2. 心理症状群

（1）焦虑：焦虑与抑郁常常伴发，而且经常成为抑郁症的主要症状之一。

（2）自责自罪：患者对自己既往的一些轻微过失或错误痛加责备，认为自己的行为让别人感到失望，认为自己患病给家庭、社会带来巨大的负担。严重时患者会对自己的过失无限制的严重化，或达到妄想程度。

（3）精神病性症状：主要是妄想或幻觉，如罪恶妄想、无价值妄想、灾难妄想、被害妄想等。这些妄想一般不具有精神分裂症妄想的原发性、荒谬性等特点。

（4）认知症状：表现为注意力和记忆力的下降。认知扭曲也是抑郁症的重要特征之一，如对各种事物均做出悲观的解释。

（5）自杀观念和行为：抑郁患者75%会出现自杀观念，最终有10%～15%死于自杀。偶尔患者会出现所谓"扩大性自杀"，可在杀死数人后再自杀，导致极严重的后果；也有患者虽然内心痛苦郁闷，但外表不暴露，谈笑如常，称为"微笑性抑郁"。

（6）精神运动性迟滞或激越：多见于所谓"内源性抑郁"患者，表现为思维迟缓，患者将之表述为"脑子像是生锈了，转不动了"。在行为上表现为运动迟缓，工作效率下降。严重者可以达到木僵的程度，称为抑郁性木僵。激越患者则与之相反，在行为上表现为烦躁不安，紧张激越，有时不能控制自己的行为，但又不知道自己因何烦躁。

（7）自知力：相当一部分抑郁症患者自知力完整，主动求治。存在明显自杀倾向者自知力可能有所扭曲，缺乏对自己当前状态的清醒认识，甚至完全失去求治愿望。

 考点提示

心境障碍的临床表现。

3. 躯体症状群

（1）睡眠紊乱：是抑郁发作常伴随的症状之一，入睡困难较常见，早醒具有特征性，一般比平时早醒2~3个小时，醒后无法再次入睡。

（2）食欲和体重变化：食欲缺乏或暴饮暴食，部分患者可能会体重减轻，而有些则可能会体重增加。

（3）精力丧失：无精打采、疲乏无力、不可抗拒的懒惰、性欲减退、不愿见人等。

（4）其他方面：部分患者可能出现头晕、头痛或全身疼痛、心慌、心悸、便秘等症状。

知识链接

心 境 图

心境图是在一条时间横轴上将各次心境障碍的发作绘制成曲线来代表，向上的曲线代表躁狂，向下的曲线代表抑郁，曲线离时间横轴的距离代表心境障碍的程度。在心境图上采用各种带有标记的直线标示出药物治疗的品种、剂量和时程。必要时还可将对病情有重要意义的生活事件标识出来。这种图形对于病程较长、反复发作患者的药物治疗选择具有重要的参考价值。

（三）双相障碍

双相障碍（bipolar disorder，BPD）又称双相心境障碍，一般是指既有符合诊断标准的躁狂或轻躁狂发作，又有抑郁发作的心境障碍。躁狂发作时，表现为情感高涨、思维奔逸、意志活动增多；而抑郁发作时则出现情感低落、思维迟缓、意志活动减少等症状。病情严重者还可出现幻觉、妄想或紧张性综合征等精神病性症状。双相障碍一般呈发作性病程，躁狂和抑郁常反复循环或交替出现，但也可以呈混合方式存在。症状发作对患者的日常生活及社会功能等产生不良影响。与抑郁障碍相比，双相障碍的临床表现更复杂，诊断治疗更困难，预后更差，自杀风险更大。

克雷丕林（Kreapelin）在1989年首先提出躁狂与抑郁同属于一个疾病单元，躁狂与抑郁交替发作是该疾病单元的主要临床特征，并命名为"躁狂抑郁性精神病"（manic depressive psychosis），这是最早的双相障碍概念，后来这一观念得到学术界的广泛认同。

（四）持续性心境障碍

许多患者有慢性抑郁病史或抑郁与兴奋病史，但他们的症状从未严重到符合抑郁症或双相心境障碍的程度。在这种情况下，如果他们的病程持续2年以上，则可以分别诊断为环性心境障碍和恶劣心境。

1. 环性心境障碍（cyclothymic disorder） 是指在一段时间内情感高涨与低落反复交替出现，但程度均较轻，达不到诊断躁狂或抑郁发作时的症状标准，发作超过2年。临床主要特征是持续性心境不稳定。在轻度躁狂发作时，患者显得愉悦、活跃，社会生活中表现积极；当转变为抑郁时，则不再乐观自信，成为痛苦的无用失败者。之后可回复至心境相对正常的间歇期，一般可长达数月。这种心境的波动与生活应激无明显关系，与患者的人格特征有密切关系。

2. 恶劣心境（dysthymia） 指一种持久而恒定的情感低落状态，从不出现躁狂发作。抑郁常持续2年以上，期间无长时间的完全缓解，如有缓解，一般不超过2个月。常伴有焦虑、躯体不适感和睡眠障碍，但无明显的精神运动性抑制或精神病性症状，生活不受严重影响。抑郁程度加重时，也会有轻生的念头。患者的工作、学习和社会功能一般无明显受损，常有自知力，自己知道心情不好，主动求治。

三、诊断、治疗与预防

（一）诊断

根据《中国精神障碍分类与诊断标准第三版》(CCMD-3)，心境障碍的诊断标准如下：

1. 躁狂发作的诊断标准　以心境高涨为主，与其处境不相称，可以从高兴愉快到欣喜若狂，某些病例仅以易激惹为主。病情轻者社会功能无损害或仅有轻度损害，严重者可出现幻觉、妄想等精神病性症状。

（1）症状标准：以情绪高涨或易激惹为主，并至少有下列各诊断标准中的3项（若仅为易激惹，至少4项），①注意力不集中或随境转移。②语量增多。③思维奔逸（语速增快、言语急促）、联想加快或意念飘忽的体验。④自我评价过高或夸大。⑤精力充沛、不感疲倦、活动增多、难以安静，或不断改变计划和活动。⑥鲁莽行为（挥霍、不负责任，或不计后果的行为等）。⑦睡眠需要减少。⑧性欲亢进。

（2）严重标准：严重损害社会功能或给别人造成危险或不良后果。

（3）病程标准：①符合症状标准和严重程度至少持续1周。②可存在某些分裂性症状，但不符合分裂症的诊断标准。若同时符合分裂症的症状标准，在分裂症状缓解后，满足躁狂发作标准至少1周。

（4）排除标准：排除器质性精神障碍或精神活性物质和非成瘾物质所致躁狂。

2. 抑郁发作的诊断标准

（1）症状标准：以心境低落为主，并至少有下列中的4项。①兴趣丧失、无愉快感。②精力减退或疲乏感。③精神运动性迟滞或激越。④自我评价过低、自责，或有内疚感。⑤联想困难或自觉思考能力下降。⑥反复出现想死的念头或自杀、自伤行为。⑦睡眠障碍，如失眠、早醒或睡眠过多。⑧食欲降低或体重减轻。⑨性欲减退。

（2）严重标准：社会功能受损，给本人造成痛苦或不良后果。

（3）病程标准：①符合症状标准和严重程度至少已持续2周。②可存在某些分裂性症状，但不符合分裂症的诊断。若同时符合分裂症的症状标准，在分裂症状缓解后，满足抑郁发作标准至少2周。

（4）排除标准：排除器质性精神障碍或精神活性物质和非成瘾物质所致抑郁。

3. 双相障碍诊断标准

（1）症状标准：躁狂发作和抑郁发作的症状交替出现，中间可有心境正常的间歇期。

（2）严重标准：视双相障碍患者的情绪波动而定，如果患者的情绪波动比较轻微，社会功能受损较轻。反之，如果患者的情绪波动非常严重，甚至出现自杀的念头或行为，社会功能受损严重。

（3）病程标准：症状必须达到一定的严重程度和持续时间，通常躁狂发作需持续至少1周，抑郁发作需持续至少2周。

（4）排除标准：排除器质性精神障碍或精神活性物质和非成瘾物质所致躁狂和抑郁。

4. 环性心境障碍

（1）症状标准：反复出现心境高涨或低落，但不符合躁狂或抑郁发作症状标准。

（2）严重标准：社会功能受损较轻。

（3）病程标准：符合症状标准和严重标准至少已2年，但这2年中，可有数月心境正常间歇期。

（4）排除标准：①心境变化并非躯体或精神活性物质的直接后果，也非精神分裂症及其他精神病性障碍的附加症状；②排除躁狂或抑郁发作，一旦符合相应标准即诊断为其他类型情感障碍。

5. 恶劣心境

（1）症状标准：持续存在心境低落，但不符合任何一型抑郁的症状标准，同时无躁狂症状。

（2）严重标准：社会功能受损较轻，自知力完整或较完整。

（3）病程标准：符合症状标准和严重标准至少已2年，在这2年中，很少有持续2个月的心境正常间歇期。

（4）排除标准：①心境变化并非躯体病（甲状腺功能亢进症），或精神活性物质导致的直接后果，也非分裂症及其他精神病性障碍的附加症状。②排除各型抑郁（包括慢性抑郁或环性情感障碍），一旦符合相应的其他类型心境障碍标准，则应做出相应的其他类型诊断；③排除抑郁性人格障碍。

 考点提示

心境障碍的诊断要点。

（二）药物治疗

1. 躁狂治疗　碳酸锂是治疗躁狂发作的常用药物，用药1~2周开始有效，有效率为80%左右。但碳酸锂的治疗量与中毒量比较接近，治疗过程中应对血锂浓度进行监测，以防锂盐中毒。抗惊厥药，如卡马西平和丙戊酸钠，广泛用于治疗躁狂发作、双相心境障碍维持治疗以及用锂盐治疗无效的患者。为了有效地控制狂发作，在治疗开始时先用锂盐再合并使用抗精神病药如氟哌啶醇、氯氮平、氯丙嗪、奥氮平等，均能达到很好的疗效。药物维持治疗时间需4~6个月，对于两次以上发作、症状严重或有明确家族史的患者，坚持长期服药，维持治疗3~5年。

2. 抑郁治疗

（1）抑郁治疗周期：抑郁症是高复发性疾病，目前倡导全程治疗。其全程治疗分为急性期治疗、恢复期治疗和维持期治疗三期。

急性期治疗：一般为6~8周。目标为控制症状，尽量达到临床痊愈。治疗抑郁症时，一般药物治疗2~4周开始起效。如果患者用药治疗4~6周无效，才可改用同类其他药物或作用机制不同的药物。

恢复期治疗：治疗4~6个月，在此期间患者病情不稳，复发风险比较大，原则上应继续使用急性期治疗有效的药物，剂量不变。

维持期治疗：抑郁症为高复发性疾病，因此需要维持治疗以防止复发。仅发作1次、且症状轻，间歇期长，一般设定为≥5年，可不维持治疗；首次抑郁发作维持治疗为6~8个月；有2次以上的复发，特别是近5年有2次发作者应维持治疗，一般2~3年，多次复发者建议长期维持治疗，甚至终生服药。

（2）抗抑郁药物：抗抑郁药物的选择主要是依据患者的临床特征、伴随症状、生理特点以及躯体情况、药物的临床特点和既往药物治疗的经验，同时还要考虑到药物的不良反应以及不良反应可能导致的潜在危险及其严重程度。常用的抗抑郁剂有：①选择性5-羟色胺再摄取抑制剂（SSRIs），这是新一代抗抑郁药，已成为首选药物。目前较为常见的有氟西汀、帕罗西汀、舍曲林、氟伏沙明、西酞普兰。其疗效与三环类抗抑郁药相当，起效时间需要2~3周。由于SSRIs的半衰期较长，每日只需服药一次，不良反应较小，一般均能耐受。②三环类抗抑郁药（TCAs）如丙米嗪、氯丙米嗪、阿米替林、多塞平等，是临床常用的抗抑郁药，主要用于抑郁症的急性期和维持治疗，总有效率为60%～70%，一般于服药2周左右有效。TCAs有心血管毒性、过度镇静、抗胆碱能等不良反应，老年和体弱的患者用量要小，并应密切观察药物不良反应，有心血管疾病的患者不宜使用。③单胺氧化酶抑制剂（MAOIs）：此类药物为最早发现的抗抑郁药。分为两类：一类为肼类单胺氧化酶抑制剂，以苯乙肼为代表药物；另一类为新型的单胺氧化酶抑制剂，如吗氯贝胺等。④四环类抗抑郁药：如马普替林，抗抑郁作用与三环类抗抑郁药相当，其抗胆碱能和心血管的药物不良反应较轻。⑤其他新型抗抑郁药：如米氮平、文拉法辛、曲唑酮、安非他酮、替奈普丁均有较好的抗抑郁作用，其抗胆碱能及心血管药物不良反应轻微，耐受性较好，安全性高，尤其适用于老年和伴躯体疾病患者。

知识链接

ω-3多不饱和脂肪酸可改善抑郁情绪

近年来的研究发现，ω-3多不饱和脂肪酸与抑郁症可能有着密切的关系。在摄入ω-3多不饱和脂肪酸较多的群体中抑郁的发生率显著降低，而抑郁症患者外周血清及红细胞膜中ω-3脂肪酸含量明显降低。在动物实验中也证实了ω-3多不饱和脂肪酸可能具有抗抑郁的效果。ω-3多不饱和脂肪酸不能在人体内自身合成，必须从食物中获得，因此多摄入一些鱼类如凤尾鱼、鲑鱼、沙丁鱼、金枪鱼等，对改善抑郁情绪有一定作用。

（三）电休克治疗

电休克治疗（ECT）对控制急性重症躁狂发作或锂盐治疗无效的患者有一定的治疗效果，可单独应用或合并药物治疗，一般隔日1次，6～12次为一疗程。合并药物治疗的患者应遵医嘱减少药物剂量。另外，对于病情严重、自杀观念强烈、木僵状态的患者，选用电休克治疗疗效可达90%，且起效快安全性高。待症状缓解后改用抗抑郁药维持。

（四）心理治疗

对于处于恢复期的患者，在药物治疗的同时常需配合心理治疗，较常用的有认知疗法、行为疗法等。能帮助患者识别和改变认知歪曲，矫正患者行为适应不良，改善患者人际交往和心理适应能力，提高患者家庭和婚姻生活的满意度，减少心理负担，促进患者康复。

（五）预防复发

巩固治疗是预防复发的重要手段，不管是躁狂症还是抑郁症，不论是住院还是门诊患者都需坚持门诊复查，注意观察复发的先兆症状。双相障碍患者若连续两年以上，且每年都有发作，应长期服用锂盐。锂盐具有双相治疗作用，可有效地预防躁狂或抑郁的复发。

（六）预后

心境障碍的预后较好，一般不会导致明显的、持久的能力减低的残余状态，但仍有较轻的精神活动改变。如病情反复发作、慢性、病前有不良人格基础、未经治疗或治疗不彻底等状况则预后往往较差。

反复发作的躁狂症，每次发作时间几乎相仿，多次发作后可转为慢性。少数患者可残留轻度情感症状，社会功能不能恢复至病前水平。抑郁发作次数越多，且伴有精神障碍症状，病程持续时间就越长，缓解期也相应缩短，完全恢复的可能性就越小。30%的患者转为慢性抑郁，20%的患者反复发作；有过2次抑郁发作的患者，再次发作的可能性为70%；有3次抑郁发作患者，复发率为100%；超过50%双相障碍患者发作次数为4次或更多，但其终生患病率低于抑郁症，约为1%。

第二节 心境障碍患者的护理

一、护理评估

在评估心境障碍患者时,应系统地分析认识患者的整体健康状况,充分运用治疗性人际交往、会谈及观察的技巧,针对面临的困境与问题,从生理、心理、社会文化等多层面进行全面细致的分析。

(一)生理功能方面
(1)评估患者健康史、个人成长发育史、既往史、生活方式、特殊嗜好、家族史、过敏史等。
(2)评估生命体征、饮食营养、个人卫生、排泄及睡眠情况等。

(二)心理社会功能方面
(1)评估患者知、情、意是否存在异常,对照心境障碍各类症状进行辨别与评估。重点评估患者的危险行为如自杀、暴力伤人等。
(2)评估患者病前个性特征、生活事件、患者应付挫折与压力的心理行为方式及效果。
(3)评估患者的家庭情况、生活环境、对住院治疗态度及社会支持系统等。

(三)精神状况

在对心境障碍的特征表现有较全面的、正确的认识的基础上,对患者的精神症状进行全面的评估,特别包括情感与认知特点的评估,如有无情感高涨、兴奋、易激惹、夸大或抑郁、焦虑,尤其是有无自杀意念等表现。对患者的精神状况进行评估时,除要进行详细的精神状况检查外,还可借助于量表作为辅助检查工具来评估躁狂、抑郁、焦虑等情绪的严重程度,如贝克-拉范森躁狂量表(Bech-Rafaelsen mania rating scale,BRMS)、汉密尔顿抑郁量表(Hamilton depression scale,HAMD)和汉密尔顿焦虑量表(Hamilton anxiety scale,HAMA)等。

二、护理诊断

下列是可能使用的与心境障碍患者有关的护理诊断。

(一)躁狂患者可能的护理诊断
(1)有暴力行为的危险:针对自己或他人 与精神运动兴奋有关。
(2)营养改变:低于身体需要 与睡眠减少和不能集中注意力有关。
(3)有受伤的危险 与营养、睡眠不足,活动过多有关。
(4)自理缺失 与严重的兴奋状态有关。
(5)睡眠型态改变 与严重的精神活动兴奋有关。
(6)思维过程改变 与不切实际的感受,不适当的应对方法有关。
(7)社交障碍 与思维过程改变有关。
(8)个人应对无效 与不切实际的感受和不恰当的应对方法有关。
(9)健康维持的改变 与躁狂精神活动激越有关。

(二)抑郁症患者可能的护理诊断
(1)有自杀(自伤)的危险 与自责、自罪、悲观绝望等情绪有关。
(2)睡眠型态改变:早醒、入睡困难 与情感低落、沮丧等因素有关。
(3)社交隔离 与精神下降和低自尊有关。
(4)思维过程改变 与心理冲突,判断力障碍有关。
(5)营养状态的改变:低于身体需要 与食欲下降有关。

（6）便秘　与日常活动减少，胃肠蠕动减慢有关。
（7）自理能力的缺陷　与抑郁、认知障碍有关。
（8）个人应对无效　与不切实际的感受、不适当的应对方法有关。
（9）健康维持改变　与抑郁精神活动迟滞有关。

三、护理目标

（一）躁狂发作的护理目标
1. 通过护理，建立良好的护患关系，患者能主动配合治疗和护理。
2. 在护理人员的帮助下，患者能控制自己的情绪，不发生伤害他人或自伤的行为。
3. 情感高涨、思维奔逸等症状得到基本控制。
4. 生活起居有规律，饮水充足，便秘缓解或消失，睡眠恢复正常。
5. 患者过多的活动量减少，机体消耗与营养供给达到基本平衡。
6. 在护理人员的协助下，患者生活自理能力显著改善。

（二）抑郁状态的护理目标
1. 维持营养、水分、排泄、休息和睡眠等方面的生理功能。
2. 患者在不服用药物情况下，每晚有 6～8 h 充足的睡眠。
3. 患者学会采用适当方式排解抑郁，住院期间不发生自杀行为。
4. 通过护理，建立良好的护患关系，患者能建立良好的人际关系。
5. 患者在出院前能主动与其他病友或工作人员互动。
6. 患者出院前能对自己有正确的评价，并能积极展望未来。

四、护理措施

（一）躁狂发作的护理措施
1. 安全护理　躁狂发作患者由于情感高涨、易激惹，常容易发生伤人、毁物或造成自我伤害等行为，因此护理人员需要注意以下几方面。

（1）合理安置患者的居住环境，情感高涨的躁狂患者非常容易受到周围环境的影响，外界嘈杂的环境会加重患者的兴奋程度。因此应将患者安置于安静、安全、舒适的休养环境中，避免鲜艳的色彩、噪声等不良环境因素的干扰。室内陈设力求简单、实用，加强不安全因素和危险物品的排查和管理，危险物品应及时移开，以防被患者作为伤人的工具。

（2）及时了解掌握患者发生暴力行为的原因，设法消除或减少引发暴力行为的因素，有效地防范暴力性事件。在疾病急性阶段，尽可能地满足其要求，对于不合理、无法满足的要求也应尽量避免采用简单、直率的方法拒绝，以避免激惹患者。此外，护理人员还需密切观察、及时发现潜在暴力行为患者的一些先兆表现，如情绪激动、挑剔、无理要求增多、有意违背正常秩序、出现攻击性语言、动作多而快等，须予以积极的干预，设法稳定患者的情绪。

2. 日常护理

（1）保证患者的休息和睡眠：应一方面引导患者休息，另一方面指导患者在睡前避免饮茶、咖啡，不宜长时间谈话，可热水沐浴或遵医嘱给予安眠药物。

（2）维持适当的营养：患者由于极度兴奋，精力充沛，整日过度忙碌于他认为有意义的活动而忽视了最基本的生理需求，护理人员应主动提供少食多餐、高营养的食物及患者所需要的水分，对于极度兴奋主动、不能安静进食的患者，加强监护，预防噎食。

（3）个人卫生与生活护理：督促和引导患者自行完成一些个人卫生及衣着活动，耐心说服患者进行适宜的打扮。

3. 心理护理

（1）建立良好的护患关系：躁狂患者虽言语较多，但往往述说的不是自己真实的内心体验。因此，护理人员鼓励患者谈疾病发作时的感受和应对方法，让其表达内心的真实想法，着重当前的问题，适时给予指导。

（2）引导患者把过剩的精力应用到正性的活动中去：患者精力充沛，易激惹，自控能力差，易造成破坏性行为。可安排患者参与一些既耗体能又不激烈的活动项目，如健身运动、擦地板等，对于患者完成的每项活动，护理人员应及时给予肯定，以增加患者的自尊，增强患者自信，避免破坏性事件的发生。

4. 症状护理　对于爱挑剔的患者，护理人员态度应友善，接纳患者，鼓励患者与护理人员合作，避免争论；对于好表现自己、夸大自己能力的患者，护理人员不要讥笑和责备他们，而应以缓和、肯定的语句陈述现实状况，从而增强患者的现实感；对于有攻击性语言或行为的患者，应耐心对其讲解此行为带来的后果和影响。

5. 药物护理　保证药物治疗的进行，护理人员应密切观察患者服药的配合性、药物的耐受性和不良反应，采取相应的措施最大限度地降低其副作用对患者的影响。特别是对接受锂盐治疗的患者要更加关注，注意血锂浓度的监测，如有反复呕吐、腹泻、困倦、烦躁不安等症状出现，可能是锂中毒的先兆，应及时报告医生予以处理。对于恢复期的患者，应明确告知维持用药对巩固疗效、减少复发的重要性。同时指导患者家属做好患者的服药监督工作。

6. 健康教育　指导患者及其家属了解疾病的有关知识和可能的预后，以正确态度对待疾病，了解按时服药、定期复查的重要性，同时鼓励患者家属配合治疗，为患者创造良好的家庭环境，及时让患者获得来自家庭的支持力量，树立早日康复的信心。

（二）抑郁发作的护理措施

1. 安全护理

（1）提供安静、安全、舒适的病室环境，床应安排在护士易于观察的地方，夜间不让患者蒙头睡觉，便于观察病情动态。

（2）加强护理巡视制度，由于抑郁症患者一般无智力与意识障碍，故有些患者自杀的计划周密，致死的可能性较大，大部分有自杀企图的患者在言语、情感、行为表现中都会有所流露，因此护士在各个环节都要密切观察，从中发现问题，及时采取措施。对有消极意念的患者，要做到心中有数，重点巡视。尤其在夜间、凌晨、午睡、饭前和交接班及节假日等医护人员少的情况下，特别要注意防范。此外抑郁症患者睡眠不好，易早醒，且清晨又是抑郁症状最严重的时刻，因此清晨最易发生自杀，巡视更应作为重中之重。

（3）加强危险物品管理和服药检查，经常检查患者身上及床单位有无存留危险物品，或患者书写的字条（遗书）等，对有严重自杀行为的患者应设专人护理，外出或去厕所时要有人陪伴。每次发药时应检查口腔，确认服下后方可离去，严防患者积藏大量药物一次吞服而自杀。家属探视时要交代病情及注意事项，取得家属配合，严防意外。

2. 日常护理

（1）保证营养供给：护理人员根据患者不同情况，制定出不同的护理对策，保证患者的营养摄入。选择患者平时比较喜欢的食物，陪伴患者进餐或少食多餐，若患者坚持不肯进食，必要时可采取喂食、鼻饲、静脉输液等措施。

（2）改善睡眠状态：睡眠障碍是抑郁患者最常见症状之一，以早醒最多见。因此，改善抑郁患者的睡眠状态是一项非常重要的工作。鼓励或陪伴患者白天参与适宜的活动，晚上睡觉前给予适温的牛奶、洗热水澡，对严重失眠的患者遵医嘱给予必要的安眠药物，保证安静的睡眠环境。对早醒者进行安抚，以延长睡眠时间。

（3）个人生活卫生护理：抑郁患者常因意志减退等症状无心料理自己的日常生活，如不注重自己的衣着、外表及个人卫生。护理人员应帮助患者制定和安排每日生活卫生作息表，鼓励患者独立完成个人生活料理，辅以信任、关切的表情和眼神，帮助患者逐步建立生活的信心。严重的抑郁患者，长期卧床不动，应注意发生压疮的可能，需帮助其翻身、注意躯体卫生、大小便料理等。

3. 心理护理

（1）建立良好的护患关系，鼓励患者抒发感受：护理抑郁患者时，护理人员首先要有稳定、温和、接纳的态度，虽可能会为自己与患者的无效交流而感到沮丧、无能为力，但仍需耐心倾听患者的述说，并坚定相信患者有可能会改变。在与患者交谈时，应努力选择一些患者感兴趣、较为关心的话题，允许患者有足够反应和思考的时间，耐心听取患者的述说，鼓励他表达自己的感觉和想法。沟通中护理人员或以简单、中性、缓慢的语言传递，或静静地陪伴，以非语言的方式（眼神、手势、轻轻地抚摸等）表达对患者的关心与支持，但应注意避免表示过分的同情。在引导患者注意外界的同时，逐渐让其学会表达自身的体会和感受。

（2）学习新的交流技巧：在护理过程中，护理人员要积极地利用一切个人或团体的人际交往机会，帮助患者改善处理问题和人际交流的能力，逐步建立积极健康的人际交往方式，增加社会交往技巧。

4. 症状护理

（1）阻断消极思考：患者对自己或外界事物常不自觉地持否定的看法，护理人员采用认知疗法帮助患者认清自己的认知扭曲，设法打断一些负性的思考或以积极的思考来取代；同时协助患者回顾自身的优点、长处、成就来增加积极的想法；帮助患者完成一些建设性工作与社交活动，增强正性认知与自信。

（2）预防自杀：对于严重抑郁患者，预防自杀是护理的重点。护理人员应早期识别自杀行为先兆，加强监护和巡视。首先，患者须在护理人员视线或陪伴之下，避免独处，抑郁患者的自杀往往选择在凌晨、周末、假期、夜班人少及交接班忙碌时，护理人员需注意观察，加强巡视。其次，谨慎安排患者的生活环境，保证环境的安全，撤除一切可用于自杀的危险物品，同时监督服药，避免藏匿蓄积后顿服。

5. 药物护理　保证用药安全及药物治疗的进行。这类患者在护理时要多考虑其自杀因素。一般对这种患者需要一日三次药，每顿药都要认真看着患者服下。在患者用药过程中，护理人员要注意观察药物副作用，在患者出现口干、便秘等副作用时，应做好解释工作。这些不良反应并不妨碍继续用药，多在2周内患者会逐渐适应，鼓励其多喝水，多食富含纤维素的食物，以缓解上述不良反应。若无特殊情况，决不可间断用药或随意删减剂量。对于病情好转处于康复期的患者，护理人员应督促其维持用药，千万不可病刚好就停药，这会增加复发机会，停药与否应在医生指导下进行。

6. 健康教育　抑郁症患者在疾病转归后，非常渴望获得疾病的相关知识，患者家属也希望了解如何照顾、帮助患者。

（1）从疾病的发生、发展、治疗、预后等多层面讲解抑郁症的相关疾病知识，进行宣教，使用通俗易懂的言语，使患者及家属对疾病知识有比较全面的了解和认识。

（2）由于抗抑郁药副作用较大，且出现于药效前，常使患者不愿服药。因此要讲解维持量药物治疗的重要性和常见的不良反应，使患者了解坚持服药的重要性和掌握处理不良反应的方法。

（3）让患者及其家属了解疾病复发可能出现的先兆表现，如睡眠不佳、情绪不稳、烦躁、疲乏无力等，尽早识别复发症状，及时到医院就医。嘱患者即使病情稳定，也要按时门诊复查，在医生的监护、指导下服药，巩固疗效。不可擅自加、减药或停药。

（4）锻炼培养健康的身心和乐观生活的积极态度，生活要有规律，积极参加社会娱乐活动，避免精神刺激，保持稳定的心境。

五、护理评价

护理评价虽然是护理程序的最后一个步骤，但始终贯穿于整个护理过程。对心境障碍患者的评价应从以下几个方面进行。

1. 症状消失情况，患者的异常情绪反应是否按预期目标得到改善，有无超出限定范围和时限的异常表现。

2. 护理措施实施过程中，患者是否发生过异常情绪状态下的冲动、伤人、自伤、自杀等意外行为。

3. 患者自知力状况如何，能否正确认识、了解疾病，掌握疾病的基本知识、处理疾病的方法，以及如何正确面对今后的生活和工作。

4. 患者在护理措施的干预下，人际交往、沟通能力是否得到有效的改善，对新环境的适应能力是否有提升。

5. 一般情况患者的基本生理需求是否得到满足，如睡眠充足、营养状况良好、生活主动料理、生活有规律。

6. 家属是否对疾病的简单知识及如何应对疾病的发生有所了解，掌握一定的照顾患者的方法。

> **思政园地**
>
> **关爱老年心理，关注老年抑郁症**
>
> 老年抑郁症是老年人最常见的精神心理障碍，据中科院调查数据显示，我国60岁以上的老年人群抑郁症发病率高达15%，严重影响老年人身心健康及生活质量。老年人容易多思多虑，性格变得更加敏感、偏执，加上赋闲在家无事可干，子女又不在身边，老年人精神上十分空虚、孤独，当受到一些外界刺激后，就容易引发老年抑郁症这类心理问题的出现。其表现存在一些独有特点。
>
> 1. 以疑病为首发症状的老年抑郁症　疑病内容常涉及全身，如失眠、胸闷、心悸、浑身乏力、厌食等，以及头痛、胸痛、背痛、全身痛。这种症状在老年抑郁中比较常见。
>
> 2. 假痴真呆型老年抑郁症　出现记忆减退、智能障碍、思维抑制等类似老年性痴呆症的表现，要注意鉴别假痴呆真抑郁。
>
> 3. 迟滞性老年抑郁症　主要体现在一段时期内不喜运动，并且动作缓慢僵硬，很少的家务劳动也需很长时间才能完成，并且语言功能失调。患者面部表情变化也减少，有时双眼凝视，对外界动向常无动于衷。
>
> 4. 激越性老年抑郁症　患者常产生没有缘由的不安、茫然、焦虑恐惧，终日担心自己和家庭将遭遇不幸，严重时搓手顿足，坐卧不安，惶惶不可终日；喋喋不休，严重者甚至企图自杀。

第八章 心境障碍及患者的护理

自 测 题

一、选择题

1. 心境障碍一般具有以下哪项特点
   A. 发作一次，加重一次，残留阴性症状
   B. 一次发作，永不缓解
   C. 反复发作，从无缓解期
   D. 发作一次，彻底缓解
   E. 反复发作，大多数能缓解

2. 患者女性，26岁，自述脑子反应快，特别灵活，好像机器加了"润滑剂"，思维敏捷，概念一个接一个地不断涌现出来，说话的主题极易随环境而改变。该患者可能患有
   A. 躁狂症   B. 疑病症   C. 神经衰弱
   D. 精神分裂症   E. 精神发育迟滞

3. 患者女性，22岁，诉说自己心情不好，高兴不起来；对任何事物无论好坏都缺乏兴趣，不愿意见人。入院后诊断为抑郁症。诊断为该病的核心症状是
   A. 情绪低落、兴趣缺乏、乐趣丧失
   B. 思维贫乏、情感低落、乐趣丧失
   C. 意志减退、情感低落、乐趣丧失
   D. 意志减退、情感低落、妄想
   E. 意志减退、情感低落、注意力减退

4. 患者女性，25岁，诊断为抑郁症，药物治疗一周后没有效果。问护士抗抑郁药的起效时间是
   A. 1～2周   B. 2～3周   C. 3～4周
   D. 4～5周   E. 5～6周

5. 患者女性，32岁，患有抑郁症，有严重睡眠紊乱，护士观察到患者睡眠的特点是
   A. 早醒   B. 易醒   C. 入睡困难
   D. 睡眠过度   E. 时醒时睡

6. 患者男性，26岁，入院第一天。存在暴力冲动行为，易激惹，情感高涨，入院后大吵大闹。以下处理正确的是
   A. 将其安置在一般病房   B. 给予保护性约束   C. 安排其参加工娱活动
   D. 对其进行健康教育   E. 自行管理生活用品

二、案例分析

刘某，男，21岁，无业，未婚，高二，汉族。父亲代述病史。

患者4年前从某沿海城市转学回老家上初三后，家人觉其心情变差，不开心，经常诉自己很紧张，有头晕、头痛等不适，不愿与家人交流，常独自待在房间，偶尔称在学校被同学嘲笑，没有自尊心，具体不愿透露。后逐渐出现睡眠较差，夜间易醒，后不再上学。曾至当地医院就诊，具体诊疗不详，"好转"出院。出院后坚持服药，能正常交流，能外出学武术及游泳等，但好转10余天后再次出现情绪紧张，诉头晕不适，夜间睡眠差，不愿外出，常在家玩手机。后不能规律服药，多次在外院及我院门诊就诊，调药后效果不佳，患者仍心情差，对什

么都不感兴趣,自称"给我10万都高兴不起来",并逐渐出现消极言语,称活着没意思、想死,但又称怕痛、不敢自杀。家属觉其病情严重,为求系统治疗至我院就诊,门诊以"自愿住院"收入我科。起病以来否认发热、抽搐、头颅外伤史,否认冲动伤人行为,近期睡眠较差,饮食尚可,大小便无异常,体重无明显改变。既往史、个人史无特殊,无重大精神创伤史,病前人格喜欢交际,人际关系较好。其姨妈有精神异常,具体不详。体格检查无明显阳性体征。

精神检查:意识清晰,接触被动,定向力正常。诉睡眠差、易醒。未引出幻觉、妄想,智力正常,自知力不全。情绪表现情感低落,愁眉苦脸,承认几年前慢慢就开始心情不好了,状态很差,持续了1年多以后自觉变得兴奋、话多,"愉悦感一阵阵涌上头",4个月后继续变得心情不好,什么都不想做,经常有紧张的感觉,对什么都没兴趣,意志减退,无伤人杀人行为,称跳楼自杀不好看,想过吃安眠药,但无具体计划及行为。

辅助检查:头颅 CT 未见明显异常。

问题:
1. 该患者可能的疾病诊断是什么?诊断依据是什么?
2. 患者入院需评估哪些资料,针对患者目前情况制订一个护理计划。

(曹 莉)

第九章　应激相关障碍及患者的护理

学习目标

1. 掌握应激相关障碍的临床表现及分型以及应激相关障碍的护理措施。
2. 描述应激相关障碍的发病原因。
3. 简述应激相关障碍的治疗原则。
4. 识别应激相关障碍的症状，能对应激相关障碍患者实施有效的护理。
5. 具有爱护患者的情感及与患者建立良好关系的意识。
6. 运用所学知识，帮助患者提高心理应对技能，积极正确应对挫折，表达和宣泄相关的情感。

案例

患者，女，34岁。于地震中亲眼目睹家中房屋倒塌，将5岁的女儿掩埋在屋里，当时浑身发抖、号啕大哭，之后不认识亲人，只是哭喊"女儿别走"，且语言不连贯。次日，患者表现较为安静，但面目表情茫然、双目直视、无任何反应。随后慢慢缓解，但常常流泪，自述忘不了女儿，白天夜晚脑子里都会突然出现女儿的音容笑貌，有内疚、负罪感。平时，非常回避地震场景，不愿路过房屋倒塌地，不敢走以前带女儿走过的路。

问题与思考：

1. 该患者可能的临床诊断是什么？
2. 患者出现了哪些精神症状？
3. 如何对患者进行护理？

第一节　应激相关障碍概述

应激相关障碍（stress related disorders）是一组由心理、社会因素引起异常心理反应所致的精神障碍，也称反应性精神障碍。本病可发生于任何年龄，以青壮年多见，其症状内容、病程与预后均与应激因素有密切关系。在 ICD-11 中，应激相关障碍分为创伤后应激障碍、延长哀伤障碍及适应障碍等。其共同特点为：①突如其来且超乎寻常的威胁性和灾难性事件以及长期的生活事件是其发病的直接病因。②应激源对个体来讲是难以承受的创伤性体验或对生命安全具有严重的威胁性。③不是所有经历创伤的个体都会发展为应激相关障碍，病前不良认知功能和人格特征、不良的应对方式、缺乏社会适应能力和社会支持都是应激相关障碍的危险因素。

> **知识链接**
>
> **应激源、应激反应与应激障碍**
>
> 应激源是指作用于个体并使其产生应激反应的刺激物。按不同的环境因素可分为外部环境应激源、个体内环境应激源和社会心理环境应激源。
>
> 应激反应最早由加拿大病理生理学家塞里（Selye）在1936年提出。塞里认为在各种不同的严重干扰刺激下，个体会通过一些非特异性的反应过程来适应。因此，塞里将机体在刺激作用下出现非特异性反应称为应激反应。现代应激理论在此基础上修正、充实和发展，提出应激反应包括应激生理反应和应激心理反应两个方面。
>
> 应激反应不等于应激障碍，只有应激反应超出一定强度和（或）持续时间超过一定限度，并对个体社会功能和人际交往产生影响时，才构成应激障碍。

一、分型和临床特征

（一）创伤后应激障碍

创伤后应激障碍（posttraumatic stress disorder，PTSD）是指个体经历突发性、威胁性或灾难性生活事件而延迟出现和长期持续存在精神异常的一类精神障碍。创伤后应激障碍的核心症状即创伤性再体验症状、回避和麻木症状、警觉性增高。创伤后应激障碍发病的潜伏期从几周到数月不等，多数患者在创伤性事件后的数天至半年内发病，病程至少持续1个月以上。

1. **创伤性再体验** 在重大创伤性事件发生后，患者有各种形式的反复发生的侵入性创伤性体验重现。患者常常以非常清晰的、极端痛苦的方式进行着这种"重复体验"，包括反复出现以错觉、幻觉构成的创伤性事件的重新体验，称为闪回。此时，患者仿佛又完全身临创伤性事件发生时的情景，重新表现出事件发生时所伴发的各种情感。有创伤情景的大量闯入体验，表现为患者的思维与记忆中反复地、不由自主地涌现与创伤有关的情境或内容；也可出现严重的触景生情反应，如见到死者遗物、追悼会、周年祭等，引起强烈情感反应，反复出现创伤性梦境或噩梦。此表现是创伤后应激障碍最典型的症状。

2. **回避和麻木** 无法控制对创伤相关的刺激存在持续的回避，尽量避免接触与创伤性情景有关的人和事。有些患者对创伤性经历有选择性遗忘，有些患者表现为完全想不起创伤经历，对创伤期间发生的人和事有视旧如新感。患者整体上给人以木然、淡然的感觉。与人疏远，对周围环境刺激反应迟钝；兴趣减退，社会性退缩，对前途渺茫。少数患者产生消极念头，表现为自杀企图或过度饮酒或服用镇静药物等。

3. **警觉性增高** 患者表现为难以入睡或易惊醒，注意力集中困难，持续性警觉与激惹性增强，易发脾气，易受惊吓，坐立不安。自主神经兴奋，产生明显的生理反应，如心搏加快、出冷汗、面色苍白等。

> **知识链接**
>
> **急性应激障碍**
>
> 急性应激障碍（acute stress disorder，ASD）是DSM-5中的诊断名称，在ICD-10中被称为急性应激反应。在ICD-11中，急性应激反应已从"精神行为或神经发育障碍"一章中移出，而将其归类于"影响健康状态的因素和需要健康服务的非疾病现象"。
>
> 急性应激障碍是指由于遭受急剧、严重的心理社会应激因素后，在数分钟或数小时

之内所产生的短暂心理异常。临床症状最初多表现为"茫然"状态，即意识范围受限、定向错误、注意狭窄，伴有无目的的动作等。随后可表现出对周围环境的逃避或退缩，表现为不语不动、不吃不喝、对外界刺激毫无反应；也可表现为激越兴奋、活动过多、有冲动毁物行为。同时患者可表现为典型的焦虑性自主神经症状，如出汗、脸红、心率增快等。患者有时不能回忆创伤性事件。

急性应激反应一般持续数小时或数天，预后良好，症状缓解完全。

（二）延长哀伤障碍

延长哀伤障碍（prolonged grief disorder，PGD）是指丧失亲人之后持续的哀伤反应，往往超过6个月，且难以随着时间的推移而得到缓解。延长哀伤障碍的高危患病群体包括女性、老年人、文化程度低及家庭收入低下者。此外，有流产史、儿童期分离焦虑、童年虐待、父母离世、与逝者关系亲密、对亲人的去世缺乏心理准备、缺少有效的社会支持等因素都会增加延长哀伤障碍的风险。

延长哀伤障碍的临床特征是以丧亲事件为中心，表现为持续的、极度的痛苦体验。患者对逝者过度追忆，常沉浸在对逝者的缅怀之中，不愿接受逝者已逝的现状；对与逝者相关的事物过度敏感，有意识地避免与已逝者相关的事物；难以进行正常的生活，自我定位混乱，不愿接受生活中新的角色，觉得生活无意义；情感麻木，与外界隔离，疏远，不接受他人的帮助，难以与他人建立亲密关系。这些症状往往超过半年，随着时间的推移也难以减轻。患者的社会功能受到显著影响，生活质量严重受损，甚至有自杀风险。

（三）适应性障碍

适应性障碍（adjustment disorder）指在明显生活改变或环境改变时所产生的短期、轻度的烦恼状态和情绪失调，常有一定的行为改变和生理障碍，但不出现精神病性症状。常见的生活改变或环境改变包括居丧、离婚、失业或变换岗位、迁居、转学、患重病、经济危机、退休等。发病往往与生活事件的严重程度和个体的人格特质、应对方式等有关。任何年龄皆可发病，无性别差异。通常出现在应激性事件或生活改变后1个月内，应激源消除后，症状持续一般不超过6个月。

本病的临床症状变化较大，主要表现为：

1. 情绪障碍　表现为无望感、哭泣、心境低落等抑郁情绪，或惶恐不知所措、紧张不安、注意力难以集中、胆小害怕和易激惹等焦虑情绪。

2. 品行障碍　可表现为退缩、离群、不参加活动、不注意卫生等，部分患者可出现说谎、逃学、斗殴、盗窃、滥用药物、酗酒、破坏公物等品行障碍的表现，常见于青少年。

3. 躯体功能障碍　现为疲乏、头痛、失眠、胃肠不适、食欲缺乏等。

 考点提示

应激相关障碍的分型和临床特征。

二、治疗

治疗本病的关键在于尽可能去除精神因素或脱离引起精神创伤的环境，转移或消除应激源；同时辅以心理治疗及药物治疗，促使疾病康复；防止疾病复发。

（一）脱离应激源

应尽可能帮助患者尽快脱离创伤情境，如在灾害发生后为灾民安排安全的住处。实践证明，患者更换一个新的环境，可以振奋精神，消除创伤性体验，加速症状缓解。脱离应激源的措施包括对患者今后生活和工作的指导及帮助，必要时重新调换工作岗位、改善人际关系、建立新的生活规律等，以转移或消除应激源，最大限度地避免进一步的刺激。

（二）心理治疗

应激相关障碍皆由明显而强烈的心理社会应激引起，因而心理治疗极为重要。不仅有助于减轻症状，提高疗效，而且还可巩固疗效，促进康复，防止复发。

1. 支持性心理治疗　建立良好的护患关系，与患者分析发病经过，找到适合患者的处理方法。鼓励患者学会面对创伤，正确认识应激反应，并指导其放松训练以减轻症状。进一步调动患者的主观能动性，摆脱困境，树立战胜疾病的信心，促进康复。

2. 认知治疗　人的需要与个性特点是形成精神应激的内部条件。因此，治疗时既要尽量消除应激事件的影响，也要注意改造对个性特征有重要影响的个人价值观及其认知方式。通过治疗使认知方式与价值观转变，继而引起情绪与行为反应转变。以转变价值观为主要目的的认知心理治疗，在缓解应激与防治相关疾病方面具有治本的效果。

3. 行为治疗　对于焦虑症状严重的患者，可应用系统脱敏疗法，让患者在肌肉松弛的情况下，逐步想象或接触能引起恐怖反应的境遇，从而帮助患者摆脱痛苦，认识疾病，面对现实，配合治疗，提高适应能力。

（三）药物治疗

精神症状明显者，常需给予精神药物治疗，以减轻或消除症状，并为心理治疗创造条件。对失眠、焦虑、心烦不安、紧张者，可应用阿普唑仑、艾司唑仑及氯硝西泮等抗焦虑药，但应注意不可过量或长期应用；对抑郁症状突出者，可选用丙米嗪、阿米替林等抗抑郁药；对有妄想、幻觉、兴奋躁动者可酌情选用抗精神病药，剂量依患者症状而定，疗程不宜过长。

> **知识链接**
>
> **应激相关障碍的饮食指导**
>
> 应激相关障碍患者应注意加强饮食营养，现简要介绍几种中医食疗方法。
>
> 1. 玫瑰花茶　玫瑰花（干品）10 g，菊花15 g，佛手6 g。将佛手洗净，加水适量，文火煎30 min，去渣留汁，以佛手汁煎泡玫瑰花、菊花，代茶饮。有疏肝解郁、理气宽中之功效。用于反应性精神病属肝郁气滞者。
>
> 2. 夏枯草鱼头汤　草鱼头1个（约200 g），夏枯草10 g，郁金、佛手各9 g，生姜15 g，红枣6枚。将上述材料洗净（鱼头去鳃），一起文火煮1.5～2 h。加盐调服。有疏肝解郁、清肝泻火之功效。用于反应性精神病属气郁化火者。
>
> 3. 龙眼洋参饮　桂圆肉15 g，西洋参12 g，酸枣仁15 g，白砂糖少许。加水适量炖40～50 min，随量服用。有益气补血、养心安神之功效。用于反应性精神病属心脾两虚者。
>
> 4. 茯苓鲤鱼头汤　鲤鱼头1个（150 g），茯苓30 g，陈皮、瓜蒌、砂仁各10 g。将上述材料洗净（鱼头去鳃），加水适量，文火煮1～1.5 h，加盐调服。有理气、化痰、祛湿之功效。用于反应性精神病痰浊上扰者。

第二节 应激相关障碍患者的护理

一、护理评估

(一) 健康史

1. 一般状况　年龄、性别、职业、受教育程度、信仰、爱好、人格特征、生活方式、人际关系等。
2. 现病史　本次发病的表现、有无诱因，诊断、治疗的情况，对生活、学习的影响等。
3. 既往史　既往的发病情况，服药治疗的情况，有无其他疾病等。

(二) 生理方面

1. 用药情况　是否服用药物。
2. 躯体状况　评估患者的营养状况、饮食状况、睡眠型态以及排泄情况等。

(三) 心理方面

1. 病前人格特征。
2. 应对方式　以往的应对方式，本次患者的应对方法、主观感受与评价、疾病发作与心理创伤的关系等。

(四) 精神症状

1. 意识方面　是否出现意识模糊、妄想、幻觉等。
2. 精神运动方面　是否出现激越、喊叫、过度乱动、言语增多或反应性木僵等。
3. 情绪情感方面　是否出现惊恐、害怕、焦虑、抑郁、恐惧等。
4. 创伤体验　评估患者是否反复重现创伤体验。
5. 心理危机　仔细评估患者目前有无发生自杀行为的潜在危险。

(五) 社会方面

1. 支持系统　如患者家属对本疾病的认识情况及对患者所持的态度，患者与家属及朋友的人际关系，患者可利用的社会资源等。
2. 社会功能　如人际交往、个人工作及生活能力有无受损等。
3. 应激源　精神刺激的性质、强度、持续时间、患者的暴露程度及对生命的威胁程度等。

二、护理问题

1. 急性意识障碍　与应激事件导致精神刺激有关。
2. 有自杀、自残的危险　与应激事件引起的焦虑、抑郁情绪等有关。
3. 有对他人实施暴力的危险　与应激事件引起的兴奋状态、冲动行为等有关。
4. 思维过程紊乱　与应激事件导致精神刺激有关。
5. 营养失调：低于机体需要量　与应激导致食欲缺乏等有关。
6. 睡眠型态紊乱　与惊恐、害怕、焦虑、恐惧等有关。
7. 个人应对无效　与遭受创伤性事件、个人应对机制不良、支持系统不足有关。
8. 自理能力下降　与应激事件导致行为紊乱或行为退缩有关。

三、护理目标

患者各种应激症状减轻或消失，无焦虑、抑郁、恐惧、自杀、自伤行为的发生；患者的认知功能改善，自理能力恢复，能完成正常的社会交往，正确认识存在的应激源，采取正确的应对方式；患者个人卫生良好，营养充足，睡眠良好，无并发症。

四、护理措施

（一）安全护理

1. 做好安全管理，保证病房内设施安全，对各种危险物品（刀剪、绳索、药物、玻璃等）需妥善保管，发现危险物品应及时处理，杜绝一切不安全因素。

2. 严密观察病情，注意有无自杀自伤、暴力行为的征兆出现。一旦出现，应立即采取相应措施，保证患者及周围人员安全。

3. 对意识障碍患者应加强观察和护理，适当限制其活动范围，防止走失、跌伤或受其他患者的伤害。

4. 提供安静舒适的环境，减少外界刺激。将患者置于易观察的房间，光线明亮，整洁舒适，空气流通。

（二）生活护理

1. 协助料理个人生活　评估患者的自理能力，依情况提供相应的护理照顾，做好口腔护理、皮肤护理等，防止口腔溃疡、压疮等并发症发生。一旦患者病情缓解，则应鼓励其自行料理个人生活。

2. 饮食护理　了解患者的饮食习惯，进而采取一定措施（满足口味、集体进餐、少量多餐等），促进和提高患者食欲。对抑郁、退缩或木僵状态患者，必要时需专人耐心劝导并协助进餐，如仍无效则可遵医嘱行鼻饲或静脉营养，以保证生理需要。

3. 睡眠护理　认真观察患者的睡眠情况（包括午睡）。一旦出现睡眠紊乱，应及时报告医生处理；为患者提供良好睡眠环境，如安静、空气流通、温湿度及光线适宜、避免噪声干扰等；必要时可运用行为治疗技术（刺激控制疗法等），帮助患者重建规律、有质量的睡眠模式。

（三）症状护理

1. 兴奋状态　遵医嘱给予抗精神病药物如氯丙嗪、奋乃静、舒必利等，同时配合语言安抚或者给予间断约束，预防患者冲动、伤人、毁物行为。

2. 激越状态　对激越的患者，可遵医嘱给予镇静安眠药物如地西泮，帮助患者改善情绪。

3. 严重抑郁　对抑郁患者，护理人员应多与其沟通，关心并照顾患者生活，鼓励并督促患者参加各种工娱活动以转移注意力，不使其终日沉浸在痛苦之中，使患者感到乐趣，树立信心和勇气。对患者的自杀、自伤行为应加以防范，严格进行危险物品的检查，注意细心观察病情，随时掌握病情变化。如已发现患者采取了自杀行为，护理人员应保持镇静并争分夺秒地进行抢救，尽量与其他患者进行隔离并注意保密，以免对其他患者造成不良影响。

（四）药物护理

遵医嘱给予相应治疗药物，如抗焦虑药、抗抑郁药、抗精神病药等，帮助患者了解和自行观察药物的作用和不良反应。

（五）心理护理

1. 建立良好的护患关系　良好的护患关系是实施心理护理的基础。谈话时要态度和蔼，以真诚、友善的态度关怀、体谅、尊重患者，取得患者的合作；耐心倾听，不随意打断患者谈话，提问要扼要并着重当前问题。适时运用非言语沟通技巧如静静陪伴、鼓励的眼神，以传达护士的关心和帮助。

2. 给予支持性心理护理　对急性期患者给予支持性心理护理。鼓励患者倾诉疾病发作时的感受和应对方法；强化疾病可以治愈的观念；鼓励患者用言语表达创伤经历，以达到让患者宣泄的目的；对患者的症状加以解释，帮助患者认识疾病的性质，以解除患者顾虑，树立战胜疾病的信心。

3. 帮助患者纠正负性认知　帮助患者认识其个性中的不足，建立积极的、建设性的思维方式，从而减轻应激与焦虑水平。当患者情绪稳定时，采取认知治疗方法帮助患者分析其心理状态，纠正其负性认知并建立积极的应对策略。

4. 帮助患者学习应对技能　教会患者管理焦虑的方法，以便更好地应对应激；帮助患者学会应激处理的各种积极、有效行为技能，并在实际生活中运用；帮助患者改变个性中的不良因素；帮助患者寻求适当的支持系统或社会资源，指导患者重新调整和建立社会支持，以减轻应激反应，促进身心健康。

（六）健康教育

1. 对患者　鼓励患者料理个人生活，做好自我管理。对康复期患者要进行心理与社会功能的康复训练，帮助患者认识和正确对待致病因素和疾病性质，克服个性缺陷，掌握疾病康复途径，以利于患者重返社会。

2. 对家属　协助患者家属了解应激相关障碍的发病原因、发病特点，帮助家属理解患者的痛苦和困境，指导其协助患者合理安排工作、生活，并教会家属预防、干预患者自杀、自伤等危险行为的方法。

五、护理评价

经过上述护理措施的实施，患者的异常情绪、反应是否按预期目标得到改善，并能控制自己的情绪；是否改善了心理应对方式；患者的认知功能有无改善，有无出现焦虑、抑郁、恐惧等不良心理问题，有无自杀、自伤的发生；患者是否恢复正常社会功能，能否与人进行有效的沟通，能否正确认识压力来源并正确应对。

考点提示

应激相关障碍患者的护理要点。

思政园地

压力之父——汉斯·塞里

压力这一概念最早是在1936年由加拿大著名的生理心理学家汉斯·塞里博士提出的，因此他被称为"压力之父"。他在著作《生活的压力》中首次将"压力"一词用于人类医学的研究，并提出了著名的压力与适应学说，对压力学说的发展和完善做出了突出贡献。

压力与适应学说强调，压力是表现出某种特殊症状的一种状态，这种状态是由生理系统中对刺激的反应所引发的非特定性变化组成的。塞里注意到大多数疾病只有很少的特殊体征作为特征，而所有的病患几乎都有很多共同的症状和体征，他将这种现象称为"生病综合征"，或称"应激综合征""全身适应综合征"。

"救死扶伤""济世救人"是大众对医务人员的普遍印象，医生的使命是治病救人，但同时，医生也是职业压力最高的群体之一。医务人员可学习相关的心理健康知识与技巧，了解压力的外在表现，实时关注自身的心理状况，一旦感到压力超标，及时调适心理状况。

自 测 题

一、选择题

1. 因异乎寻常的威胁性或灾难性心理创伤，延迟出现并长期持续的精神障碍为
   A. 应激反应　　　　　　B. 延长哀伤障碍　　　　C. 创伤后应激障碍
   D. 适应障碍　　　　　　E. 人格缺陷

2. 在明显生活改变或环境改变时所产生的短期、轻度的烦恼状态和情绪失调，称为
   A. 创伤后应激障碍　　　B. 延长哀伤障碍　　　　C. 抑郁障碍
   D. 适应障碍　　　　　　E. 癔症

3. 在丧失亲人之后持续的哀伤反应，称为
   A. 创伤后应激障碍　　　B. 应激反应　　　　　　C. 延长哀伤障碍
   D. 适应障碍　　　　　　E. 品行障碍

4. 创伤后应激障碍最主要的临床特点是
   A. 意识模糊、表情紧张、害怕恐惧
   B. 情绪低落、抑郁、自杀行为
   C. 情绪兴奋、欣快、语言动作增多
   D. 反复创伤性体验重现
   E. 错觉、幻觉

5. 对于创伤后应激障碍，给予患者支持主要采用的原则与技术是
   A. 危机干预　　　　　　B. 行为疗法　　　　　　C. 支持性心理治疗
   D. 精神分析疗法　　　　E. 家庭治疗

二、病例分析

患者，女性，31岁，农民。一年前因与他人发生争执并被殴打，受伤后被送入当地医院。诊断：颅脑损伤；全身多处软组织损伤。给予降颅内压、抗炎等对症治疗，半个月后出院。患者出院后情绪低落、心烦、话少、不愿接触人。常无故害怕、恐惧，会突然想起遭殴打时的情景而情绪失控，四肢发抖，蜷作一团蹲在墙角。不敢外出，极力回避谈及遭殴打的事件。患者饮食、睡眠均差，经常半夜被噩梦惊醒。对生活失去信心，对一些喜欢的活动失去兴趣，做事注意力难以集中，以上情况持续至今。

问题：
1. 请说出该患者主要的护理诊断。
2. 对该患者应采取哪些护理措施？

（吕文艳）

第十章　神经症和癔症及患者的护理

学习目标

1. 掌握焦虑症、强迫症、疑病症和癔症的定义。
2. 简述神经症共同特点。
3. 归纳焦虑症、强迫症、疑病症、癔症的临床表现。
4. 能运用护理程序对神经症和癔症患者进行护理评估,并制定有效的护理措施。
5. 形成护理人员爱岗敬业、遵法懂法的职业素养。
6. 具有对患者的同理心和爱心,以人为本。

案例

患者,女性,37岁,已婚,售货员。因突发紧张恐惧伴心悸、胸闷、呼吸困难半小时入院。患者1个月前工作时突发头晕、心悸、胸闷、呼吸困难,浑身大汗淋漓,觉得"即将窒息",突然抱住顾客不放,并大喊"救命",10 min后缓解,瘫软于地。事后患者本人不知恐惧缘由,也无其他不适。10天后再次发病,情况类似。自发作后患者因害怕再发常惴惴不安,越来越不愿出门。本次再发后,家人担心,故陪其来就诊。

问题与思考:
1. 请说出该患者最可能的精神状态。
2. 作为一名护士,你给患者护理时应该特别注意哪些方面?

神经症(neurosis),又称神经官能症,是一组表现为焦虑、抑郁、恐惧、强迫、疑病症状或神经衰弱症状的精神障碍。CCMD-3将其分为:焦虑症、恐惧症、强迫症、躯体形式障碍、神经衰弱、其他或待分类的神经症,病程一般持续迁延。

神经症作为一组疾病,尽管各种亚型的发病机制、病因及临床表现等各不相同,但也有其共同特征:

1. 起病常与心理社会因素相关。
2. 病前大多具有一定的人格基础和易感素质。
3. 一般无与症状相应的器质性病变。
4. 社会功能相对完好。
5. 自知力大多良好,有求治意愿。
6. 无明显精神病性症状,病程大多持续迁延。

第一节 焦虑症患者的护理

焦虑症（anxiety disorder）也称焦虑性神经症（anxiety neurosis），是一种以焦虑或惊恐不安情绪为主的神经症，伴有自主神经紊乱和运动性不安等症状。主要包括惊恐障碍和广泛性焦虑障碍两种。这种焦虑情绪的产生与现实不相称，患者自知反应过度却不能自控，因而感到痛苦。

 考点提示

焦虑症的定义。

一、病因与发病机制

（一）遗传
已有资料显示焦虑症与遗传因素相关。双生子研究显示，同卵双生发病率高于异卵双生。

（二）心理
精神分析学方面的研究发现，对自身威胁结果的过度内心冲突可以导致焦虑症的发生。行为主义理论研究发现，焦虑是害怕某些情境刺激所形成的条件反射。

（三）生化
目前焦虑症的发病机制尚不完全清楚，主要有以下两个假说。

1. 乳酸盐假说　该学说认为乳酸过高可引起代谢性酸中毒，而其导致的系列相关生化改变会使具有焦虑倾向的个体产生焦虑的表现。

2. 神经递质假说　该学说认为中枢神经系统的去甲肾上腺素（NE）、5-羟色胺（5-HT）、γ-氨基丁酸（GABA）等神经递质能活动的增加或者改变对焦虑情绪的产生会有影响，但部分机制未完全清楚。

二、临床表现

1. 惊恐障碍　又称急性焦虑障碍，起病急骤，随即缓解，一般历时 5～20 min，很少超过 1 h，可反复出现。概括来说，惊恐障碍的患者主要有三大症状。

（1）惊恐发作：常于活动时突然出现濒死感和自主神经功能紊乱症状（表现为头痛、头晕、出汗、胸痛、心动过速、心律失常、呼吸困难等症状），发作期间始终意识清晰。

（2）求助回避行为：发作时会出现求助行为，因担心再次发作会出现与发作相关的行为改变，如回避工作或学习场所等。

（3）预期焦虑：发作后的间歇期仍紧张害怕，担心再发或发作的后果。

2. 广泛性焦虑障碍　最常见的焦虑障碍。起病缓慢，可见于任何年龄段，以泛化而持久的莫名烦恼和紧张不安为主要特征。表现为：

（1）精神方面：过度担心是焦虑的核心症状。这类患者长期感到紧张不安，却无客观实际威胁存在或者担心的程度与现实不符。

（2）躯体方面：一方面表现为心悸、胸闷、呼吸急促、口干、出汗、便秘、腹泻、尿频、皮肤潮红或苍白等自主神经紊乱的症状；另一方面出现坐立不安，搓手顿足，肌肉紧张性疼痛及舌、唇、指肌震颤等运动性不安与肌肉紧张症状。

（3）警觉性增高：表现为易惊吓、注意力不易集中、易惊醒、易激惹。

（4）其他症状：广泛性焦虑障碍患者常合并抑郁、恐惧、强迫、人格解体等症状，但不是该疾病的主要临床相。

 考点提示

焦虑症的主要临床表现。

三、治疗

主要采用心理治疗和药物治疗，二者联合应用效果最佳。

1. 心理治疗

（1）认知行为治疗：一是认知重建疗法，矫正患者歪曲的认知；二是通过焦虑控制训练，缓解焦虑。

（2）健康教育：通过鼓励、健康宣教等方式，减轻患者心理压力，增加患者治疗的配合度。

（3）生物反馈疗法：利用生物信息反馈的方法，训练患者在一定范围内学会调节自身生理、有效放松，从而减轻焦虑。

2. 药物治疗　一般选用抗焦虑药，常用的有苯二氮䓬类药物（地西泮等）、有抗焦虑作用的抗抑郁剂（帕罗西汀等）、丁螺环酮等，药物既可缓解焦虑情绪又可配合心理治疗使用。

 考点提示

焦虑症最常用的治疗药物。

知识链接

焦虑状态与焦虑症的区别

每个人都经历过的焦虑是一种弥漫性、不愉快、模糊的紧张感，是对未知的、内在的、模糊的威胁的一种回应。作为一种警示信号或内部威胁的提醒，焦虑能帮助生物体应对当前或将要出现的危险伤害、潜在惩罚（如与所爱的人分离、经历社会挫折、对成功或地位的威胁），出现一种正常、适应性的反应，促使机体采取必要的措施来防止或减轻威胁的后果，比如一个人为了准备考试而努力学习。

虽然焦虑是正常的具有自我保护作用的反应，但如果在没有危险或者应激源的情况下出现，或者反应过度，且影响正常的社会功能，则可能构成精神卫生问题，即焦虑症。

因此，焦虑是建立在客观实际基础上的，是明确知道焦虑源的；而焦虑症是没有客观依据、莫名其妙的持续性精神紧张、惊恐不安并伴有自主神经紊乱和运动性紧张症状，或是焦虑的严重程度与实际明显不符。

四、护理

（一）护理评估

1. 躯体评估　收集患者的健康资料，主要包括个人史、现病史、既往史、家族史。评估患者的生命体征、营养状况、睡眠情况、饮食情况、大小便情况和自主神经症状是否异常。

2. 心理社会评估　评估患者的受教育程度和社会背景；评估患者病前的性格特点，判断患者社会生活能力保持情况；找出患者的焦虑源，特别是近期有无遇到比较重大的事件，对患者的影响程度如何；了解患者家属对疾病的认知程度和对患者的态度有无变化。

3. 精神症状评估　评估患者是否有以下焦虑症的表现：是否有提心吊胆、坐卧不安、易激惹、易烦躁等表现；与他人沟通是否有变得困难、难以集中注意力的表现；是否有过激行为出现；患者是否有突发恐惧并对此采取求助行为或明显的回避行为。

（二）护理问题

1. 焦虑　与患者存在的持久的不安全感、惊恐发作等有关。
2. 恐惧　与担心惊恐内容有关。
3. 睡眠型态紊乱　与焦虑症状有关。
4. 舒适改变　与焦虑所致神经系统症状有关。
5. 营养失调：低于机体需要量　与焦虑症状导致的食欲减退有关。
6. 社会交往障碍　与对社交活动的恐惧和回避行为有关。
7. 自理能力缺陷　与恐惧、紧张等影响正常生活有关。

（三）护理目标

1. 短期目标　患者症状减轻或消失；基本的生理及心理需要得到满足，舒适感增加；能正确认识疾病表现及与内心冲突的关系；能正确认识心理、社会因素与疾病的关系；能接受症状。

2. 长期目标　患者能运用有效的心理防御机制及应对技巧处理压力和控制不良情绪，减轻自身的不适；患者能与他人建立良好的人际关系，家庭及社会支持程度提高；患者的社会功能基本恢复正常。

（四）护理措施

1. 安全护理　做好环境的安全检查，避免环境中的危险物品和其他不安全因素，排除其他患者的不良干扰，满足患者的合理需要，减轻患者压力。密切观察患者情绪变化，对焦虑伴有抑郁情绪者，要加强巡查，注意防患于未然。

2. 心理护理　可以根据患者的实际情况给予相应的心理支持，提高患者的应对能力，改善患者的焦虑行为。

（1）建立良好的护患关系：尊重患者、注意倾听，使患者信任医务人员，对治疗有信心。

（2）教导患者放松技巧：鼓励患者用言语疏泄负面情绪，表达焦虑心情，护理人员及时指导患者学会放松，指导其利用意向引导呼吸或慢跑、听音乐等技巧逐步放松肌肉。根据患者的兴趣爱好，鼓励其多参与工娱治疗活动。

（3）改善患者的认知：护士对患者的行为模式不能简单地否认或评判，要接受患者的病态行为。选择恰当的时机应用各种技巧帮助患者终止负性思维，引导其认识自身的病态症状，用明确的态度指出其焦虑的行为，使患者改变各种歪曲的认知，并努力减少焦虑行为。

（4）提高患者和家属的应对能力：要让患者和家属重建正确的疾病概念和对待疾病的态度，以帮助患者接受症状。与患者共同探讨产生焦虑的压力源和诱因，重塑正确的行为模式，并加以训练强化，鼓励其坚持按照计划做，并给予支持。

3. 一般护理　做好基础护理，保障生理需求，特别是饮食和睡眠。

4. 用药护理　指导患者按时服药，培养患者的服药依从性，出现药物不良反应及时上报医生并予处理。

5. 特殊护理　针对惊恐发作的患者，护理人员要做到以下几个方面。

（1）护士必须沉着、冷静，立即让患者脱离应激源，防止焦虑传染。

（2）理解和同情患者，耐心倾听和安抚。

（3）将家属和患者隔离或分开，避免互相影响加重病情。

（4）遵医嘱给予药物治疗，控制发作症状，减轻病情。

（5）针对发作时可能出现的挑衅和敌意等焦虑反应，适当限制、隔离，预估可能出现的问题，制定相应的护理措施。

（6）在间歇期教会患者放松技术。

（五）护理评价

1. 患者的焦虑症状是否减轻。
2. 患者对焦虑症的认知是否正确，是否掌握有效的应对方式。
3. 患者的生活自理能力是否正常，是否能够有效的自我调节。
4. 患者的睡眠和饮食等情况是否正常。

 考点提示

焦虑症患者的护理措施。

第二节　强迫症患者的护理

强迫症又称强迫性神经症（obsessive-compulsive neurosis），以反复出现的强迫观念、强迫意向和强迫行为为主要表现。患者意识清晰，明知自己的思想和行为没有必要但却无法控制，因而痛苦焦虑。该病起病缓慢，自知力一般良好，会主动求治。

强迫症终生患病率是 0.8%～3.0%，平均发病年龄 20 岁，男性稍早于女性。

一、病因与发病机制

（一）遗传、解剖与生化因素

家系遗传、双生子遗传等研究均一致认为强迫症具有明显的家族聚集性，也有证据表明强迫症有特定的神经解剖学基础，发病可能与选择性基底节功能失调有关，生化证据也提示脑内 5-HT 系统功能增高与其发病有关。

（二）心理与社会因素

行为主义认为，强迫症是一种对特定情境的条件反射，为减轻焦虑，患者逃避性地采取了一些强迫行为或强迫动作，但这些动作仅能暂时减轻焦虑，从而导致重复行为的发生，最终使焦虑泛化。弗洛伊德学派认为强迫症状是在固着、孤立、退化等心理机制作用下，无法处理好强迫性格形成的焦虑而产生的。

社会心理因素引发的心理冲突可诱发本病。人格特质是发病的基础，个性与强迫症有密切关系。强迫症患者具有办事僵化、凡事求全、优柔寡断、胆小怕事、一丝不苟等个性特征。

 考点提示

强迫症患者的个性特征。

二、临床表现

强迫症患者主要表现为强迫观念和强迫行为，因个体差异，有的以其中一种表现较为突出，但多数人两者皆有。

1. 强迫观念　为本病的核心症状，最为常见。表现为某些思想、观念、冲动念头、回忆或疑惑等持久反复地出现在意识中，无力摆脱，难以控制。

（1）强迫联想：患者反复联想一系列不幸事件可能会发生，虽明知不可能，却不能克制；或者当听到或看到某一句话时，便不由自主地在脑海里出现另一观念或者另一句话，易激起紧张和恐惧情绪。如果患者联想到的语句或者观念与原来相反，则称之为强迫性对立思维，如听到"安静"就联想到"热闹"，听到"战争"就想到"和平"。

（2）强迫回忆：表现为反复而持久地回忆经历过的事情，明知没必要，却不能克制。

（3）强迫怀疑：对自己言行的正确性产生不必要的怀疑，要反复核实，无法控制。如出门后怀疑门是否锁好，反复检查，否则会感到焦虑不安。

（4）强迫性穷思竭虑：患者对自然现象或日常琐事反复思考、追根究底，如"杯子为什么叫杯子"，明知没必要，却无法克制。

（5）强迫意向：患者在某种情境中内心出现一种违背自身真实意愿的强烈冲动，明知该行为不对，自己也不会去做，但是无法控制，欲罢不能。如看到交通路口的红灯就有很强烈的想闯红灯的冲动，但不会实施。

2. 强迫动作　通常于强迫观念之后发生，是患者为减轻焦虑而产生的反复的顺应性行为。常见以下几种表现形式。

（1）强迫洗涤：患者为了消除对受到脏物、毒物或细菌污染的担心而出现的反复多次洗涤现象，包括洗手和洗物品，严重者甚至对与其同住的人员也做类似的要求，明知没必要，却无法控制，非洗不可。有时会因应用洗涤剂较多或者洗涤时间过长而出现皮炎。

（2）强迫检查：是患者为减轻强迫怀疑引起的不安而伴随出现的反复检查动作。如反复核对票据、反复检查门窗是否关好等。

（3）强迫性仪式动作：为减轻强迫观念带来的焦虑，患者发展出的一套程序或仪式动作，随着时间的推移仪式动作会越来越复杂，执行过程不允许中断，稍有偏差即从头来过，否则焦虑不安。如强迫性计数也属于仪式动作，患者会不可控制地数台阶、电线杆、门牌号、房屋的窗户等。

（4）强迫询问：患者为减轻自身因强迫性穷思竭虑而引发的疑问或焦虑，反复要求别人一遍遍地做出解释与保证。

强迫症患者自知力水平不一，常有社会功能障碍，给患者和家人带来痛苦。

 考点提示

强迫性穷思竭虑及强迫意向的判断。

三、治疗

强迫症的治疗主要有心理治疗和药物治疗，二者相结合的治疗效果较好。

1. 药物治疗　目前临床上以选择性 5-HT 再摄取抑制剂（SSRIs）作为一线用药（如氟西汀、氟伏沙明、舍曲林等），采用全病程治疗。根据一线用药的效果及其症状，可加用其他药物，如焦虑情绪重者可以加用苯二氮䓬类药物。一般而言，强迫症药物治疗不短于 6 个月。

2. 心理治疗　对强迫症患者来说，心理治疗具有重要的意义。认知疗法可以改善患者的不良情绪和行为，支持性心理治疗能帮助患者从超负荷的心理压力中解脱出来，行为疗法能通过条件反射或学习帮助患者改进或改变行为，此外精神分析疗法、森田疗法等对部分强迫症也有较好的疗效。治疗的重点在于使患者克服性格的缺陷，接受事情不可能十全十美，学习合理的应对方式,做事不急于求成。

考点提示

强迫症的主要治疗方法、最常用药物及疗程。

四、护理

(一)护理评估

1. 躯体评估　收集患者的健康资料,主要包括现病史、既往史、家族史、过敏史。评估患者的生命征、皮肤营养状况、睡眠情况、饮食情况、大小便情况和个人卫生情况。

2. 心理社会评估　评估患者的家庭教育及教育方式;患者病前的性格特点,是否凡事要求完美;患者近期有无遇到比较重大的造成心理冲突的事件;评估患者家属对疾病的认知程度和对患者的态度有无变化;评估患者对强迫症状的态度、对治疗的态度。

3. 精神症状评估　评估强迫症状出现的诱发因素、内容、持续时间以及对躯体有无伤害,情绪是否稳定,有无焦虑、烦躁不安的表现。

(二)护理问题

1. 焦虑　与患者强迫症状不可自控有关。
2. 有皮肤完整性受损的危险　与强迫症状导致的自身损害有关。
3. 睡眠型态紊乱　与强迫思维和焦虑情绪有关。
4. 有暴力行为的危险　与激惹增加及指向他人的强迫症状有关。
5. 社会交往障碍　与强迫症状和焦虑情绪有关。
6. 自理能力缺陷　与强迫症状影响正常生活有关。

(三)护理目标

1. 短期目标　患者强迫症状减轻或消失;基本的生理及心理需要得到满足;能正确认识强迫症状与内心冲突的关系;能保持个人卫生整洁,睡眠紊乱得到改善;能接受症状,配合治疗。

2. 长期目标　患者能面对应激,学会正确的应对方式;患者能建立有效人际交往模式,家庭及社会支持提高;患者的社会功能基本恢复正常。

(四)护理措施

1. 安全护理　做好安全护理,保护患者及他人的人身安全。

(1)病情观察:观察强迫症患者是否出现躯体损害,及时采取相应的保护措施。

(2)若患者的强迫症状已出现躯体损害,及时制止,并遵医嘱用药防止出现伤口感染的现象。

(3)尊重患者的行为模式,避免激惹患者,随时掌握其心理变化,及时安慰和疏导患者。

(4)有自杀和伤人倾向者,要重点监护,清除环境的危险物品和安全隐患。

2. 心理护理　根据患者的实际情况给予相应的心理支持,提高患者的应对能力,减轻患者的强迫和焦虑行为。

(1)建立良好的护患关系:要充分了解强迫症状,同情、关心、耐心听其倾诉,满足患者的合理需求,使其尽快熟悉住院环境,对医务人员产生信任感。

(2)改善患者的认知情况:帮助患者终止负性思维,引导其正确认识自身的强迫症状,并和护士一起参与护理计划的制订,使其自觉遵守执行护理计划,树立战胜疾病的信心。

(3)帮助患者建立正确的应对行为:鼓励患者在出现强迫症状前向医护人员倾诉,护理人员帮助患者分析此时的不良心态并及时指导患者自我调适和转移注意力。根据患者的兴趣爱好，鼓励其多参与能使自身愉悦的活动或者进行森田疗法。在患者第一次按计划执行过程中，护士要始终陪伴并及时给予正反馈，使其强化并继续，并时刻关注患者的感受，及时调整护理措施。

3. 一般护理　做好基础护理，保障生理需求。关心强迫症患者的进食、饮水和排泄情况，关注睡眠环境，满足其合理的需求。

4. 用药护理　必要时使用药物帮助强迫症患者渡过难关。指导其按时服药，培养患者的服药依从性，出现药物不良反应及时上报医生并给予处理。

5. 健康宣教　让患者了解强迫症的基本知识和药物的不良反应；指导患者进行自我控制训练，用合理的行为模式应对，减轻强迫症状和焦虑情绪；帮助患者家属理解疾病并配合患者康复。

（五）护理评价

1. 患者的强迫症状、焦虑情绪是否减轻。
2. 患者对强迫症的认知是否正确，是否掌握有效的应对方式。
3. 患者对治疗和护理是否配合。
4. 患者的护理措施实施是否合适，是否能够及时调整。

 考点提示

强迫症患者的心理护理。

第三节　疑病症患者的护理

疑病症又称疑病性神经症，主要指患者过分担心自身健康，持久存在的怀疑或认定自身患有一种或多种严重躯体疾病的先占观念。患者诉躯体症状，反复就医，经反复医学检查为阴性和医生解释没有相应疾病的证据，均不能打消患者的怀疑，常伴有焦虑或抑郁。本病发病无明显性别差异，常为慢性波动性病程。

一、病因与发病机制

（一）遗传

遗传学研究尚无定论，已有的同家族多人发病的报道发现这些人都有共同的性格特点。

（二）个性

孤僻、固执、内向、过分关注自身、敏感、自我中心、自恋、兴趣狭窄、胆怯、脆弱、暗示性强的人格特征可成为疑病症发病的人格基础。

（三）文化与社会环境

受特定文化环境的影响，患者不自觉地会掩饰自己的心理情绪问题，转而关注躯体不适。表现为得知认识的亲友死于某种严重疾病，就会怀疑自己也将步其后尘。同时医生的不恰当言论、过多的医学仪器检查、不必要的过分治疗、不必要的手术等都可能促使疑病观念的产生。

二、临床表现

1. 持续存在的先占观念　该症状是本病的基本特征。患者表现为过分关心自身健康和身体的任何轻微变化，并做出与实际健康状况不相符的疑病性解释。

2. 躯体不适症状 本病症状表现多种多样，躯体不适症状可涉及不同器官，有的定位清楚，如胃肠扭转感、头部充血感等，有的定位不清、只是性质模糊的不适感，还可表现为全身或某一部位的疼痛不适或功能障碍，甚至是具体的疾病。疼痛是最常见的症状，以头、颈、背、胸部居多。

3. 自主神经紊乱症状 疑病症患者常伴有焦虑、恐惧和自主神经功能紊乱症状。

4. 社会功能受损 因患者的注意力几乎集中在健康问题上，以致明显影响到日常的学习、工作、生活和人际交往。

三、治疗

疑病症的治疗一般以心理治疗为主，药物治疗为辅。

1. 心理治疗 心理治疗目的是让患者了解所患疾病的性质、祛除或减轻心理因素的影响，有效措施包括纠正疑病的错误观念、控制检查行为、鼓励患者以建设性的方式应对症状等。认知治疗和行为应激处理是两种有效的心理治疗手段，认知治疗疗效更佳。治疗中应尽量避免不良的医源性影响，避免纠缠于讨论症状本身。

2. 药物治疗 疑病症患者常伴有焦虑、失眠、抑郁等症状，药物治疗针对患者伴随的症状，可使用抗焦虑和抗抑郁药如 SSRIs 等。对于难治病例可选用小剂量的非典型抗精神病药治疗。

四、护理

（一）护理评估

1. 躯体评估 评估患者的个人史。评估患者的生命体征、营养状况、睡眠情况、进食及排泄情况，是否有器官、肢体功能障碍，既往有无过敏史和其他躯体合并症等。

2. 心理社会评估 评估患者的病前性格特点；近期是否有明显的对患者有重大影响的生活事件或精神因素；评估患者的家庭氛围是否融洽，家属对其患病前后的态度有无变化；评估患者的教育程度，了解其对疾病的认知程度及正确性。

3. 精神症状评估 评估判断患者的躯体不适程度有无改变，相关因素有哪些；患者是否有四处求医问药的行为。

（二）护理问题

1. 焦虑 与患者疑病的先占观念有关。
2. 预感性悲哀 与患者自感症状严重，即将失去健康或生命有关。
3. 自理能力缺陷 与疑病症引发的各种躯体不适影响正常生活有关。
4. 睡眠型态紊乱 与疑病症引发的焦虑情绪有关。
5. 社会交往障碍 与疑病症状导致的躯体不适和焦虑情绪有关。
6. 舒适度改变 与疑病症引发的各种躯体不适有关。

（三）护理目标

1. 短期目标 患者疑病症状减轻或消失；基本的生理及心理需要得到满足；能正确认识躯体不适的真正原因；能减少反复求医行为，睡眠紊乱得到改善；能接受症状，配合治疗。

2. 长期目标 患者面对躯体不适症状，能学会正确的应对方式；患者能建立有效人际交往模式，家庭及社会支持提高；患者的社会功能基本恢复正常。

（四）护理措施

1. 心理护理 建立良好的护患关系，接纳患者的躯体症状，给予适当的关心和照顾，耐心倾听、尊重患者的主诉，帮患者找出与症状相关的心理因素或生活事件，科学分析这些事件对患者心理的影响，引导患者自我调适，鼓励患者参加工娱治疗活动，减轻疑病造成的焦虑情绪，对受不良暗示影响诱发疑病症的患者可运用暗示疗法。

2. 杜绝医源性的不良影响　在患者疑病的有关问题上，医护人员的意见一定要有科学依据，并且保持高度一致，否则患者会丧失对医护人员的信任，或对治疗产生疑虑，加重病情。

3. 一般护理　加强基础护理，满足患者的生活需求。注意协助患者生活料理时要把握好尺度，不宜太过强化，以免加重病情。

4. 用药护理　必要时使用药物帮助疑病症患者渡过难关。指导其按时服药，培养患者的服药依从性，出现药物不良反应及时上报医生并给予处理。

5. 健康宣教　让患者及家属了解疑病症的基本知识和药物的不良反应；指导患者用合理的行为模式应对躯体不适，减轻疑病症症状和焦虑情绪。

（五）护理评价

1. 患者的疑病症状、焦虑情绪是否减轻。
2. 患者对疑病症的认知是否正确，是否掌握有效的应对方式。
3. 患者对治疗和护理是否配合，患者家属是否掌握心理治疗的原则和技巧。
4. 患者的护理措施实施是否合适，是否能够及时调整。
5. 评价心理护理的效果。

第四节　癔症患者的护理

癔症又称分离（转换）障碍，以前也称歇斯底里症，是一类由精神因素如重大生活事件、内心冲突、情绪激动、暗示或自我暗示，作用于易感个体引起的精神障碍。

> **知识链接**
>
> **癔症的归类变迁**
>
> 癔症这一诊断术语源于"歇斯底里"（hysteria），但因为在中文语境中该词为贬义词，故中文译为癔症。在《中国精神障碍分类与诊断标准 第二版》（CCMD-2）之前的诊断标准里一直将其归类为神经症，但有许多学者对这种归类持反对意见，主要是由于该病的一些临床表现与神经症的特征不相符合，如有些患者无自知力、不会主动求治，也有些患者具有明显的精神病性症状等缘故，在CCMD-3中，该病已不再归类于神经症。
>
> 在我国以外的国家、地区，精神疾病多是按照国际疾病分类（ICD）来归类，伴随着其他国家神经症概念的变迁，癔症的概念从ICD-10开始已被废弃，取而代之的是分离（转换）障碍，在ICD-11中，改称为分离障碍。对此，我国学者考虑国情差异，采取了比较审慎的态度，神经症、癔症的概念均在CCMD-3予以保留，只是进行了分类。
>
> 实际上，因为我国并未明文规定精神疾病要统一采用哪种分类，故使用"分离障碍"这一诊断名称的也不少。

一、病因与发病机制

（一）遗传与生理

目前的遗传学研究结果不太一致。脑部PET、MRI的应用发现癔症患者的海马和杏仁核体积缩小，前额叶功能下降等改变，但缺乏特异性。

（二）人格与心理

较强的精神刺激（应激性事件、幼年期创伤）和暗示是癔症发病的主要原因。癔症人格特征的人，较易发病。癔症人格特征包括：高度自我中心、高度情绪化、高度幻想性、高度暗示性和表演性等。

（三）文化与社会环境

本病患者女性多于男性，发病年龄多在35岁以前，文化程度较低的更易患病，生活在封闭环境中的比生活在开放环境中的更易患病。社会文化的发展和变迁对癔症的表现形式有较大影响。

 考点提示

癔症发病的主要原因及最容易导致该疾病的人格特征。

二、临床表现

1. 癔症性精神障碍　以精神症状为主，表现为部分或完全丧失对自我身份识别和对过去的记忆。起病常与精神因素相关，自我意识障碍突出，疾病的发作有利于发泄压抑的情绪，获得同情或补偿。主要表现为：

（1）癔症性遗忘：无器质性病变，患者突然丧失对某些事件的记忆，被遗忘的事件往往与患者的精神创伤有关，遗忘具有选择性，可部分或者全部丧失。

（2）癔症性神游：患者突然从家中或者工作中出走，保持着基本自理能力和交往技能，给人清醒正常的感觉，深入了解可发现其身份识别障碍、意识范围缩小，该状态可历时几十分钟至几十小时，事后均有遗忘。

（3）癔症性身份障碍：患者对以往身份遗忘而以另一身份进行日常活动，表现为两种或两种以上的人格交替出现，首次人格转换常很突然，过后可因特殊事件诱发，各人格间互无联系。

（4）癔症性精神病：包括癔症性木僵和癔症性附体状态。

1）癔症性木僵：该状态往往发生于精神创伤后，患者呈木僵状态，但无姿势、肌张力异常，数十分钟可缓解。

2）癔症性附体状态：发病时患者意识范围缩小，处于自我封闭状态。这个过程是不随意的，是患者不能控制的，常见亡灵、神鬼附体，有别于迷信活动的神鬼附体。

2. 癔症性躯体障碍　以各种躯体症状为主，表现为遭遇无法解决的问题时所产生的内心冲突和愿望的象征性转换，其症状和体征缺乏相应器质性损害的病理基础，与患者的现实不相符。主要表现为随意运动和感觉功能障碍。

（1）运动障碍：临床可表现为肢体瘫痪、肢体震颤、起立或行走不能、缄默症或失音症。

（2）抽搐发作：又称痉挛障碍，通常是在情绪激动或受到暗示时发生，数十分钟后可自行缓解。

（3）感觉障碍：可表现为躯体感觉缺失、过敏、异常或视觉障碍（表现为失明、弱视、管状视野、单眼复视等，可突然发生突然恢复，视诱发电位正常）、听觉障碍（听觉突然消失，而电测听和听诱发电位无异常）。

3. 其他或待分类癔症　包括Ganser综合征、见于童年和青少年的短暂的癔症性障碍。

考点提示

癔症的主要临床表现。

三、治疗

癔症的治疗要遵循早期充分治疗、避免反复检查、避免不良暗示、正视个性缺陷等原则。

1. 心理治疗 治疗癔症的首选方法。较常用的是暗示疗法、解释性心理疗法、分析性心理疗法、催眠疗法、行为疗法和家庭疗法。

2. 药物治疗 根据病情，对症用药。如焦虑、失眠可用抗焦虑药，情感暴发、痉挛状态可选用地西泮或抗精神病药，以尽快恢复患者意识。

3. 物理治疗 针刺、电刺激治疗对运动障碍及癔症性木僵有较好的效果，但要配合言语暗示进行。

 考点提示

癔症发病首选治疗方法。

四、护理

（一）护理评估

1. 躯体评估 评估患者的健康史。评估患者的生命体征、营养、睡眠、进食、排泄的情况，评估患者的躯体症状和个人卫生穿着情况。

2. 心理社会评估 评估患者的病前是否有癔症性人格特点；评估患者的情感和意志行为方面有无异常；评估患者的自知力和生活自理能力；评估近期是否有对患者产生明显重大影响的精神因素刺激；评估患者的家庭氛围是否融洽，家人亲友对其患病前后的态度有无变化；评估患者的教育程度，了解其对疾病的认知程度及正确性。

3. 精神症状评估 评估患者是否有感觉异常、躯体不适；评估患者是否具有表演性，有无情感暴发现象；评估患者有无意识障碍、异常行为、痉挛发作；评估患者发作是否有诱发因素。

（二）护理问题

1. 意识障碍 与患者遭受严重精神刺激或突发事件有关。
2. 有暴力行为的危险：对自己或他人 与患者遭受创伤或情绪不稳定有关。
3. 个人应对无效 与个人缺乏应对训练或依赖心理有关。
4. 自理能力缺陷 与精神状态或暗示心理有关。
5. 焦虑 与患者疾病的突然发作或反复发作有关。
6. 社会交往障碍 与疾病导致的精神状态或暗示心理有关。
7. 有失用综合征的危险 与癔症性木僵、癔症性躯体障碍有关。

（三）护理目标

1. 短期目标 患者症状减轻或消失，基本的生理及心理需要得到满足，能保持个人卫生整洁，睡眠紊乱得到改善，自理能力逐步提高，对疾病的认识逐步提高。

2. 长期目标 患者面对应激学会正确的应对方式，处理压力和冲突的能力提高，患者能建立有效人际交往模式，患者的社会功能基本恢复正常。

（四）护理措施

1. 心理护理　建立良好的护患关系，运用适当的沟通技巧，取得患者的信任，避免激惹患者。对吵闹的患者，要及时排除无关人员的围观，冷静劝阻；对癔症性躯体障碍患者要持正确的态度，恰当地表示关心和理解，及时排除环境中不良因素的刺激；帮助患者纠正性格缺陷，引导患者自我调适，运用暗示疗法，增强患者战胜疾病的信心。关注有自伤、自杀倾向者，做好心理护理。

2. 安全护理　提供舒适的环境，加强巡视，减少刺激，加强对患者物品的管理。

3. 一般护理　加强基础护理，满足患者的生活需求。保证患者的营养，对躯体化障碍的患者，要以暗示性语言鼓励进食；对睡眠异常者要注意避免在睡前进行娱乐活动，创造良好的睡眠环境。鼓励患者参加工娱治疗和康复训练，正确应对压力和挫折。

4. 用药护理　根据患者的症状，必要时遵医嘱给予药物治疗。关心患者的服药情况，出现药物不良反应及时上报医生并给予处理。

5. 特殊护理　癔症发作的护理。

（1）在发作时，将患者和家属隔离，及时采取保护措施。不过分关心或轻视，避免无关人员围观，避免不良因素对患者的暗示作用，加重病情。

（2）严加监护，观察患者的情绪反应，加强与其沟通，防止其产生自杀企图。

（3）患者意识范围缩小时，要加强观察护理，防止意外发生。要强化其原来身份，促使自我定向恢复。

（4）对听力、视力障碍患者，应让其明白功能障碍是暂时的，在暗示疗法有效时，要加强功能训练。

（5）当出现情感暴发或痉挛发作时，应将患者适当约束并安置在单间。当本病伴随的焦虑反应表现为挑衅和敌意时，应当加以限制。

（6）倾听患者主诉，接受理解其症状及感受，减轻患者的内心痛苦。

（7）认同患者当前的应对方式，但不要过分关注。

（8）遵医嘱用药，控制癔症的发作。

（9）在发作间歇期教会患者放松技术。

（10）争取家庭、社会对患者的支持，做好家属工作。

 考点提示

癔症发作的护理。

6. 健康宣教　告知家属本病不是器质性的，通过治疗能够治愈，减轻患者及家属的焦虑情绪，积极配合治疗。协助患者家属了解本病的基本知识，教会家属正确应对患者发作的方法；指导患者用合理的行为模式自我管理，积极参加康复训练。

（五）护理评价

1. 患者的症状是否减轻。
2. 发作期间，在监护下患者有无外伤和伤人的表现。
3. 患者能否正确地认识疾病的病因和性质，能否有效地进行自我控制。
4. 患者面对压力能否应用恰当的心理防御机制和应对技巧。
5. 患者能否与周围人进行有效的沟通、建立良好的人际关系。
6. 患者家属能否清楚地认识本病的病因、症状及护理要点。

自 测 题

一、选择题

1. 关于强迫症的描述，哪项不对
   A. 强迫观念　　　　　　B. 强迫意向　　　　　　C. 强迫行为
   D. 病前癔症性格多见　　E. 强迫症状来源于自我

2. 某神经症患者在看见或听到"和平"二字时，马上想起"战争"二字；看见或听到"安全"二字时，便想到"危险"二字，此症状称之为
   A. 强迫性穷思竭虑　　　B. 牵连观念　　　　　　C. 强迫意向
   D. 强迫性对立思维　　　E. 思维云集

3. 对于焦虑症患者的最终护理目标是
   A. 将患者的焦虑降低到可接受的水平
   B. 帮助患者降低对于感情的否定和回避
   C. 帮助患者解决问题并形成适应性的应对行为
   D. 当患者回避痛苦问题时，运用支持性面对
   E. 帮助患者将行为与感情联系

4. 患者刚刚入院接受治疗强迫洗手行为，护士应该对其他工作人员的下列哪项行为给予干预
   A. 在患者的视线内与另一个人谈话　　　　B. 改变患者的日常生活
   C. 从患者身边转身离开　　　　　　　　　D. 触摸患者
   E. 不理睬患者

5. 一个患者被其家人送至急诊室，患者大量出汗，呼吸急促，并主诉头晕、心悸，心血管性问题被排除，患者被诊断为惊恐障碍。惊恐发作后，患者说，"我原以为我将死去。"护士最佳的反应是对患者说
   A. 让你受惊吓了　　　B. 我们不会让你死的　　C. 我有同样的感觉
   D. 但你现在很好　　　E. 我们会帮助你的

6. 对于疑病症，以下哪个护理诊断最适宜
   A. 受伤的高危险性　　B. 悲伤　　　　　　　　C. 自尊紊乱
   D. 分散性活动缺乏　　E. 社交隔离

7. 患者女，30岁，已婚，教师。10个月前行诊断性刮宫，术后有阴道出血。当听到同事说有癌症的可能时，感到紧张、心慌、气促。之后反复出现紧张、烦躁、坐立不安、心悸、气急、怕疯、怕死，且间歇期逐渐缩短。家族史、既往史、体检、实验室检查无特殊。病前性格多疑多虑、易急躁。自知力存在。该患者最可能的诊断是
   A. 强迫症　　　　　　B. 焦虑症　　　　　　　C. 恐惧症
   D. 疑病症　　　　　　E. 心因性精神障碍

患者，女，25岁，务农。平素胆小，3天前随父母参加奶奶的葬礼，回家后睡不着觉，不敢关灯，说有东西附在身上了，一阵清楚一阵糊涂

8. 首先考虑的诊断是
   A. 分离障碍　　　　　B. 躯体形式障碍　　　　C. 谵妄
   D. 恐怖障碍　　　　　E. 焦虑症

9. 治疗首选
   A. ECT B. 苯海拉明 C. 地西泮
   D. 硫必利 E. 氯氮平
10. 对患者出现的不适采取的措施是
    A. 对患者的不适给予高度重视
    B. 避免环境中的不良暗示
    C. 对患者的非适应性行为适当强化
    D. 对出现的躯体症状要反复检查
    E. 对患者的倾诉不予理睬
11. 对患者进行心理治疗宜选用
    A. 催眠疗法 B. 森田疗法 C. 冲击疗法
    D. 厌恶疗法 E. 家庭疗法
12. 对该患者家属的健康指导应为
    A. 发病时要给予高度关注和理解
    B. 要求患者自我控制症状
    C. 任其症状发作不予理睬
    D. 不要迁就和强化患者的非适应行为
    E. 家人说话时要特意避开患者

二、简答题

1. 简述神经症共同特点。
2. 归纳焦虑症的主要临床表现。

三、案例分析

患者，女，28岁，本科学历，技术员，已婚。近1年来出现说完话或做完事不能确定，要一遍一遍地问别人是否听清楚了自己讲话的意思，自己是不是做对了。另外还反复关门、关煤气，知道没必要，想摆脱又摆脱不掉，感到十分痛苦。在门诊治疗半年，自觉效果不好，近日失眠、症状加重，心烦气急，甚至影响工作和生活，遂主动要求住院治疗。家族史：无精神病家族史。个人史：独女，平素性格追求完美，工作仔细认真，无烟酒嗜好，结婚5年，夫妻关系好，育一女，月经正常。既往史：体健，无药物过敏史。入院躯体、神经系统和实验室常规检查未见异常。

精神检查：意识清楚、接触可、定向力可，主动叙述病情，迫切要求治疗，称近1年和人说话总不能确定说明白没有，要不断询问别人听清楚没有，不仅如此，脑子里还不断出现联想，如想到"好"就会想到"坏"，另外，还总怀疑门关好没有，煤气关好没有，出门前要反复关门、反复拧煤气阀门，多时二三十遍。患者称，"其实我知道所有这些想法和做法都是没有必要的，但心里越是想不想，越是想摆脱就越摆脱不掉"，交谈时不住用手捶头，称"烦死了、痛苦极了"。

问题：
1. 编号列出病历中精神检查中的5个精神症状，并按编号顺序逐条写出症状的名称。
2. 说明该病例的疾病学诊断。
3. 写出三条该患者的护理问题。
4. 护士如何帮助患者减轻和控制症状。

（蔡玉英）

第十一章数字资源

第十一章 儿童及青少年期精神障碍及患者的护理

学习目标

1. 识别精神发育迟滞、注意缺陷与多动障碍和儿童孤独症患儿。
2. 熟知精神发育迟滞、儿童孤独症、注意缺陷与多动障碍的病因与治疗要点。
3. 能够为儿童和青少年期精神障碍患者及其家庭提供帮助,愿意面向社区和社会进行健康宣教。
4. 能够积极学习,了解其他儿童青少年期精神障碍。

案例 11-1

世界卫生组织指出,青春期是发展和维持社交及情感习惯的关键时期。全世界有 10%~20% 的青少年患有精神卫生疾病,但未得到充分诊断和治疗。目前,在我国 17 岁以下儿童和青少年中,至少有 3000 万人受到各种情绪障碍和行为问题的困扰,每年至少有 25 万青少年因精神心理问题失去生命。成年人多达 50% 的精神疾病是在 14 岁之前开始的,在 24 岁之前,这些问题中的 75% 已经显露出来。因此,儿童青少年时期是促进精神卫生和预防精神疾病尤为重要的时期。

问题与思考:
1. 根据上述材料,谈谈你对儿童青少年期精神障碍的理解和认识。
2. 作为一名护理学生,如何面对这一现状?

儿童及青少年精神障碍是指发生于儿童和青少年期的精神障碍。儿童少年时期的生理和心理发展迅速,容易受到内外界因素的影响而导致精神障碍。儿童青少年期的患儿往往由于精神异常表现不典型,或无法准确表达内心困境,易被忽视、漏诊,正确的早期干预都能够换来更好的结局。所以,儿童和青少年精神障碍知识与技能的推广,有利于其精神障碍的预防、治疗与护理。本章重点介绍精神发育迟滞、儿童孤独症、注意缺陷与多动障碍患儿的病因、治疗与护理。

第一节 精神发育迟滞的护理

案例 11-2

孙某,女,8 岁,在特殊教育机构学习。患儿自幼体格发育慢于同龄儿童,语言发育迟缓,3 岁时才会说"妈""啊"等少数单音节词,至今不能说出双音节词汇。对字图感兴趣,每日指图片、单词表,要求父母诵读,能自发写感兴趣的简单字。能用手指表示 10 以内数字,计算 5 以内加法。患儿注意力持续时间短暂,动作笨拙,跑步时手脚不协调。喜欢拥抱,拍击他人，与同龄儿童玩耍困难。自理能力差，需人照料。心理测量：韦克斯勒学龄智力量表测得智商47。临床诊断：精神发育迟滞。

问题与思考：
1. 该患儿目前存在的护理问题主要有哪些？
2. 如何对患儿家长进行健康教育？

一、概念

精神发育迟滞（mental retardation）是指个体在18岁（发育成熟）以前，在各种因素的作用下出现的精神发育受阻或停滞，临床特征为智力显著低下和社会适应困难。

二、病因与发病机制

（一）遗传因素

1. 染色体异常　可表现为常染色体和性染色体数目和结构发生异常。如，唐氏综合征（Down综合征）是因为染色体组额外多一条21号染色体引起。
2. 遗传代谢异常　由于基因突变而导致酶的活性不足或缺乏，从而影响代谢过程和大脑发育所致。如苯丙酮尿症和半乳糖血症。
3. 颅脑畸形　研究表明，原发性小头畸形、颅缝骨化过早、先天性脑积水与多基因遗传有关。

（二）母孕期或分娩期受不利因素影响

1. 感染　弓形虫、梅毒、人类免疫缺陷病毒等感染均会严重影响胎儿的发育。
2. 中毒及药物副作用　酒精、烟草、毒品、铅、某些药物（解热镇痛药、抗癫痫药、抗精神病药、磺胺药等）均可严重影响胎儿的发育。
3. 母体状况　母孕期营养不良、妊娠毒血症、地方性甲状腺肿以及高龄妊娠（大于35岁）均可致胎儿先天缺陷或脑发育不良。
4. 理化损伤　外伤、电离辐射、环境污染等均可导致胎儿先天畸形或染色体畸变。
5. 产伤及围生期疾病　难产、胎位异常、早产、核黄疸等均可导致新生儿伴发脑损害。

（三）出生后影响大脑生长发育的不利因素

1. 感染　如流行性脑脊髓膜炎、流行性乙型脑炎、脑囊虫病等。
2. 颅脑外伤　严重脑外伤可直接损害大脑，引起智能障碍。
3. 各种原因引起的缺氧　如中毒、高热、癫痫等引起小儿惊厥超过30 min，可引起智力低下。

（四）心理社会因素

调查发现，经济水平低、家庭和社会环境不稳定与精神发育迟滞的发生有一定关系，但早年文化教育缺失、严重与社会隔离是引起精神发育迟滞最主要的心理社会因素。

三、临床表现

本病的主要特点是智力低下和社会适应不良，早期往往即有喂养困难（如吸吮能力差、咀嚼晚等）、睡眠过多（如不易唤醒、不爱哭闹等）、哭声异常（如哭声尖利或无力等）、对周围事物缺乏兴趣或兴趣短暂等。

WHO根据智商将精神发育迟滞分轻、中、重、极重4个等级。

1. 轻度（智商为50～60）　患儿大多语言能力发育较好，但抽象思维和创造性思维能力差。日常生活基本能自理，并能通过教育和训练从事简单的工作。可以建立友谊并组建家庭，但是如果遇到特殊情况，需要支持和帮助。

2. 中度（智商为 35~49） 患儿的语言能力差、词汇贫乏、说话含混不清，阅读和理解能力有限，抽象思维能力很差。成年后智力水平相当于 6~9 岁的正常儿童，有一定的模仿能力，在指导和帮助下能生活自理和进行简单的重复性劳动。

3. 重度（智商为 20~34） 语言能力极差，几乎不会说话，即使长大后也只能学会简单语句。生活自理能力非常差，甚至不会躲避危险。表情或情感反应不适当，需人照料，无社会行为能力。

4. 极重度（智商为 20 以下） 患儿智力水平极低，没有语言能力，不会避险。常合并严重的脑部损害或伴有机体畸形，很多活不到成年。

四、诊断

必须具备以下 3 个条件：
1. 18 岁以前起病。
2. 智力明显低于同龄人平均水平，按韦克斯勒量表智商＜70。
3. 社会适应能力不足。

五、治疗

本病的治疗原则是早发现、早诊断、早干预，应采用病因治疗、家长指导、教育训练、康复治疗、药物治疗等综合措施，促进患儿智力和社会适应能力的发展。

（一）教育训练

家长需要和学校教师、临床心理治疗师及职业治疗师配合进行。对不同程度精神发育迟滞的患儿采取不同的教育与训练措施。

（二）药物治疗

1. 病因治疗　少数遗传代谢病可以进行病因治疗，如对苯丙酮尿症患者给予低苯丙氨酸饮食治疗，避免智力继续受损。

2. 促进脑功能发育的药物治疗　如脑复康、脑活素等。

3. 对症治疗　根据患者病情，适当选用抗精神病和抗躁狂等药物。如对伴有精神运动性兴奋、攻击或冲动行为患者选用氟哌啶醇或卡马西平。

六、预防

首先包括优生优育和必要的产前检查：保证父母身体健康，没有不良嗜好，有家族史者要提早进行检测，并进行胚胎检查：母亲怀孕 3~4 个月时，要做胚胎的基因学检测，如唐氏综合征筛查；其次要进行科学分娩和发育疾病防治等；再次还要注意小儿的心理社会发育，给予良好的成长环境、教育学习机会等。

七、护理

1. 基础护理

（1）安全护理：患儿居室应安全、简单、整洁，每天都要进行严格检查。制止影响患儿安全的一切活动，如登高、打闹等。患儿外出时需专人陪伴。

（2）日常生活护理：晨晚间协助患儿按时起床和梳洗，根据患儿实际情况，协助或代替患儿料理个人生活。

（3）饮食护理：保证患儿正常进食，必要时制订个体合理饮食计划，保证患儿的营养摄入种类和量。

第十一章 儿童及青少年期精神障碍及患者的护理

（4）睡眠护理：帮助患儿养成良好的睡眠习惯，并观察其夜间睡眠情况。

（5）大小便护理：随时提醒患儿排便，并培养定时排便的习惯，必要时协助大小便。

2. 心理护理

（1）患儿一般胆小羞怯，不愿与陌生人接近。患儿言语能力、表达能力差，与其交流时应简洁明了。

（2）对患儿进行心理治疗时，只提简单的问题，并注意经常提示患儿。

3. 特殊护理

（1）教育训练要根据患儿的实际情况，由简到繁，坚持不懈，在专业人员指导下进行。

（2）对不同的精神发育迟滞患儿，训练的内容要有区别。

①轻度精神发育迟滞的患儿：可通过反复训练使其学会基本的生活与社交技能；要求患儿学习基本的知识并使其具有基本的学习能力；训练其协调运动能力，如跑步、跳绳、做体操等；培养患儿的职业劳动能力，使其具有一定的生存技能，包括自我保护的能力。

②中度精神发育迟滞的患儿：主要从训练生活自理入手。要求其掌握简单的用语，如对人的一般称呼和问候等。理智对待患儿所出现的哭闹、烦躁、发脾气等负性情绪，尽量让患儿情绪稳定。

③重度、极重度精神发育迟滞患儿：应有专人护理与督促。培训患儿必需的生活技能，如穿衣、梳洗、如厕等。此类患儿会出现一些冲动、攻击行为，应加以限制、隔离，保证安全。

（3）与家属密切配合，以保证治疗方案的顺利实施，严格观察病情演变及用药情况，及时处理不良反应。

 考点提示

精神发育迟滞的主要临床表现与护理要点。

第二节 儿童孤独症的护理

案例 11-3

患儿男性，5岁，因行为怪癖，语言表达能力差就诊。其母代述：患儿从小对亲人无亲热表情及需求，十分孤僻，进幼儿园后不与其他儿童一起玩耍，独自一人可以玩耍两三个小时。生活自理能力差，大小便需大人协助，不能独立穿衣脱裤。言词简单，从不主动说出一句完整的话。无重大疾病史及精神和神经疾病家族史。

问题与思考：

请说出该患者的医疗诊断及相应的护理措施。

一、概念

儿童孤独症（children autism）是一种心理发育障碍性疾病，起始于婴幼儿时期，以言语和非言语表达障碍、社会交往障碍、兴趣狭窄和活动刻板、重复为基本特征。多数患儿伴有不同程度的智力发育落后。一般起病于2岁内，预后不佳。

二、病因与发病机制

由多种因素导致，遗传因素是主要病因。环境因素，特别是在胎儿大脑发育关键期接触的环境因素也会导致发病可能性增加，如产妇年龄≥35岁、产妇慢性高血压、孕妇妊娠高血压、怀孕期间超重等。

三、临床表现

绝大多数孤独症患儿出生后不久即可能出现视觉追踪、眼神交流、模仿能力等方面的异常，12个月之后变得突出。18~24个月的差异具有显著临床意义。部分患儿早期正常，约在一岁半至两岁半出现语言和（或）社交技能的倒退，继而发展成完整的孤独症的临床表现。

1. 言语和非言语交流障碍　语言运用能力差，不会提出话题或维持话题。言语缺乏或声调、速度、节律出现问题。患儿常出现刻板、重复、模仿言语及代名词错用等情况。不会用常规的身体语言表达需求，如点头、摇头，常用一种奇特的姿势表达。思维贫乏、强迫、局限、缺乏想象力。

2. 社会交往障碍　婴幼儿时期，患儿对父母的微笑或拥抱缺乏反应，对待父母缺乏依恋感，像对待陌生人。回避与他人目光接触，厌恶拥抱和亲吻，缺少与其他儿童交往或玩耍的兴趣，不愉快或受伤时不会寻求安慰。随着年龄增长，各方面会有不同程度的进步，如对父母或亲友逐渐培养起感情而变得友好，但仍不能主动与人交往，在与他人交往时，往往较被动，不能建立友谊。对他人的痛苦与欢乐无反应，也不能为之提供情感支持。多数患儿成年后仍缺乏社交技能，不能恋爱或结婚。

3. 兴趣范围狭窄，活动刻板、重复、单调　患儿兴趣范围狭窄、特殊。对环境倾向于要求不变，倾向于固定的日常生活。对非生命物体（石块、杯子等）有强烈的依恋，对物体的非主要特性感兴趣而不注意其性能和用途。出现重复蹦跳，扭转身体，将手放在胸前，敲打、扑动等刻板、重复的行为和特殊古怪的动作姿势。

4. 其他　大多患儿有感知觉异常及智力、认知缺陷。但有的患儿智力正常，而且可具有特殊的能力，如对音乐、数字、日期、棋类、地名等，被人称为"白痴学者"，其机制到目前为止还不清楚。

四、诊断

1. 起病于3岁以内。
2. 以社会交往障碍、言语和非言语交往障碍、兴趣狭窄和活动刻板、重复、坚持环境和生活方式不变为主要表现。
3. 排除婴儿痴呆（Heller综合征）、精神发育迟滞、儿童精神分裂症等疾病。

五、治疗

目前尚无特效药。主要运用抗精神病药进行对症治疗。强调早发现、早诊断、早干预。通过运用教育训练、家庭治疗、游戏治疗、社会心理支持等方法进行综合治疗。

> **知识链接**
>
> **儿童孤独症的最佳治疗时机与预后**
>
> 儿童孤独症的最佳治疗期是3~6岁。最新证据显示，预计3%~25%的患儿可以达到正常水平的认知、适应能力和社交技巧。约50%预后相对良好，虽然社会交往和人际关系方面存在困难，但能接近正常生活。约50%的患者预后较差，生活不能自理，需要终身监护。

六、预防

尽量让孩子参加集体活动,如和邻居小朋友相邀做游戏、做作业;参加学校、班级统一组织的文体活动,包括祝贺同学生日、欢送老师等。允许孩子走出家门,也允许把小朋友请进家门。教给孩子交朋友的艺术、方法和技巧。从集体活动中体验友谊、智慧与温暖。要求孩子自己的事情自己做,多和孩子交流。

七、护理

1. 一般护理 患儿自理能力差,甚至可能出现自伤行为,做好安全与基础护理非常重要,保证充足的营养和睡眠,给予患儿及家属心理支持,使之配合治疗。

2. 特殊护理 重在言语训练和社交训练。

①尽力帮助患儿训练,反复练习吐气的动作,锻炼发声。从患儿感兴趣的物品入手,让患儿模仿口型学发音,从单个的字、词逐渐过渡到句子。对已经入学或认识一些字的患儿,可培训其阅读简单文章或图书的能力,并要求其复述,或说出某字、某个图片,让其在书中找出来,训练孩子的理解能力。

②父母与孩子多亲近,经常与孩子拉手、拥抱等。进行社交训练,多带孩子到公共场合,教会孩子简单的社交言行,如称谓和打招呼等,反复提醒、训练,直到孩子理解并掌握为止。多让孩子和伙伴们玩耍,使孩子在集体游戏中学会扮演各种角色,学会各种社会规范,为日后自立打基础。

 考点提示

孤独症的主要临床特点和护理要点。

第三节 儿童多动症的护理

案例 11-4

患儿男性,10 岁,自幼好动,上课不能长时间集中注意力,管教困难,故来就诊。其母代诉:患儿自幼顽皮多动,喜欢到处攀爬,不怕危险。入学后,上课、做作业均不能专心,小动作多,爱搞恶作剧,老师讲话时经常插话,扰乱课堂纪律。作业不能按时完成并经常做错,自己的东西杂乱无章,丢三落四。学习成绩差,至今仍读二年级。无说谎、偷窃等不良行为。智商 88。

问题与思考:
请说出该患儿的医疗诊断及相应的护理措施。

一、概念

注意缺陷与多动障碍(attention deficit hyperactivity disorder)又称儿童多动症(children hyperkinetic syndrome)和脑功能轻微失调(minimal brain dysfunction),患儿表现出与年龄不相称的注意力易分散、注意范围狭小,不分场合地活动过度,情绪冲动并伴认知障碍和学习困难等症候群。

二、病因与发病机制

（一）生物因素

1. 多项研究显示该病与遗传因素有关。
2. 有研究表明该病可能与中枢神经递质代谢障碍有关，如多巴胺和去甲肾上腺素功能低下等。
3. 脑电图、脑电图功率谱分析提示，本病儿童存在中枢神经系统成熟延迟或大脑皮质的觉醒不足。
4. 母孕期、围生期及出生后各种原因所致的脑损伤、局限性脑功能障碍，如额叶功能障碍可能导致注意力不集中和活动过度。
5. 其他因素　可能与血铅增高，锌、铁缺乏有关。

（二）社会心理因素

各种应激生活事件如家庭不和、母爱剥夺、亲人离去、经济条件差、教育方式不当、人际关系紧张等可增加发生本病的危险。

三、临床表现

多动症的主要核心症状是注意缺陷、多动和冲动。

1. 注意障碍　患儿注意力集中时间短，易分散。做事不能坚持始终，任何细微的刺激都会使其分心，不能按照规则、要求去完成。如注意到新的事物，则对旧事物完全不再注意。一般低年龄儿童注意力集中只能持续十几分钟，若不能坚持这么长的时间则为生理性的。
2. 活动过度　患儿很难安静下来，活动明显增多，或小动作严重增多。大多起始于幼儿早期，如婴儿期就格外活泼，会从摇篮或小车里往外爬。稍大后爱撕书、翻箱倒柜。入学后，上课时小动作不停，屁股在椅子上扭来扭去，或多嘴多舌，过度喧闹。爱招惹别人，喜欢危险游戏。
3. 情绪不稳定，好冲动　患儿做事不考虑后果，不认真思考抢先回答问题，鲁莽冲动，会因一点小事而不耐烦、发脾气或哭闹。
4. 认知障碍和学习困难　儿童可能存在空间知觉障碍、视听转换障碍等。如构图时，不能分析图形的组合，分不清主体与背景的关系，将"6"读成"9"，将"b"读成"d"等。由于患儿注意障碍、过度活动和认知障碍，即使智力发育正常或接近正常，仍会出现学习困难。
5. 行为异常或品行障碍　患儿有退缩行为、过度焦虑、暴怒发作、逃离家庭等异常行为，部分患儿会出现说谎、逃学、好斗、打架等品行障碍。

四、诊断

诊断需依据病史，结合体检及精神状态检查结果，综合分析。

1. 起病年龄早，一般小于6岁，病程至少持续6个月。
2. 以注意障碍、活动过度、学习困难、好冲动等为主要表现。
3. 排除精神发育迟滞、儿童精神分裂症。

五、治疗

儿童多动症应给予综合治疗，主要包括以下三个方面。

1. 药物治疗　首选中枢神经兴奋剂类，常用哌甲酯和匹莫林。
2. 心理治疗　可选用的治疗方法很多，如支持性心理治疗、精神分析治疗、行为治疗等。
3. 其他　包括父母培训、学校教育等。

六、预防

1. 优生优育,加强围生期保健,防止妊娠期疾病及产伤,不得近亲婚配。
2. 出生后注意饮食调理,增强体质。
3. 营造和谐、温馨的家庭和社会环境。
4. 合理安排作息时间,养成良好的生活及学习习惯。

七、护理

1. **培养注意力** 给患儿创造安静宽松的环境,通过语言训练、认知行为训练,正确引导,培养其注意力与认知力。
2. **锻炼自控力** 合理安排一些活动或训练项目,在活动中扮演不同角色,增强自信心及自尊心,控制冲动和攻击行为。
3. **稳定情绪** 耐心指导患儿,合理满足其需求,不要激怒患儿,遇有急躁情绪或不愉快时正确引导,以缓解不稳定的情绪。
4. **培养社会适应能力** 让患儿多参加体操训练、舞蹈班、运动队,要求患儿按规定完成动作,释放多余精力,培养集体、团队意识,有助于社交技能的提高。
5. **提高学习能力** 可安排特殊学习环境,帮助解决在学校容易发生的沮丧和缺少学习动机问题。促进孩子在学业中发掘自己的潜能,帮助提高学习成绩。

知识链接

儿童青少年期精神健康的意义

目前自杀在全世界被列为导致青少年死亡的第三大因素,重症抑郁障碍常常起病于青少年期,与成人心境障碍密切相关,是自杀的高危因素。据统计,中国儿童医学研究中心的各临床基地平均每天接待的儿童精神疾病患者多达500余名,一年接待的病患达到16万。据2021年10月10日"中国儿童青少年精神障碍流行病学调查"结果显示,我国儿童青少年整体精神障碍流行率高达17.5%。其中,流行程度最高的精神障碍包括:注意缺陷多动障碍占6.4%、焦虑障碍占4.7%、对立违抗障碍占3.6%、抑郁障碍占3.0%、抽动障碍占2.5%。留守儿童、单亲儿童、独生子女的心理及行为问题尤为突出。

 考点提示

多动症的主要临床特点与护理要点。

思政园地

社区健康宣教与指导

2019年12月,国家卫生健康委等12个部门印发的《健康中国行动——儿童青少年心理健康行动方案(2019—2022年)》明确指出:到2022年底,要基本建成有利于儿童青少年心理健康的社会环境,形成学校、社区、家庭、媒体、医疗卫生机构等联动的心理健康服务模式。

我国上海市黄浦区早在2014年就开始了"医教协同"项目的探索与实践,并取得了一些成果:其一,家长希望得到家庭教育指导。其二,学校现有的心理健康教育专业力量难以满足学生与家长的心理服务需求。其三，区域精神卫生中心和社区卫生服务中心希望以点对点帮助学校、社区与家庭及早进行危机干预和指导。其四，社区希望能为区域家庭提供切实有效的心理健康教育指导，但彼此之间缺乏沟通桥梁。因此"医教协同"的社区服务一定会被开展和推广开来。

自 测 题

一、选择题

1. 以下哪项是精神发育迟滞的主要临床特点
   A. 智能障碍　　　　B. 言语障碍　　　　C. 社交障碍
   D. 注意障碍　　　　E. 情感障碍
2. 以下哪项是孤独症的主要临床特点
   A. 智能障碍　　　　B. 言语障碍　　　　C. 社交障碍
   D. 注意障碍　　　　E. 情感障碍
3. 以下哪项属于孤独症患儿的特殊护理内容
   A. 通过教育训练逐渐提高智商水平
   B. 通过教育训练培养社交能力
   C. 通过消耗多余精力减轻过度活动
   D. 防止因情绪波动导致的自伤行为
   E. 培养生活自理能力
4. 以下哪项是多动症的主要临床特点
   A. 智能障碍　　　　B. 言语障碍　　　　C. 社交障碍
   D. 注意障碍　　　　E. 情感障碍

二、简答题

1. 如何护理孤独症患儿？
2. 如何培训轻中度精神发育迟滞患儿？

三、案例分析

某患儿，男，10岁，足月顺产，父母离异，由母亲带大。母亲因为对前夫的怨恨，经常打骂患儿，总是使其处于饥饿状态，长时间将其锁于衣柜中，邻居发现后报警。患儿被解救出来后，不能正常与人交流，除了吃饭、喝水等最基本的活动能独立完成外，上厕所、穿衣等生活技能不能完成。被送到特殊教育学校后，经训练能够在他人协助下完成穿衣、去厕所等活动，能计算10以内的加减法，但仍不能与人正常沟通，不会表达自己的需求。

问题：
1. 该患儿出现了什么问题？可能与哪些因素有关？
2. 对该患儿应当如何处理？

（秦　颖）

第十二章 精神疾病治疗过程的护理

第十二章数字资源

学习目标

1. 具有对精神疾病患者的高度同情心、责任感与爱心。
2. 掌握精神药物的临床应用及常见不良反应。
3. 掌握精神药物治疗过程中护理评估、护理诊断、护理措施。
4. 掌握电休克疗法的适应证、禁忌证和护理。
5. 掌握心理护理、康复护理、工娱治疗的概念与方法。
6. 通过对道家认知疗法的学习,树立以人为本、综合治疗的思想。

案例 12-1

陈先生,25 岁,诊断"精神分裂症",病程 5 年,曾入院治疗两次。一年前因担心体重增加,背着家人偷偷停药,近 3 个月认为有人跟踪、监视自己,大街上的人看自己的眼神不对,都在议论自己,知道自己心里想的事。听到有声音说"有人要杀了你",患者不敢出门,紧闭门窗,拉窗帘,躲在家中。父母陪同下入院治疗。患者及其父母均认为患者需要治疗,但对患者体重较为担心。患者身高 173 cm,体重 110 kg。

问题与思考:
1. 该患者服药后出现上述症状的原因有哪些?
2. 如何针对服药后出现的症状实施有效护理措施?

随着 20 世纪 50 年代精神药物的出现,精神障碍的治疗有了革命性的改变。目前,精神障碍的治疗主要以药物治疗为主,同时辅以改良后的电抽搐治疗、心理治疗、康复治疗等治疗方法,院外还结合社区康复和家庭护理,从而帮助患者在生理、心理、社会得到全面康复。

第一节 精神药物及治疗过程中的护理

一、精神药物概述

(一)分类

20 世纪 50 年代氯丙嗪开始应用于精神科,代表着精神疾病的治疗进入了药物治疗阶段。精神障碍的药物治疗是以化学合成药物为主,主要作用于中枢神经系统而影响精神活动,精神药物治疗是指用化学药物对紊乱的大脑神经化学过程进行调整达到控制精神病性症状,改善和矫正病理性思维、心境和行为等障碍,预防复发,促进社会功能恢复的治疗方法。精神药物按临床作用分为抗精神病药物、抗抑郁药物、抗躁狂药物、抗焦虑药物。此外,还有精神振奋药和脑代谢药。

1. 抗精神病药物　又称神经阻滞剂，作用于中枢神经系统，调节神经递质功能，主要用于治疗精神分裂症及其他具有精神病性症状的精神障碍。

2. 抗抑郁药物　主要提高中枢神经递质的传递功能，主要用于治疗各种抑郁状态。

3. 抗躁狂药物　又称心境稳定剂，主要用于治疗躁狂状态和双相情感障碍状态及预防反复发作的情感障碍。

4. 抗焦虑药物　用于缓解各种焦虑状态的药物，主要用于神经症、睡眠障碍。

(二) 精神药物的用药护理原则

1. 个体化用药护理　根据患者的性别、年龄、身体状况、首发或复发、同时使用的药物、既往用药史、用药时的个体反应等因素，决定个体选择药物的种类和剂量。

2. 精神药物用药方式　口服用药是精神科治疗用药最主要的方式，主要针对能配合治疗的患者，对于不合作、兴奋躁动以及吞咽困难的患者，可以给予口服水剂和注射给药。

3. 用药安全性　护士应对药物的疗效和安全性的评估进行综合考虑，对病情严重，如兴奋躁动、攻击性强、有严重自杀、自伤倾向的患者，评估药物起效时间和疗效是首要工作；对非住院治疗患者，由于药物的多种不良反应，安全性的评估常为首优护理问题。

二、抗精神病药

抗精神病药（antipsychotic drugs）是用于治疗精神分裂症、躁狂发作及其他具有精神病性症状的药物。通常治疗剂量并不影响患者的智能和意识，能有效地控制患者的精神运动兴奋、幻觉、妄想、敌对情绪、思维障碍和异常行为等精神症状，还可改善精神分裂症的被动、意志行为减退等阴性症状。

(一) 抗精神病药的分类

1. 传统抗精神病药　又称第一代抗精神病药、典型抗精神病药。主要药理作用是多巴胺（D_2）受体拮抗剂，可改善精神分裂症的阳性症状，包括吩噻嗪类、硫杂蒽类、丁酰苯类、苯甲酰胺类。常见的药物及常用剂量见表12-1。

2. 非传统抗精神病药　又称第二代抗精神病药、非典型抗精神病药、新型抗精神病药物等。包括5-羟色胺和多巴胺受体拮抗剂、多受体作用药物、选择性多巴胺D_2/D_3受体拮抗剂、多巴胺受体部分激动剂4类。非典型抗精神病药对其他神经递质受体影响广泛，特别是对5-羟色胺（5-HT）受体有阻滞作用，因此可以改善阴性症状，较少出现认知损害和锥体外系不良反应。常见的药物及常用剂量见表12-1。

表12-1　常用抗精神病药物及剂量

类别	药名	初始剂量（mg/d）	常用剂量（mg/d）
吩噻嗪类	氯丙嗪	25～50	300～600
	奋乃静	4～6	30～60
硫杂蒽类	氟哌噻吨	5	10～40
	氯丙噻吨	90～150	200～400
丁酰苯类	氟哌利多醇	2～4	10～20
苯甲酰胺类	舒必利	100～200	600～1200
5-羟色胺和多巴胺受体拮抗剂	利培酮	0.5～1	2～6
	齐拉西酮	40～80	80～160

续表

类别	药名	初始剂量（mg/d）	常用剂量（mg/d）
多受体作用药物	氯氮平	12.5～25	200～400
	奥氮平	5	5～20
	喹硫平	25～50	150～750
选择性多巴胺拮抗剂	氨磺必利	100～200	阴性症状100～400 阳性症状400～800
多巴胺受体激动剂	阿立哌唑	10～15	10～30

（二）抗精神病药临床应用

1. 适应证　主要用于治疗精神分裂症及预防其复发，也可用于情感性精神障碍、躁狂症以及其他具有精神病性症状的精神障碍。

2. 禁忌证　严重心、肝、肾疾病，造血系统功能障碍、各种原因引起的中枢神经系统抑制或昏迷、重症肌无力、急性感染、高热、青光眼、对精神障碍药物过敏者均禁用，白细胞过低者、老年人、孕妇、哺乳期妇女等慎用。

3. 用药原则　尽量单一用药、早期足量足疗程治疗、剂量个体化。对于合作的患者首选口服给药，从小剂量开始逐渐加量，达到治疗剂量后，经6～8周症状缓解，持续2～4周后可逐渐减量至维持剂量。首发患者维持治疗1～2年，复发患者维持期需延长；维持期药量为治疗量或最大量的1/2～2/3。对急性期兴奋躁动明显、有冲动伤人及拒服药患者，可采取肌内注射给药，急性症状控制，病情好转即改为口服给药。巩固期和维持期的药物种类尽量与有效治疗期种类相同，维持期不提倡联合用药。

4. 常见不良反应与处理

（1）锥体外系不良反应：最常见的不良反应，产生原因是药物阻滞了基底核的多巴胺受体，使原本平衡的多巴胺和乙酰胆碱失衡，多巴胺系统受抑制，乙酰胆碱系统相对亢进。可表现为，①急性肌张力障碍：出现最早，常在治疗的最初几天内发生，表现为面部和颈部肌肉痉挛，如扮鬼脸、眼球向上凝视、吐舌、说话困难、斜颈、角弓反张、躯干或肢体的扭转性痉挛等。当出现急性肌张力障碍时，常伴有焦虑、烦躁、恐惧等情绪，可伴有瞳孔散大、出汗等自主神经症状。肌内注射东莨菪碱0.3mg或地西泮5～10mg可缓解，或加服抗胆碱能药如盐酸苯海索或换用锥体外系反应低的药物。②类帕金森综合征：也称为药源性帕金森综合征，一般在治疗的4～6周出现，表现为静止性震颤，如手部节律性震颤，呈"搓丸样"；肌张力增高，出现肌肉僵直，呈"面具样脸"，走路呈"慌张步态"；严重者可出现吞咽困难、构音困难、全身性肌强直等特征。处理方法为减量或换药；或加服使用抗胆碱能药物，如盐酸苯海索、东莨菪碱等药物。③静坐不能：在治疗1～2周出现，最常见，表现为烦躁不安、下肢不自主运动、不能静坐、来回走动或原地踏步等，伴有焦虑、烦躁、易激惹等情绪。轻者安抚患者，转移患者注意力，重者遵医嘱使用苯二氮䓬类和β受体阻滞剂，或减少抗精神病药物剂量。④迟发性运动障碍：最晚出现，为长期应用抗精神病药后，出现异常不自主运动的综合征。表现为不自主的、有节律的刻板式运动，以口、唇、舌、面部不自主地运动最为突出，称为"口-舌-颊三联征"，有时伴有肢体或躯干的舞蹈样运动。用药时间越长，发生率越高。无有效治疗方法，关键在于预防，使用最低有效剂量或换用锥体外系不良反应小的药物。

（2）心血管系统反应：常见有，①直立性低血压：大多发生在治疗初期，尤其是注射给药时易发生，故注射给药后至少应卧床半小时。一旦发生直立性低血压，轻者只需平卧，重者可选用α肾上腺素受体激动剂，如间羟胺（阿拉明）对抗，禁用肾上腺素，因其可以加剧低血压。②心律失常和猝死：表现为心动过速或过缓、传导阻滞、心电图 Q-T 间期延长、T 波改变等。定期监测心电图，一旦发现异常，应立即停药，并密切观察患者的表现，给予对症处理。

（3）抗胆碱能副作用：包括中枢和外周两方面的症状。前者有兴奋、焦虑不安，甚至出现不同程度的意识障碍。后者表现为口干、出汗减少、视物模糊、青光眼加剧、排尿困难和便秘等，严重时出现尿潴留、麻痹性肠梗阻等。轻者一般无需处理，重者出现抗胆碱能危象，应减药或停药，必要时肌内或静脉注射毒扁豆碱 0.1～1 mg。

（4）恶性综合征：较少见，有持续高热、表情淡漠、心悸、出汗等，多伴有意识障碍，可迅速并发感染、心力衰竭、休克而死亡。一旦发现异常应立即遵医嘱停用抗精神病药物，高热时采取物理降温、补液，控制或预防感染，使用肾上腺皮质激素，改善应激功能等对症支持治疗。

（5）其他：氯丙嗪治疗初期可出现肝功能障碍，一旦出现应立即停药，并积极护肝治疗。另外还可以出现内分泌及代谢改变、皮疹、粒细胞减少等副作用，在使用时密切观察患者，一旦发现及时对症处理。

考点提示

锥体外系不良反应的临床表现。

三、抗抑郁药

抗抑郁药（antidepressants）主要用于治疗各种抑郁状态和预防抑郁障碍反复发作。部分抗抑郁药对强迫、惊恐、焦虑、慢性疼痛等症状有疗效。

（一）分类

根据药理作用和化学结构分类，常见的有以下几类：①三环类抗抑郁药（TCAs）；②单胺氧化酶抑制剂（MAOIs）；③选择性 5-羟色胺（5-HT）再摄取抑制剂（SSRIs）；④其他递质机制的抗抑郁药物。前两类属于传统抗抑郁药，后两类属于新型抗抑郁药。常见的药物及常用剂量见表 12-2。

表 12-2 常用抗抑郁药物及剂量

类别	药名	常用剂量（mg/d）
三环类抗抑郁药（TCAs）	丙米嗪	100～250
	氯米帕明	150～250
	马普替林	100～225
	阿米替林	150～300
单胺氧化酶抑制剂（MAOIs）	吗氯贝胺	300～600
选择性 5-羟色胺再摄取抑制剂（SSRIs）	氟西汀	20～40
	帕罗西汀	20～50
	舍曲林	50～200
	氟伏沙明	100～200
	西酞普兰	20～40

续表

类别	药名	常用剂量（mg/d）
其他递质机制的抗抑郁药物		
NE 和多巴胺（DA）再摄取抑制剂（NDRIs）	安非他酮	225～450
选择性 NE 再摄取抑制剂（NRIs）	瑞波西汀	8～12
5-HT 与去甲肾上腺素再摄取抑制剂（SNRIs）	文拉法辛	150～375
5-HT 阻滞和再摄取抑制剂（SARIs）	曲唑酮	150～300
α_2 肾上腺素受体阻滞剂	米氮平	15～45

（二）抗抑郁药临床应用

1. 适应证　主要用于抑郁症和抑郁状态的治疗，也可用于焦虑症、强迫症、恐惧症等疾病的治疗。

2. 禁忌证　严重心、肝、肾疾病、闭角型青光眼、尿潴留、肠麻痹等疾病禁用，孕妇及哺乳期妇女慎用。

3. 用药原则　应用原则与抗精神病药一样，应从小剂量起始，在 1～2 周内逐渐增加至最高有效剂量。当患者抑郁症状缓解后，应用有效剂量继续巩固治疗至少 6 个月。进入维持治疗阶段，维持剂量一般低于有效治疗剂量；可视病情及不良反应的情况逐渐减少剂量。反复发作、病情不稳定者应长期维持用药。注意应用氟西汀需停药 5 周才能换用单胺氧化酶抑制剂。单胺氧化酶抑制剂停用 2 周后才能换用 5- 羟色胺再摄取抑制剂。一般以睡前口服为主要给药方式。维持期结束后可缓慢停药，停药后 2 个月内复发风险最高，需加强随访，仔细观察，及时恢复治疗。

4. 常见不良反应及处理

（1）自主神经系统不良反应：表现为口干、便秘、瞳孔扩大、视物模糊、排尿困难等，在用药过程中可产生耐受，症状会逐渐减轻。在老年人中，有可能引起尿潴留、肠麻痹及青光眼加重等并发症。出现不良反应时应减少抗抑郁药的剂量，必要时加用拟胆碱能药对抗不良反应。

（2）心血管系统不良反应：表现为心动过速和血压降低。三环类药物对心脏有一定毒性作用，心电图常可见 P-R 间期延长和 Q-T 间期延长。原有心脏疾病患者，有可能产生严重的传导阻滞或心律失常。应监测血压和心电图，一旦发现异常，应立即遵医嘱减药或停药。

（3）中枢神经系统不良反应：具有较强镇静作用的药物，在用药初期常产生嗜睡、乏力等反应；部分患者可诱发躁狂、癫痫发作等精神症状。出现不良反应时应减药或停药，症状严重者需遵医嘱对症处理。

（4）高血压危象：单胺氧化酶抑制剂可导致患者出现高血压危象，表现为血压突然升高、头痛、皮肤潮红、出汗、抽搐、昏迷，严重时脑出血。处理时应立即停药，可用短效的肾上腺素阻滞剂，嘱咐用药过程中避免食用含酪胺的食物，如奶酪、啤酒等。

四、抗躁狂药

抗躁狂药（antimanic drugs）又称心境稳定剂，对双相情感障碍尚有稳定病情和预防复发的作用，故又称为情感稳定剂。目前临床常用的心境稳定剂主要是碳酸锂和抗癫痫药（卡马西平和丙戊酸钠），以及拉莫三嗪、托吡酯。

1. 适应证　用于双相障碍的治疗，包括躁狂相和抑郁相的治疗及预防复发。碳酸锂治疗的靶症状为情绪不稳定和躁狂；抗癫痫药还可治疗癫痫、偏头痛和情绪不稳定。

2. 禁忌证　对严重心、肾疾病、早期妊娠、重症肌无力、电解质紊乱、缺钠或限制饮食者禁用碳酸锂。严重心、肝、肾病、孕妇和血液病患者禁用抗癫痫药。

3. 临床应用 碳酸锂为治疗躁狂的首选药，其唯一的给药途径为口服给药，从小剂量开始，缓慢加量。锂的起效时间较慢，多为1～2周。由于碳酸锂的中毒剂量和治疗剂量比较接近，故患者应定期检测血锂浓度。急性治疗最佳血锂浓度为0.8～1.2 mmol/L，维持治疗为0.4～0.8 mmol/L。血锂浓度超过1.4 mmol/L容易产生锂中毒。

4. 常见不良反应及处理

（1）碳酸锂：血锂浓度在正常范围（0.8～1.2 mmol/L）内可出现一般副作用，如恶心、呕吐、腹痛、口渴、尿频、乏力、倦怠等症状，一般不严重。口服盐水可缓解症状。血锂浓度达到中毒剂量（1.4 mmol/L）时会出现中毒症状，发生中毒前一周内可有前驱症状，如嗜睡、精神迟钝、乏力、食欲缺乏、呕吐、腹泻等，如处理不及时患者可表现程度不同的意识障碍、言语模糊、吞咽困难、表情呆板、肌张力增高、肌肉粗大震颤、共济失调，严重时可癫痫大发作，大小便失禁、昏迷。有些患者可导致心肾衰竭、休克。一旦出现锂中毒，应立即停药，做好基础护理，观察病情变化，预防并发症的发生。大量给予生理盐水或高渗钠盐加速锂的排泄，或进行人工透析。

（2）卡马西平常见的不良反应：转氨酶增高、过度镇静、共济失调、过敏、震颤；少见的不良反应：中毒性肝炎、粒细胞缺乏、剥脱性皮炎等。处理：程度较轻者可观察，必要时减药、停药或换药。

（3）丙戊酸钠常见的不良反应：胃肠道症状、震颤、体重增加，一般可耐受。少见的不良反应：一过性脱发、血小板功能受损。严重不良反应可出现不可逆性肝衰竭、出血性胰腺炎、粒细胞缺乏症等，定期监测可减少发生。

五、抗焦虑药

抗焦虑药物（anxiolytic drugs）应用范围广，种类较多，具有中枢或外周神经系统抑制作用，是用于消除或减轻焦虑、紧张、恐惧情绪、镇静催眠、抗惊厥的药物。目前，主要以苯二氮䓬类为主，常用的有阿普唑仑、氯硝西泮、地西泮等。另外非苯二氮䓬类药物丁螺环酮也可用于治疗广泛性焦虑。

（一）分类

苯二氮䓬类药物（BDZ），又称弱安定剂，是最常用的抗焦虑药物，它在抗焦虑药史上具有划时代的意义。迄今为止已有39种苯二氮䓬类药物以其副作用小又相对安全的优良性能，广泛用于包括神经科、精神科在内的临床各学科。虽然近年有一些非BDZ新抗焦虑药如丁螺环酮问世，但仍以BDZ为主。代表药物有地西泮、阿普唑仑、三唑仑、氯硝西泮等。常用苯二氮䓬类抗焦虑药物及常用剂量见表12-3。

表12-3 常用苯二氮䓬类抗焦虑药物及常用剂量

药名	适应证	常用剂量（mg/d）
地西泮	抗焦虑、催眠、酒替代、抗癫痫	4～40
氟西泮	催眠	15～30
阿普唑仑	抗焦虑、抗抑郁、催眠	0.4～1.0
氯硝西泮	催眠、抗躁狂、抗癫痫	1～6
硝西泮	催眠、抗癫痫	5～10
艾司唑仑	抗焦虑、催眠、抗癫痫	1～2
劳拉西泮	抗焦虑、催眠、抗躁狂	2～12
奥沙西泮	抗焦虑、催眠	5～20

(二) 抗焦虑药临床应用

1. 适应证 各种焦虑状态、睡眠障碍、癫痫、手术前给药或短暂麻醉，有松弛肌肉的作用。
2. 禁忌证 严重心血管疾病、肝肾衰竭、药物过敏、青光眼、重症肌无力等禁用。
3. 用药原则 分次口服或睡前一次顿服。不宜长期服药，以免产生药物依赖性，一般不超过6周，慢性焦虑症患者长期用药者也不宜超过3～6个月。如病情需要时，可采用药理作用相近的抗焦虑药物交替使用。
4. 常见不良反应及处理

（1）过度镇静：表现为嗜睡、过度镇静、记忆力减退等。不需特殊处理，指导患者睡前服用，告知服药期间避免从事如驾驶、高空作业等特殊职业。忌服用过量，同时服用酒精或其他抗精神病药物可导致中毒死亡。

（2）耐药和成瘾：长期服用可产生依赖，突然停用药物可引起戒断症状，表现为失眠、焦虑、易激惹、震颤、头痛、烦躁不安等。应避免长期使用，停药时逐渐减量。出现戒断症状时将剂量缓慢递减，辅以普萘洛尔、丁螺环酮等药物对症处理，配合支持心理治疗。

六、精神药物治疗过程中的护理

（一）护理评估

精神科药物治疗目的是改善患者的精神症状。因此患者在接受治疗前，护理人员应搜集患者的相关资料。用药前后症状改善情况、患者用药效果、药物不良反应等作为判断患者用药的依从性依据。

1. 患者躯体情况，患者目前的身体状况如何，患者的进食、营养状况如何，患者的睡眠状况，患者的排泄状况，患者肢体活动的状态。
2. 患者的精神情况，包括致病原因，患病时间，发病经过，发病次数，了解患者的基本情况，有无妄想、幻觉、参与社交活动的情况，有无家族史等。
3. 药物依从性，患者对药物治疗的态度，积极的还是消极的；患者有无拒绝服药和治疗，患者有无存在藏药的想法或行为；患者对药物不良反应有无担心或恐惧；有无影响治疗依从性的精神症状，如被害妄想、命令性幻听、木僵等；患者对坚持服药的信心。
4. 药物不良反应，既往用药不良反应情况；患者对不良反应的耐受性反应情况，患者本次用药发生不良反应的可能性，拮抗药物对于缓解不良反应的效果，患者自我处理药物不良反应的经验。
5. 药物治疗知识，患者对疾病和药物的关系是否了解，患者对所服药物作用的了解程度；患者对药物维持治疗重要性的认识。
6. 家庭、社会支持，家属对精神异常及抗精神异常药物治疗的知识了解程度；家庭成员是否有时间和精力照顾患者的治疗和生活；患者有无经济能力完成服药过程。

（二）护理诊断

1. 躯体活动障碍 与肌张力增加、静坐不能、肢体僵硬、类帕金森综合征等药物不良反应有关。
2. 有受伤的危险 与直立性低血压、步态不稳、意识障碍等不良反应有关。
3. 有感染的危险 与药物不良反应所致的白细胞减少、过敏性皮炎等因素有关。
4. 睡眠型态紊乱 与药物过度镇静或兴奋等作用有关。
5. 营养失调：低于机体需要量 与药物副作用有关。
6. 便秘 与药物不良反应，意志行为减退等因素有关。
7. 不依从行为 与缺乏自知力或难于耐受不良反应等因素有关。

8. 知识缺乏　缺乏对疾病、药物和预防保健相关知识。

（三）**护理目标**

1. 短期目标　住院期间内不发生药物中毒，各种症状明显减轻，睡眠型态紊乱得到改善，无躯体感染发生，维持正常的营养状态，生活自理能力逐步提高。

2. 长期目标　提高对疾病的认识，建立有效的人际交往模式，患者能坚持服药，治疗的依从性提高，患者能正确认识药物治疗的重要性。

（四）**护理措施**

1. 生活护理　提供良好的环境，安静、安全、整洁，室内空气清新，温湿度适宜。保证患者营养及水分的摄入，增加活动量，以促进食欲和增加肠蠕动。因药物不良反应吞咽困难的患者应注意防噎食，避免进食有骨头的食物，必要时专人喂食、鼻饲或静脉补充营养。对尿潴留的患者应及时处理，给予诱导排尿或导尿。鼓励患者多食用粗纤维食物，以增加肠蠕动，促进排便，必要时给予药物辅助排便。

2. 心理护理　与患者建立良好的治疗性护患关系，改善患者的药物依从性。严重的精神障碍患者大多数缺乏自知力，不认为自己有病，不愿接受治疗。因此加强沟通，及时解决心理冲突问题，取得患者的信任，提高患者对药物治疗的依从性。

3. 给药护理

（1）遵医嘱正确给药：遵医嘱给患者服药，正确掌握用药剂量与疗程，具有高度的责任心，不能随意增减或不规则用药及擅自停药。

（2）严格执行查对制度：由两名护士共同完成，严格执行"三查八对"制度。做到"三到"（到手、到口、到胃），防止藏药、吐药行为影响治疗或蓄意自杀等行为。

（3）选择正确给药途径与方法　对大脑有兴奋作用的药物不宜夜晚给药。镇静作用强的药物，最好在晚上睡前给药，让患者在睡眠中度过药物不良反应的高峰时段，也有助于睡眠。对不能配合口服用药的患者，可采取肌内注射、静脉注射或鼻饲等途径给药或遵医嘱给予长效制剂。同时使用多种药物时，应注意配伍禁忌。

（4）注意观察用药后的不良反应：对患者的精神症状要做到心中有数，也不能忽视躯体症状。重点观察患者用药后的生命体征、意识状况、精神状态等变化。观察患者的饮食状况，有无食欲变化、吞咽困难等。观察患者有无急性肌张力障碍、静坐不能、类帕金森综合征等锥体外系反应。若出现困倦、眩晕、乏力时起居应慢，防跌伤等意外发生。对直立性低血压、运动不能的患者应注意指导患者活动或起床时动作要缓慢，必要时报告医生，采取相应的护理措施及处理。

（5）做好护理记录：真实、详细、客观，对治疗依从性差者分析其原因，并及时反馈给医生，以便医生针对患者的具体情况调整药物治疗方案。

（五）**护理评价**

1. 评价药物的疗效如何，出院后患者能否自愿或配合服药；药物是否达到预期疗效；患者能否忍受药物不良反应。

2. 评价患者是否信任护士，配合治疗。

3. 评价患者及家属是否知道药物的作用、疗效。

（六）**健康指导**

1. 对患者及家属进行针对性教育，教育内容包括药物治疗相关知识、精神障碍与药物治疗的关系、药物治疗的方法及注意事项、不良反应的识别及一般处理措施等。

2. 培养患者自行用药，鼓励患者按计划服药，教会患者家属为患者保管、分发药物，观察患者服药，为出院维持治疗做好准备。

第二节 电休克治疗与护理

电休克治疗（electroconvulsive therapy，ECT），又称电抽搐治疗，是一种利用短暂适量的电流刺激大脑，引起患者短暂的意识丧失和全身性抽搐发作，以达到控制症状的一种方法。

改良电休克治疗（MECT）又称无抽搐电休克治疗，是在电休克治疗的基础上，在通电治疗前先做静脉麻醉并注射适量肌肉松弛剂，再进行电休克治疗。患者通电过程中无明显的抽搐发作，MECT 较 ECT 疗效相当，但并发症出现较少，安全性更高，是目前常见的一种物理治疗方式。

一、适应证

1. 严重兴奋躁动、冲动、伤人损物者，需尽快控制精神症状者。
2. 有严重抑郁，有强烈自责自罪、自伤、自杀行为者。
3. 精神分裂症，急性期有严重的自伤、自杀、拒食、违拗、紧张性木僵者。
4. 精神药物治疗无效或对药物不能耐受者。

二、禁忌证

改良电休克治疗无绝对禁忌证，尽管如此，有的疾病可增加治疗的危险性（即相对禁忌证），必须高度注意。具体如下：

1. 颅内肿瘤及其他原因所致颅内压增高。
2. 最近颅内出血。
3. 心脏功能不稳定的心脏病。
4. 出血或不稳定的动脉瘤畸形。
5. 视网膜脱落。
6. 嗜铬细胞瘤。
7. 导致麻醉危险的疾病（严重呼吸系统与肝肾疾病等）。

 考点提示

电休克治疗的适应证及禁忌证。

三、改良电休克治疗过程

1. 患者仰卧于治疗台上，四肢自然伸直。两肩胛间相当于第 4～8 胸椎椎体处垫以沙袋，以防治疗时发生脊椎压缩性骨折。
2. 静注阿托品 1 mg 以减少呼吸道分泌物与防止通电时引起迷走神经兴奋造成心搏骤停。
3. 静注 2.5% 硫喷妥钠（5 mg/kg）到患者睫毛反射迟钝或消失，呼之不应，推之不动为止。注入硫喷妥钠为全量的 2/3 时给氧气吸入。
4. 静注 0.9% 氯化钠冲管后，快速静注氯化琥珀胆碱。患者全身肌肉松弛，腱反射消失，自主呼吸停止时为通电的最佳时间。
5. 将涂有导电冻胶或生理盐水的两个电极，分别置于患者两侧颞部。
6. 停止供氧，压舌板置于患者一侧上下臼齿间，紧托下颌。上述各项准备就绪后，施术医师即可通电治疗。以引起全身抽搐发作作为一次有效治疗。如通电 20～40 s 内未能引起抽搐发作，可重复一次，每次治疗通电次数不宜超过 3 次。

7. 当面部和四肢肢端抽搐停止而呼吸尚未恢复之前，即将患者头部侧转，以利唾液外流；同时用活瓣气囊供氧并做加压人工呼吸，约 5 min 自动呼吸可恢复。

8. 治疗结束后至意识恢复前，要加强护理，防止意识模糊、兴奋不安引起跌伤。

9. 电休克治疗一般每周 2～3 次，急性患者可每日一次，连续 3～6 天后改为隔日一次，一个疗程为 6～12 次。每次治疗后，填写电休克治疗单。

四、电休克疗法的护理

（一）治疗前的护理

1. 环境及用物准备

（1）环境准备：治疗室环境安静、整洁、温湿度适宜；设施完善，治疗室与等待室、观察室尽量分开。等待室是专人陪伴患者在此等候治疗，是工作人员对门诊患者治疗前、后评估的重要区域，也是门诊患者签署知情同意，进行知识宣教的重要场所。治疗室是进行治疗的重要场所。观察室是即将进行治疗的患者在此进行治疗前准备，治疗结束后患者的病情观察及出室评估的区域。

（2）用物准备：等待室备有血压计、体温计、体重秤等，还有保管各种治疗相关文件的文件柜、诊疗桌椅等基本设施。治疗室备有治疗床、MECT 治疗机、人工呼吸机、吸痰器、氧气设备、多功能监护仪、牙垫、抢救车等。观察室设备有心电监护、氧气筒等。

（3）药物准备：常规的急救药物，如洛贝林、尼可刹米、肾上腺素等。治疗过程所用硫酸阿托品、丙泊酚、0.9% 氯化钠、氯化琥珀酰胆碱、皮肤消毒剂等。

电抽搐机，包有数层纱布的压舌板、冻胶，毛巾，氧气筒，急救用品及注射器等。

2. 患者准备

（1）治疗前一天晚上，尽量避免让患者服用长效安定类的镇静安眠药物，以免影响治疗的效果。治疗前 8 h 停服抗癫痫药和抗焦虑药。

（2）治疗前 6 h 必须让患者严格禁食、禁水，以避免在治疗过程中发生呛咳、误吸、窒息等意外事故。

（3）测量生命体征及体重：如体温在 37.5 ℃ 以上，脉搏高于 120/min 或低于 50/min，血压超过 150/100 mmHg 或低于 90/50 mmHg，禁行电休克治疗。

（4）治疗前陪护者必须如实向医生反映患者的情况。治疗人员必须了解患者各种检查结果，解释说明并要求家属签同意书。

（5）治疗前必须取出义齿及各种饰品，排空大小便。

（6）对不合作的患者采取相应的护理措施，如专人陪护、暂时隔离等，以确保治疗的安全。

（二）治疗中护理

1. 让患者仰卧于治疗台上，于胸椎 5～8 节之间垫上沙袋，颈下置以小枕。

2. 将牙垫置于上下臼齿之间，并让患者咬住。

3. 左右两名工作人员，分别扶好患者肩胛、肘及膝关节，以保护好肢体。

4. 做好一切准备后便通知开始，此时护理人员应集中注意患者，抽搐开始时，应适当扶好四肢，不可用力过猛，将抽搐的节律稍加控制，防止发生骨折。

5. 抽搐后立即将患者侧卧，便于唾液流出，并同时进行人工呼吸，以利于迅速恢复。

6. 如自主呼吸未能恢复或呼吸困难患者，应立即遵医嘱给予呼吸中枢兴奋剂，必要时给氧。

（三）治疗后的护理

1. 治疗后患者应卧床休息，观察患者的呼吸、意识情况，待患者完全清醒，无明显头痛、恶心、胸闷、心悸等不适感时，方可由护士接回病房。门诊患者治疗后需在院观察 1 h，生命体征平稳、意识状态恢复后方可由家属接回家。

2. 意识完全清醒后，可协助患者少量饮水，无呛咳后，再给予流食或半流质饮食。切忌大量、急切进食，尤其是固体食物，以防出现噎食等严重意外情况，待下顿进餐时再普食。

3. 观察患者治疗后的不良反应，有无头痛、呕吐、背部及四肢疼痛、谵妄等，如有不适立即报告医生处理。

4. 告知患者及家属切勿开车或操作有危险机械等，否则可能会由于患者的判断力和反应能力没有完全恢复而发生危险。

5. 治疗后少数患者可能会出现较长时间的意识障碍，需要有家属或护士陪护，以免出现走失、摔伤及坠床等意外。

6. 告知患者整个治疗过程中不要饮酒和吸烟，酒精与麻醉药同时使用可能会导致严重问题。

（四）并发症及处理

电休克治疗并发症的发生率并不高，但一旦发生，后果较为严重，故应予以重视。

1. 常见症状　头疼、恶心及呕吐，不必特殊处理，重则对症处理。记忆减退多在停止治疗后数周内恢复。

2. 呼吸暂停延长　一般电休克治疗在抽搐停止后 10～30 s 内呼吸自行恢复，改良电休克治疗 5 min 内呼吸自行恢复。如未及时恢复，则须立即进行人工呼吸、输氧。为预防呼吸恢复不佳或呼吸停止，可在治疗前注射洛贝林 1 支。引起延长的原因可能是中枢性抑制、呼吸道阻塞、舌后倒或使用镇静剂过多。

3. 骨折与脱位　有抽搐的电休克治疗由于肌肉突然剧烈收缩可引起骨折与脱位。脱位以下颌多见，可进行手法复位，复位后不影响治疗；骨折以第 4～8 胸椎压缩性骨折最多见。

 考点提示

电休克治疗全过程的护理要点。

第三节　其他治疗的护理

一、心理治疗的护理

随着现代医学模式的转变，心理护理的作用日益受到重视。心理护理作为一门实践性很强的应用学科，已得到普遍认可并广泛应用于临床护理实践。心理护理作为现代护理模式的重要组成，应贯彻于临床护理过程，遍及护理实践的每一个角落。做好心理护理，掌握、提高交流技巧，做好心理疏导。

（一）心理治疗、心理护理的概念

心理治疗（psychotherapy）又称精神治疗，心理治疗是指建立在良好治疗关系基础上，由经过专业训练的心理治疗师运用心理学的理论和技术，通过言语、表情、行为并结合其他辅助手段，对个人或群体不正确的认知活动、情绪障碍和异常行为进行治疗，以减轻症状、纠正不良行为，以及促进健全人格的发展的治疗。

心理护理（mental nursing）是指在护理过程中，护理人员运用医学心理学知识，以科学态度、恰当方法、美好语言对患者的精神痛苦、心理顾虑、思想负担、疑难问题进行疏导。用启发、诱导、说服、解释、安慰、劝解及调整环境等方法，帮助患者摆脱困难。积极地影响患者的心理状态，帮助患者在其自身条件下获得最适宜身心状态。

（二）心理治疗分类

心理治疗的方法很多，形式多种多样。根据治疗对象不同，可将心理治疗分为：个别心理治疗、团体心理治疗、家庭治疗和婚姻治疗（夫妻治疗）；根据主要的心理学派不同，可将心理治疗分为：精神分析疗法、认知-行为疗法、人本主义疗法、森田疗法等等；根据治疗类型不同，可将心理治疗分为：支持性心理治疗、重建型心理治疗、训练性心理治疗。

（三）心理治疗的原则

1. **接纳性原则**　是心理治疗成功的关键。心理治疗师对患者要保持尊重、接纳、关心和支持的态度，以取得他们的充分信任，使其毫无保留地袒露个人的心理问题，为明确诊断及制定治疗方案提供可靠的依据。

2. **针对与综合性原则**　心理治疗方法有多种，每一种心理疗法都有一定的适应证，心理治疗师应根据患者的特点与具体问题、自己擅长的方法、设备条件等，有针对性选择一种或几种治疗方法。治疗师还应密切注意患者的身心变化，随时根据新的情况、新的需要灵活变更治疗程序及方法。

3. **支持性原则**　针对患者患病后的心理冲突，如对治疗缺乏信心，心理治疗师要不断地向患者传递支持的信息，说明疾病的可治性，并可列举成功的例子，以解除他们因缺乏相关知识而产生的焦虑不安的情绪和提高患者治疗信心。注意支持的方式是要让患者感到你是有科学依据的，态度要坚定、慎重、亲切可信。

4. **保密原则**　心理治疗涉及患者的隐私问题，应尊重患者的人格和隐私权，在工作中必须严格遵守保密制度，对患者的基本资料、症状、测评报告、谈话内容等保密，维护心理治疗本身的声誉和权威性，这是作为心理治疗师应具备的基本职业道德。同时也要告知保密例外原则，当患者有自杀或伤害他人，或危害公共安全时，心理治疗师要通知家属或有关医疗急救人员和相关管理部门。

5. **真诚性原则**　疾病能否治好，是患者、家属及心理治疗师十分关心的问题。心理治疗师应当以真诚的态度，认真地了解患者的症状、发病机制、诊断及治疗过程中的反应，在确定治疗方案之后，向患者做出科学的、实事求是的解释和保证。

6. **助人自助原则**　充分调动患者主观能动性，不能代替患者做决定，这是取得良好的心理治疗效果的前提。需要向患者说明，任何保证都需要患者积极配合，发挥主动性。对治疗过程中患者取得的进展，及时给予肯定和赞赏。

（四）心理治疗的基本要点

1. **建立良好的治疗性关系**　心理治疗中"求治者"与"治疗者"之间的关系并不是一般的医患关系。在心理治疗过程中，求治者要相当主动地与治疗者合作，检讨自己的心理与行为，促进自己心理与行为的成熟，并非被动地接受治疗。建立良好的治疗性关系有助于心理治疗的开展，对治疗效果也有很重要的影响。

2. **正确地对待患者**　治疗者应尊重每一位求治者，无论其年龄、性别、职业、身份、贫富、民族等均应一视同仁，尊重他们作为人的权利和尊严，以真诚的态度对待他们。治疗者还应在临床工作中保持客观中立的立场，避免将自己的世界观、价值观等带入临床工作中。

3. 掌握沟通交流的基本技能　与求治者沟通过程中合理运用多种沟通技巧能有效维持与求治者的治疗性关系。常用的沟通技巧包括非言语技巧，比如目光接触、面部表情的变化、肢体语言等；倾听技巧中常用的提问、鼓励、情感反应等；影响技巧中的解释、指导、忠告、反馈等。

（五）心理治疗过程的护理

1. 治疗前的护理

（1）环境准备：提供安静、整洁、无第三人干扰的环境，营造一种家庭化的温馨氛围，如在心理治疗室内设置沙发、茶几，摆放一些鲜花或盆景，播放轻音乐，提供饮品和有关心理卫生的宣传资料等，有利于稳定患者情绪、解除顾虑、接受治疗。

（2）患者的准备：预约患者应提前到达治疗等待室，让其休息、放松。初步了解患者的情况，包括病情、治疗动机、语言表达能力等，评估患者是否适合接受心理治疗，做好必要的记录。护士应适时向患者讲解心理治疗的步骤、方法、患者应做的准备等。鼓励患者积极配合治疗师，有利于心理治疗取得更好的效果。

（3）心理治疗师准备：应充分了解患者的心理问题或障碍、性格、家庭、职业、生活习惯、对求治的期望等情况。

2. 治疗中的护理　护士应协助心理治疗师完成心理治疗工作，如保持环境的安静、提供患者需要的帮助以及某些特殊治疗场合（如催眠治疗）的见证人。

3. 治疗后的护理　治疗结束后，护士应陪同患者离开治疗室回到病房，并征求患者意见和感受，收集患者治疗的情况，及时将信息反馈给心理治疗师，商讨后期的治疗。

> **知识拓展**
>
> **绘画治疗**
>
> 绘画治疗是心理健康疏导和精神康复的方法之一，绘画者在绘画的创作过程中，通过绘画工具，将潜意识内压抑的感情与冲突呈现出来。同时，在绘画的过程中，绘画者在心灵上、情感上、思想上，将获得负能量的释放，宣泄情绪、调整情绪和心态、修复心灵上的创伤、填补内心世界的空白，获得满足感、成就感、自信心，从而达到诊断与治疗的良好效果。绘画治疗法不限制年龄，成人或儿童都可以通过绘画治疗法，获得良好的心理治疗。绘画艺术是一种神奇的语言，心理咨询师可以通过绘画评估心理问题，从而对症治疗，也可通过绘画进行心理治疗，让受访者在一定的时间内得到帮助和缓解心理问题，是促进心理健康恢复的治疗技术之一。

二、康复治疗的护理

（一）康复及康复护理的概念

1. 康复的概念　康复（rehabilitation）是指综合地、协调地应用医学、社会、教育、职业等措施，对残疾者进行训练和再训练，减轻致残因素造成的不便，以尽量提高其活动能力，达到基本生活自理、重新参加社会活动等效果。

2. 康复护理的概念　康复护理（rehabilitation nursing）除包括一般基础护理内容外，还包括应用各科专门的护理技术，对患者进行残余功能的恢复。

（二）基本原则

康复治疗的原则是功能训练、全面康复、重返社会。功能训练是康复治疗的方法和手段，全面康复是康复治疗的准则与方针，重返社会则是康复治疗的目标和方向。

(三) 基本方法及内容

1. **评价患者的残疾情况** 内容包括患者失去的和残存的功能、对康复训练过程中残疾程度的变化和功能恢复的情况,认真做好记录,并向其他康复医疗人员提供信息。

2. **预防继发性残疾和并发症的发生** 协助和指导长期卧床或瘫痪患者的康复,如适当的体位变化、康复体位的放置、体位转移技术、呼吸功能、排泄功能、关节活动能力及肌力训练等技术,以预防压疮,消化道、呼吸道、泌尿系感染,关节畸形及肌肉萎缩等并发症的发生。

3. **生活能力的技能训练** 生活各方面的能力训练,如买菜买米、洗菜煮饭、洗澡洗衣、清洁卫生,随气候更换衣服;培养良好的生活习惯,如按时进食、按时休息、按时服药,不饮酒、不抽烟以及良好的卫生习惯。

4. **学习能力的技能训练** 首先培养学习习惯,如先看书,看一些比较轻松的书,看书时间也逐步增加;其次是在逐步适应学习的过程中调整学习要求和进度,学习的适应期可以是3个月、半年,甚至一年,开始要求不宜过高。学习内容可以是文化知识,也可以是操作技能,如各种修理、烹饪等。

5. **工作能力的技能训练** 首先要熟悉工作环境、工作要求、劳动纪律、规章制度等,目的是能够适应工作;其次可先在家尝试工作,如熟悉工具、操作程序等;最后就是去实际工作,当然在实际工作中可能会有一个适应过程,常常需要家庭的督促,必要时家庭与工作单位建立起联系,随时了解患者的工作情况、情绪状态等,以便及时调整工作,在工作适应的过程中如病情有波动或工作有困难,则应适当调整。

6. **社会功能的技能训练**

(1) 要消除患者对回归社会的恐惧,虽然会有少数人对精神疾病患者有歧视,但大多数人是没有的,关键是自己怎样对待社会、对待他人。

(2) 要培养患者一定的爱好与兴趣,如学会下棋、摄影等。

(3) 要走出去,主动参与社会活动。

(4) 在碰到困难时家属要多鼓励。

(5) 病情有时会有反复,家属要有耐心,要有一定的督促,必要时要有一定的奖励与惩罚措施。

(6) 培养良好的运动习惯,如每天坚持早起、晨跑等。

7. **不良个性的矫正** 精神疾病患者或多或少有些不良个性,如内向、孤独、多疑、敏感、抑郁等。应培养开朗、乐观、大方、宽容、信任的性格。

8. **求医技能训练** 在需要时能找到和得到医生的及时帮助,能向医生正确地提出问题和要求,能客观地描述自己所存在的问题和症状。

(四) 康复护理的方法

1. 为不同康复阶段的精神疾病患者提供护理。在首次会见患者时,对患者身体、智力、社交及情绪状态进行仔细和全面的评估,准确诊断并予以恰当的治疗和康复计划。

2. 在初次评估的基础上,充分考虑患者可利用的资源、类型、能力等因素,选择和提供恰当的康复活动和护理计划来满足患者的需求。同时可让患者参与康复项目的选择或转诊。

3. 采取各种方式协助患者预防疾病的复发:①介绍患者参与康复项目,承担康复活动的训练者和指导者,康复项目结束后继续提供连续性服务等。②鼓励患者坚持达到康复目标,发掘患者的优点以帮助其克服困难。③掌握新知识及可使用的社会资源,为患者争取应有的权益。④通过与社区的联系,确保患者有足够的社区资源,并对患者家属进行患者康复指导教育。护士对患者做全面的详尽的了解,找出患者所需要解决的护理问题,依据患者不同的康复目标,有步骤、有计划地进行一系列符合康复要求的各种专门护理活动和功能训练措施,最大限度地实现康复目标。需要指出的是，只有在经过治疗后，患者的症状得到较好控制的前提下，各种工娱治疗、康复手段和干预措施才可能顺利实施。因此对精神疾病患者应进行全程的躯体、心理、康复三位一体的综合性治疗。

三、工娱治疗及其护理

工娱治疗（work and recreational therapy）是通过工作、劳动、集体的文体娱乐活动，丰富和调节患者的住院生活，缓解精神症状，改善交往能力，防止精神衰退，提高适应环境能力的治疗方法，是对恢复期精神病患者一种重要的辅助治疗。

（一）工娱疗法的作用

1. 文娱活动可促进新陈代谢、增进健康，可提高患者适应能力，促进回归社会。
2. 通过开展丰富的文娱活动，调节患者心理，减轻病态体验，使病态行为得到矫正。
3. 患者根据兴趣爱好参与适合的活动，可改善认知功能；增强集体观念和积极意识，磨炼意志和毅力，提高交往能力，促进社会功能的恢复。

（二）工娱治疗的组织与内容

1. 工娱治疗的组织　应根据医院的性质与床位数量而定。专职的工娱治疗人员除应具备精神疾病专业知识外，还应具备一定的组织能力、操作能力和广泛的兴趣爱好，最好是受过专门训练的护士。专职护士负责组织患者开展活动，计划安排活动内容，确定活动时间、地点，选择适宜患者参会，同时对患者进行观察，做好治疗记录，与医生保持联系。

2. 工娱治疗的内容与方法

（1）音乐治疗：根据病情选择乐曲，利用音乐不同的节奏、旋律、音调等达到对身体进行刺激与催眠并激发身体反应。

（2）舞蹈治疗：对情绪消沉、紧张不安、孤立的患者，通过肢体的状态会直接积极地影响到患者的态度和情绪。

（3）阅读书刊画报、欣赏电影电视：可使患者轻松愉快、活跃情绪、丰富知识，有益于减轻对外界现实的疏远及陌生感。

（4）操类、球类运动：如早操、工间操、乒乓球、羽毛球、排球、篮球等。

（5）棋、牌类活动：如象棋、军棋、跳棋、围棋、扑克牌等。

（6）集体游戏：如拔河比赛、跳绳比赛等集体活动。

（三）工娱治疗注意事项

1. 工娱治疗的内容应根据患者病情安排。一般来说，病情稳定或没有危险性的患者应安排进行工娱治疗。

2. 极度兴奋躁动的患者，不宜安排参加集体工娱治疗。某些协调性兴奋的患者，可单独安排需要精神集中才能完成的活动，如摆积木等，以缓解兴奋状态。

3. 注意力不集中、孤僻的患者，可给予一定时间范围内限制完成的活动，如折图片等活动。

4. 抑郁状态、情绪低落的患者，可安排色彩鲜艳、有吸引力的活动，如听欢快的音乐、看节目、跳舞、组织联欢会等，以提高兴趣，活跃情绪。

5. 自责自罪的患者，可安排简单、劳动强度小、安全的活动；有自杀企图的患者参加活动，要防止与刀、剪等工具接触，以防发生意外。

（四）工娱治疗的护理

1. 组织患者参加文娱治疗活动　护士在了解病情、掌握患者一般情况的基础上，要患者积极参加工娱治疗活动。根据病情、患者特长选择不同的项目，充分调动患者的主观能动性，以达到有效治疗的目的。

2. 督促和鼓励患者完成各项工作娱治疗活动　护士应督促和指导患者完成各项治疗的内容。对兴趣不高的患者，要鼓励他们参加；对技艺生疏的患者，要耐心教给他们操作方法；对接受能力较差或效率低的患者，要耐心指导，不可指责、讽刺，以防伤害患者的自尊心和积极性；对懒散、卧床、不愿参加工娱治疗的患者，可交给定额任务，限期完成，从而培养患者的责任感、纪律性和劳动观念。逐步提高患者参加活动的积极性和自觉性。

3. 尊重患者，予以心理上支持　工娱治疗活动应计划周全，统筹安排，对患者在活动中出现的各种心理问题，要善于诱导，既要满足患者心理需要，又要使活动不受影响。当患者出现急躁情绪而放弃活动时，护士要帮助患者寻找原因，并给予启发与鼓励。在不影响工作的情况下，可与患者共同参加工娱活动，使患者感到亲切、友好、平等。

4. 安全护理与记录　工娱治疗中的各项活动，都必须保证患者安全，注意观察患者表现，严防患者利用工娱器具伤人、自杀或出走等各种意外事件的发生。因此，护士必须注意各种工娱用品的保管与使用，切勿丢失，如患者中途离开应予以陪伴，各种治疗完毕，要认真清点人数、用物，及时书写治疗记录，并做好交接工作。

四、经颅磁刺激治疗及其护理

经颅磁刺激（transcranial magnetic stimulation，TMS）是一种无创地在大脑外部对神经细胞进行刺激的电生理技术。自1985年该技术首次应用至今，TMS技术被广泛用于神经病学、精神病学以及神经心理领域。

（一）治疗原理

TMS的主要原理是法拉第的电磁感应理论。在高强度电流的线圈周围产生一个强有力而短暂的磁场，磁场穿过皮肤、软组织和颅骨，在大脑神经组织中产生一股感应电流，当感应电流值超过神经组织兴奋阈值时，引起神经元去极化，从而产生生理效应。按照刺激脉冲不同，TMS分为三种刺激模式：单脉冲TMS（sTMS）、双脉冲TMS（pTMS）及重复型TMS（rTMS）。经颅磁刺激作用的空间分辨率在1 cm左右，穿透深度大概3 cm。对于重复性经颅磁刺激，刺激频率不同，产生的效应也不同，甚至相反。低频rTMS（<1 Hz）减少神经细胞兴奋性，引起皮质活动抑制；相反，高频刺激（5～25 Hz）增加细胞兴奋性，引起皮质活动增强。

（二）临床应用

1. 抑郁症　大量研究发现左额前叶高频rTMS持续7天以上可改善抑郁患者的症状，但Meta分析表明有效持续时间短暂，推测rTMS可用于药物无效或不能耐受的患者，或用于疾病早期提高药效，并在刺激停止后继续药物治疗。

2. 焦虑谱系障碍　低频rTMS可降低相应区域的兴奋性，达到治疗目的。可改善焦虑、惊恐、恐惧及强迫意向。

3. 精神分裂症　高频rTMS可能提高局部区域的血流量及代谢水平，增加神经元的兴奋性，改善阴性症状；低频rTMS可能减少局部脑区的血流量及代谢水平，降低直接刺激脑区及功能相关脑区的皮质兴奋性，改善幻听症状。

4. 帕金森病　重复经颅磁刺激（rTMS）被证实可治疗改善帕金森病患者的运动及非运动症状，提高生活质量。

5. 其他　rTMS技术在治疗其他神经系统疾病中也有研究，如癫痫、脑梗死、神经病理性疼痛、脑卒中后的认知障碍、运动障碍等。也有研究发现通过联合rTMS综合治疗在酒精依赖、儿童言语发育障碍、睡眠障碍方面取得疗效。

（三）禁忌证

体内有金属物者如心脏起搏器、心脏支架、电子耳蜗等，严重心、肝、肾等躯体疾病者，活动性脑出血者禁用此技术；孕妇、婴幼儿及儿童慎用。

（四）不良反应

TMS 治疗相对安全，主要的不良反应为一过性的头晕、头痛，一般为局部的轻微的不适感，很快消失。少见的不良反应是治疗期间出现肢体轻微麻木感，少数病例会出现癫痫。

> **思政园地**
>
> ### 中医治疗——精神健康"心"希望
>
> 中医精神疾病学，历史悠久，内容丰富，最早可追溯到商朝关于"疾语""失眠"的记载。西汉《五十二病方》中记述了治疗精神疾病的方剂和药物。后世医家对于癫病、狂病、不寐病等病因病机、辨证论治有进一步发展。中医治疗方法多样，且经过上千年临床实践证明确实有很好的疗效。
>
> 临床常用的中医技术有针灸、中药、拔罐、耳穴、艾灸、穴位贴敷、中药泡洗、八段锦等。疗效好，安全性高，副作用少，对抑郁、焦虑、失眠、躯体化症状、精神药物副作用有独到的优势，是对西药非常有益的补充。

自 测 题

一、选择题

1. 氯丙嗪最常见的不良反应是
    A. 锥体外系不良反应　　B. 流涎　　　　　　　C. 直立性低血压
    D. 闭经　　　　　　　　E. 便秘

2. 张女士，40 岁。因工厂效益不好，担心自己会下岗，数月来焦虑、失眠，应考虑服用
    A. 氯丙嗪　　　　　　　B. 碳酸锂　　　　　　C. 氟西汀
    D. 奋乃静　　　　　　　E. 地西泮

3. 常规治疗焦虑症的药物不包括
    A. 地西泮　　　　　　　B. 咪达唑仑　　　　　C. 阿普唑仑
    D. 劳拉西泮　　　　　　E. 奋乃静

4. 电休克治疗的禁忌证不包括以下哪项
    A. 脑器质性疾病　　　　B. 抑郁症　　　　　　C. 心血管疾病
    D. 身体极度虚弱　　　　E. 急性全身感染

（5～6 题共用题干）

李女士，25 岁。3 个月前因工作失误被领导批评，整日闷闷不乐，觉得同事看不起她，在背后偷偷议论她，害怕出门，失眠、多梦。近一周来，逢人就说领导批评她是因为嫉妒她的才华，出现兴奋，易激惹，伴攻击行为。

5. 为该患者选择一个较适合的治疗方案
    A. 丙米嗪治疗　　　　　B. 丙戊酸钠治疗　　　C. 碳酸锂治疗
    D. 地西泮治疗　　　　　E. 氯丙嗪治疗

6. 患者经药物治疗后仍然极度兴奋躁动，宜选择以下哪种治疗方案
   A. 静脉注射舒必利　　　B. 静脉注射丙戊酸钠　　　C. 改良电休克治疗
   D. 地西泮静脉推注　　　E. 口服奥氮平

（7～9题共用备选答案）
   A. 氯丙嗪　B. 青霉素　C. 碳酸锂　D. 地西泮　E. 氟西汀
7. 上述药物属于常用抗精神病药物的是
8. 上述药物属于常用抗焦虑药物的是
9. 上述药物属于常用抗躁狂药物的是

二、案例分析

患者，女性，23岁，未婚。凭空闻声3年，自语、自笑，生活懒散，冲动伤人半年余收入院。既往体健。病前性格内向、孤僻、敏感。精神检查发现有评论性和命令性幻听，思考困难，情感淡漠，有冲动行为。患者接受氯氮平、利培酮合并盐酸苯海索治疗3周后出现头晕、无力、恶心、呕吐、直立性低血压、心动过速、体重增加，因此拒绝用药。

问题：
1. 该案例中患者出现了哪些药物不良反应？应该如何处理？
2. 如何为该患者及其家属开展健康教育？

（淳　玲）

第十三章　精神疾病患者的家庭护理及社区防治

第十三章数字资源

📖 学习目标

1. 具有对精神疾病患者高度同情心、责任感与爱心。
2. 掌握家庭护理评估的内容。
3. 描述社区精神疾病患者的特点及护理特点。
4. 简述社区精神卫生服务的内容、精神障碍社区康复的工作体系。
5. 能运用护理程序为精神疾病患者提供家庭护理。
6. 尊重社区精神疾病患者，并为患者及家庭照顾者主动提供服务。

📝 案例

患者，李某，男，42岁，已婚，育有一女。患精神分裂症，病史13年。患病以来共住院治疗3次，出院后一直坚持服药，病情稳定。在一次社区精神卫生随访中，患者向工作人员诉说："我感觉生活一点也不快乐。自从患病后，周围人要么远离我，要么同情我，让我感受不到真正的平等与放松。原本的朋友与亲人也慢慢变得陌生了。由于长期服用药物，我的思维变得缓慢、困难，尝试找过几份工作，但总是力不从心，最后都辞职或被辞职。我现在坚持吃药就是为了家人，我不想增加家人的压力，不想让女儿被同学嘲笑。我想走出家门，不愿闷在家里，但有时觉得活着真没意思。"

问题与思考：
1. 面对该患者，我们该如何开展家庭护理？
2. 作为社区精神卫生工作者，可以给患者提供哪些帮助？

从精神疾病的整个治疗过程来看，住院治疗是短暂的，更长时间、更经常性的治疗、康复与护理主要在家庭和社区中进行。精神疾病的家庭护理和社区护理是精神疾病护理工作的重要组成部分，是促进精神疾病患者由医院顺利回归社会的延续性护理服务。随着我国社会心理服务体系的不断完善，精神疾病患者的家庭护理和社区护理也得到了不断发展。

第一节　精神疾病患者的家庭护理

精神疾病容易复发，具有不稳定性且维持治疗时间长，家庭护理在疾病的康复过程中起着重要作用。家庭是精神疾病患者支持系统最主要的来源之一，家庭护理可以监护和保证患者在出院后继续得到正规、系统、科学的专科指导和治疗干预，进而改善病情，降低疾病复发风险，延缓社会功能衰退。

一、家庭护理的概念

家庭护理是以家庭系统为单位,把家庭看成一个整体,对患者的健康问题进行护理的过程。家庭护理以护理人员为主体,借助家庭内沟通与互动方式的改变,直接实施和指导,协助患者家属对患者实施护理,帮助患者更好地适应生存环境。

二、护理评估

精神疾病患者的家庭护理评估包括患者家庭系统和患者自身两方面的评估。

(一) 家庭系统的评估

1. **家庭型态** 患者的家庭型态属于哪一种,如传统核心家庭、扩张家庭、变异性家庭、混合式家庭等。
2. **家庭结构** 家庭结构是否健全,每一个家庭成员在家庭中的角色、位置、权利和责任,家庭成员的健康水平、文化背景、互动行为;家庭的发展过程;家庭系统运转的规则和价值观等对患者的影响。
3. **家庭功能** 家庭功能是否完善,能否提供精神疾病患者生存、成长和生活等生理、心理、社交方面的基本需要。
4. **家庭环境** 评估患者的家庭经济条件、工作状况、室内布置、生活水平、精神疾病患者的生活空间等家庭物质环境;家庭的精神遗传疾病史,家庭成员的知识水平、教养方式、互动方式和精神健康水平,家庭的情感氛围、家庭成员对精神疾病患者的认知与支持程度等家庭心理环境。

(二) 对患者自身的评估

1. **一般资料** 患者的一般人口学资料、文化背景、兴趣爱好、宗教信仰、学习工作经历、生活情感经历、身体疾病史、精神疾病史等。在搜集资料时要全面了解精神疾病患者在家庭护理作用改变前的一般资料情况。
2. **生理功能** 包括生命体征、意识状态、营养状况、睡眠情况、排泄状况、卫生状况、躯体状况、用药情况、日常生活活动等情况。
3. **心理功能**
   (1) 感知觉:有无感觉过敏或减退、错觉、幻觉以及感知综合障碍等。
   (2) 记忆:有无记忆障碍,面部识别是否存在困难等。
   (3) 思维:有无思维联想、思维内容等方面的障碍。
   (4) 情感:有无抑郁、焦虑、恐惧、易激惹等异常情感。
   (5) 意志与行为:有无病理性意志增强与减退,有无怪异行为,有无攻击、自伤、自杀行为,有无对立违拗或品行问题,对压力的应对方式如何等。
   (6) 自知力:对自身疾病有无认识能力,是否愿意接受治疗,治疗的依从性如何等。
4. **社会功能**
   (1) 生活自理能力:有无穿衣、吃饭、个人卫生不能自理等情况。
   (2) 学习工作能力:有无学习、工作的心理准备,有无学习、工作的经常或间断性行为,学习、工作的基本能力是否存在。
   (3) 人际交往能力:有无语言交流及表达障碍,其障碍的程度如何;是否主动与人交往,对陌生人的交流接纳程度如何;有无社会退缩行为。
   (4) 家庭成员:家庭成员对疾病的认知情况;对患者的态度如何,有无过度保护或弃之不管等消极行为;家庭成员的精神健康状况如何。

考点提示

精神疾病患者家庭护理的评估内容。

三、护理诊断

1. 家庭运作过程改变。
2. 照顾者角色紧张。
3. 社会交往障碍。

四、护理目标

1. 家庭成员能在医护人员的指导下,配合患者家庭治疗康复计划的实施,家庭运作和家庭功能逐渐恢复。
2. 家庭照顾者能掌握疾病家庭护理的相关知识,保持稳定的情绪,承担照顾者角色。
3. 患者精神症状逐渐好转,愿意参加社交活动,能与周围人建立社交关系。

五、护理措施

（一）一般护理

1. **卫生护理** 根据患者具体情况,督促或协助患者做好个人卫生,修饰个人仪表,充分发挥患者主动性,鼓励患者积极参与个人日常卫生护理。家庭给予适当的支持和鼓励,帮助患者制定合理的作息时间,养成规律的生活习惯,引导患者积极参加力所能及的劳动,促进患者社会功能的恢复与保持。

2. **饮食护理** 提供舒适整洁的进餐环境,保证患者的进食量,注意营养搭配和饮食卫生。在进食过程中应注意安全,吞咽困难的患者要缓慢进食,谨防噎食造成窒息。

3. **睡眠护理** 为患者创造良好的睡眠环境,合理安排患者的作息时间,睡前不饮茶和咖啡等兴奋性饮料,保持心情稳定。入睡困难的患者可做松弛训练,必要时可应用安眠药。

4. **安全护理**

（1）环境安全：患者的居室布置力求安全、安静、简洁、大方。病情稳定、无攻击行为的患者,最好同亲人住在一起,不要独住或关锁,否则会增加患者的精神压力,容易使患者产生猜疑、嫉妒,甚至被害妄想和关系妄想。做好患者居室物品的管理,不放置可能造成自伤或伤人的危险品,如利器、绳索等。

（2）安全防范：患者的行为受精神症状影响,必须注意安全防范,时刻提高警惕,不能疏忽大意。对有自杀自伤、伤人毁物倾向者应 24 h 监护,必要时可实施保护性约束。

（二）维持用药护理

药物维持治疗是预防精神疾病复发的主要措施之一,维持用药是家庭护理中的一个重要内容。

1. 明确不能坚持服药的原因

（1）自知力未完全恢复,不认为自己有病。
（2）服药后的不良反应导致患者难以耐受。
（3）患者、家属对药物治疗存在错误的认知。

2. 维持用药护理的具体措施

（1）指导家属和患者了解药物治疗的必要性、疗程、给药方法以及不良反应,明确维持用药的重要性，提高患者服药依从性。

（2）指导家属督促患者按时服药，并做好服药记录，药物的更换、停用以及药量的增减需要医生决定。

（3）指导家属妥善保管药品，防止患者漏服或一次性大剂量吞服，造成不良后果。

（4）对不合作的患者，护士要亲自督促患者服药，确保药物服下。

（5）密切观察药物疗效及不良反应，并做相应处理。严重的药物反应要及时报告医生或陪同患者及时到医院诊治。

（三）疾病监测与护理

疾病监测是家庭护理的重要环节，细致的观察有助于正确判断病情，以便及时采取相应措施。

1. 睡眠规律变化　睡眠与精神疾病关系密切，睡眠质量和睡眠型态的变化，常提示病情的好转、恶化或复发，应加强观察。

2. 情绪的变化　易激惹、兴奋、焦虑、抑郁等是患者常见的情绪变化表现。对于患者的情绪变化要全面分析原因，如果患者近期无明显诱因，频繁出现情绪变化，可能是复发的早期表现。

3. 自知力的变化　自知力是临床上进行诊断、预测疗效、判断预后的一个必不可少的重要指标，自知力下降往往也是精神疾病复发的征兆。当患者由自知力完整转变为自知力下降或缺乏时，不但不认为自己有精神疾病，而且拒绝治疗，给家庭治疗和护理带来较大的困难。

4. 整体功能下降　如患者的生活能力减退，工作学习效率下降，生活变得被动、懒散，个人卫生差，不遵守作息时间，生活失去规律性，纪律松懈，性格孤僻，疏远亲友，社交兴趣减少等。

5. 精神症状复现　如患者又表现出敏感多疑，出现幻觉、妄想、自笑、发呆等，言谈举止异常。一旦发现上述疾病复发的早期迹象，应立即就诊。

（四）心理护理

精神疾病患者患病时言行举止异常，病后社会功能不同程度受损，以及社会对疾病的偏见，导致患者和家属承受巨大的心理压力。因此，医护人员和家属要掌握基本的心理技巧，帮助患者缓解压力，恢复信心，适应社会。

1. 尊重、关爱患者　由于疾病的原因，患者会出现异常的言行，家庭成员也受其影响。指导家庭成员全面了解疾病，正确认识到患者的异常表现是疾病所致，接纳、包容患者，让患者感受到被尊重、被关爱。

2. 消除对疾病的恐惧与焦虑心理　给予健康宣教，使患者正确认识疾病性质、表现、治疗和护理，指导、鼓励患者主动参与家庭活动，参加社会活动。帮助患者树立战胜疾病的信心，消除自卑感，化解负性情绪。

3. 教会心理应对技巧　根据患者兴趣爱好，培养固定的个人业余爱好；指导患者树立积极的人生观，坦然接纳并正确疏导负性情绪；帮助患者分析压力产生的原因，教会患者使用积极的心理应对技巧；引导患者发现自己不合理的认知，改变非理性认知模式。

4. 正确对待社会偏见　社会偏见是他人的非理性认知，告知患者要正确对待。鼓励患者融入社会，管理好自己的生活，主动参与家庭日常活动，重建社交。

（五）特殊症状的护理

精神疾病的治疗时间较长，症状的缓解和消除受诸多因素的影响，带症状生活成为部分患者的常态。对于患者的异常行为，护理人员和家属要给予接纳、包容，维护患者的尊严和权益。药物治疗是缓解精神症状的关键治疗方法，监督患者维持用药非常重要。病情波动时，精神症状会对患者的生活造成显著影响，严重时可危及自身及他人的安全。护理人员对家属进行精神疾病特殊症状相关知识与技能的健康教育与指导，如兴奋躁动、幻觉妄想状态、自伤自杀等。

（六）家庭健康教育

家庭护理的实施者除了护士外，还应包括家庭成员。因此，对家属和患者开展多形式健康教育也是家庭护理的重要内容。

1. 讲座与培训　为患者及家属举办专题讲座或系统培训，通过多种方式提供精神疾病的病因、临床表现、治疗方法、护理要点等疾病相关知识宣教。

2. 座谈会　定期举办患者及家属的座谈会，医护人员与患者和照顾者交流感受及经验，共同商讨家庭有效应对措施。

3. 加强沟通　提高患者及家属对家庭内部沟通重要性的认识，指导家庭改善不良的沟通方式，开展有效沟通，促进患者康复，提高社会交往能力。

4. 提供资源　为家庭成员提供在应激情况下可利用的资源，如社区服务、热线电话、自助小组、心理咨询门诊等，以便及时处理应激反应。

六、护理评价

1. 家庭成员配合患者治疗康复计划的制订并督促实施，家庭运作和家庭功逐渐恢复。
2. 家庭照顾者掌握疾病家庭护理的相关知识，情绪稳定，为患者提供照顾。
3. 患者病情稳定，生活规律，社会功能逐渐恢复。

第二节　精神疾病患者的社区防治

社区精神卫生服务在精神疾病患者由医院向社会过渡的环节中起着重要作用，其易获得性和有效性使精神疾病患者出院后的治疗和护理得到了有效保障，降低疾病的复发风险，减轻家庭、社会负担，促进患者回归社会。

一、社区精神卫生服务的相关概念

1. 社区　社区是指一定的地理区域，如城市的街道、农村的乡，是一个基层行政单位，有一定的地域界线。它是该区域居民政治、经济、文化、生活中心。社区精神卫生服务是以社区为中心，服务对象是社区中所有的居民。

2. 社区康复　是指启用和开发社区资源，将患者及其家庭和社区视为一个整体，对疾病的康复和预防所采取的一切措施。社区康复服务是精神疾病患者达到躯体功能、心理功能、社会功能和职业功能恢复，最终回归社会的重要途径。

3. 社区精神卫生服务　是指在一定地理区域内，以居民精神健康为目标，把预防、保健、诊疗、健康和健康教育等融为一体的综合性服务。社区精神卫生服务的三个基本功能包括：精神障碍评估管理、落实精神障碍防治政策、在社区中提供精神卫生保障。社区精神卫生服务是社区卫生工作的重点之一，需要对本社区精神疾病患者提供终生服务。

二、社区精神卫生服务的发展

（一）国外社区精神卫生服务发展概况

自20世纪50年代以来，西方发达国家开始提倡开展精神疾病患者的去机构化运动，以减少精神疾病患者的住院人数，使更多患者重返社会，社区精神医学应运而生，精神卫生服务发生了革命性变化。20世纪60年代，美国国会成立了专门委员会，通过了社区精神卫生法规，"去机构化运动"在美国全面开展，从1995年到2010年，美国精神病院住院率下降了96%。社区康复初期并没有良好的精神卫生服务模式，导致患者住院-出院-再住院，如此反复，形成了所谓的"旋转门"现象。Leonard I Stein 和 Mary Ann Test 等在发现上述情况后，认为应将患者医院内的治疗延续至社区，不能因为患者的出院而终止治疗，并初步尝试建立了主动式社区治疗模式。此后，复元模式、会所模式等社区康复模式针对精神疾病患者的院外康复治疗与护理进行了积极探索和实践。社区精神医学在西方国家迅速发展，并逐渐完善，目前已形成了以多种形式的社区精神卫生服务体系为主、急重性精神疾病患者入院治疗相结合的良好的精神疾病诊治模式。

（二）中国社区精神卫生服务发展概况

我国精神疾病管理研究始于1949年，经历了快速发展、稳步发展和改革三个阶段，精神医疗机构、精神科床位和精神科医师的数量都有了显著增加，但仍存在精神卫生区域规划欠完善、精神卫生服务资源配置不均衡等不足。1958年，全国第一次精神疾病防治工作会议上提出了"积极防治，就地管理，重点收治，开放治疗"的工作方针，把社区精神卫生服务列为工作重点之一。1970年开始，在城市推广以专业机构为中心的三级防治组织，提倡基层卫生组织和精神卫生服务相结合的形式，或以社区为中心开展精神卫生工作；在农村建立精神卫生三级防治网，开展家庭社会防治工作。国内精神卫生服务体系也开始随之逐渐趋向于完善，精神疾病的防治场所不再局限于专业医疗机构，社区也开始成为为患者提供相关的防治及康复服务的重要场所。20世纪90年代，精神病防治康复工作纳入国家发展计划，精神病三级防治网开始逐步完善起来；成立社区精神卫生康复组织，并建立了一批康复站、工疗站等精神康复设施。21世纪以来，国家重点建设公共卫生服务体系，并且逐步探索与国情相符的社区精神卫生服务模式。2015年，在《全国精神卫生工作规划2015—2020年》明确指出各级政府组织领导、各部门齐抓共管、社会广泛参与与家庭和单位尽力尽责的社区精神卫生服务管理机制。2018年，国家卫生健康委组织编制了《严重精神障碍管理治疗工作规范（2018年版）》，列出六类重性精神疾病纳入社区规范化管理。国家民政部等四部委提出，到2025年，80%以上的县（市区）广泛开展精神疾病社区康复服务，其中60%以上的居家患者接受社区服务，建立机构、社区、患者家庭之间的转介机制，基本建立家庭为基础、机构为支撑、"社会化、综合化、开放式"的精神障碍社区康复服务体系。

三、社区精神卫生服务的内容

（一）精神卫生医疗服务

包括住院服务、门诊服务、危机干预和部分住院服务等。

（二）精神卫生保健服务

针对社区的所有居民开展精神健康教育和形式多样的文体活动，普及精神卫生知识，同时对重点人群进行心理测查和心理干预等。

（三）精神卫生康复服务

在集体、企业和康复机构共同努力下，以集体治疗的形式对患者进行独立生活、社会交往、娱乐休闲、学习工作等技能的训练，按照到庇护工厂、过渡性就业以及独立就业的职业逐级康复训练的步骤实现患者的稳定就业，真正融入社会。

（四）精神卫生社会服务

想方设法为精神疾病患者提供公共服务，减少其正常生活阻碍，并为患者的家庭提供心理支持和信息咨询，倡导公众减少对精神疾病患者的歧视与偏见等。

(五)精神疾病的三级预防

即一级预防(病因学预防),健康危害发展期的二级预防(早发现、早诊断、早治疗),健康危害发生后期的三级预防(防残疾及康复工作)。

1. 一级预防 又称病因预防,是指通过消除或减少病因或致病因素来防止或减少精神疾病的发生。主要内容包括开展健康教育、提供各种健康咨询、提供特殊应激事件后的心理干预、消除或减少致病因素、保护高危人群等。

2. 二级预防 重点是早发现、早诊断、早治疗,防止疾病进一步发展,争取疾病缓解后有良好的预后,预防复发。主要内容包括早期发现精神疾病患者、对患者提供专业性帮助、收集精神疾病的危险因素等。

3. 三级预防 指促进患者康复,防止复发和减少残疾的发生。重点是防止疾病复发,做好患者的康复训练,最大限度地促进患者生理、心理、社会和职业功能的恢复,减少功能残疾,减缓疾病衰退进程,促进患者回归社会。主要内容包括开展康复护理、进行日常生活指导、指导和督促患者持续药物治疗等。

 考点提示

三级预防在社区精神卫生护理工作中的内容。

四、精神障碍社区康复的工作体系

精神障碍的康复和防治工作涉及医学、心理学、社会学、流行病学等科学领域,同时必须有政府和社会有关部门的密切配合。目前,我国精神障碍社区康复的工作体系发展得较完备。

1. 精神卫生工作联席会议 根据国家精神卫生工作"七五"规划,各级政府自20世纪80年代末以来,实施了由卫生、残联、民政、公安、教育等部门参加的各级精神卫生工作联席会议制度,建立信息共享机制,负责规划、协调和推动社区防治管理和康复工作的开展。

2. 基层医疗卫生机构 包括乡镇卫生院、社区卫生服务中心和村卫生室、社区卫生服务站等。承担《国家基本公共卫生服务规范》中严重精神障碍患者管理服务内容,包括登记严重精神障碍患者信息并建立居民健康档案,对患者进行随访管理、分类干预、健康体检等;配合政法、公安部门开展严重精神障碍疑似患者筛查,将筛查结果报告县级精防机构;接受精神卫生医疗机构技术指导,及时转诊病情不稳定患者;在上级精防机构的指导下开展辖区患者应急处置,协助精神卫生医疗机构开展应急医疗处置;组织开展辖区精神卫生健康教育、政策宣传活动;优先为严重精神障碍患者开展家庭医师签约服务。

3. 精神卫生医疗机构 包括精神专科医院、有精神专科特长的综合医院(含中医院等),在严重精神障碍管理治疗工作中承担提供各类精神障碍的诊断、治疗、联络会诊等诊疗服务,对符合出院条件的患者及时办理出院并将患者信息转回社区,同时还承担基层医疗卫生机构、乡镇(街道)相关部门工作人员的培训,开展精神卫生宣传和健康教育工作。

4. 工疗站和福利工场 是由民政部门和卫生部门或社会非政府组织共同协作建立,专门安置无职业或暂时不能回归社会的患者的机构。目前大多由政府出资建立,通过与社区持续合作,接受社会组织补充服务,为辖区的精神障碍患者提供介于医院与社会过渡性服务的特殊康复机构。患者可边治疗边从事力所能及的生产劳动,既能减轻家庭和社会负担,又能促进功能康复。

> **知识拓展**
>
> **社区融纳型精神康复服务的"昆山样板"**
>
> 江苏省昆山市于2021年引入社工机构，在昆山经济技术开发区落地实施"点亮希望 助你回归"精神障碍社区康复服务试点项目，积极探索推进社区融纳型精神康复服务模式。项目以康复驿站为平台，为辖区内在册在管的精神康复者及其家属提供康复人员摸查建档、分级分类管理、入站评估、医疗康复训练、个案管理、朋辈同伴支持、家属互助支持、社区互动支持等服务，促进精神康复者与其他社区成员互相接纳、融合、支持和照顾，引导精神康复者走出家门，平等、全面地融入和参与社区生活。目前，昆山已建成11家功能完备的康复驿站，22个精神康复服务项目落地康复驿站一体运营。

5. **其他机构** 是指职能和工作介于上述专业机构之间，是上述专业机构的补充。主要包括群众性看护小组、长期看护所、中途宿舍、家庭联谊会等。

五、社区精神疾病患者的特点及护理特点

（一）社区精神疾病患者的特点

1. 轻症的精神疾病患者多，如神经症、人格障碍、适应障碍及发育障碍。
2. 慢性精神疾病患者、精神残疾和智力残疾的患者较多。这些患者日常生活不能自理，人际交往障碍，心理应变能力低等。社区中的慢性精神疾病患者，最重要的问题是大部分患者存在社会功能障碍或缺陷，不能完成应有的社会角色。

（二）社区慢精神疾病患者的护理特点

1. **康复护理贯穿于整个护理服务过程** 社区中慢性精神障碍患者有人格、适应及发育方面的精神障碍，以精神分裂症患者为多，是社区精神卫生服务的重点对象。所以护理的特点之一就是进行患者残疾的康复护理，促进患者生活功能和社会功能水平的提高，这些康复护理措施贯穿于护理服务的全过程。
2. **系统的、持续的、全方位的护理过程** 护士与精神科医生、心理医生、社会工作者，共同合作完成社区门诊、日间医院、夜间医院、家庭病床、工娱治疗站的患者护理工作及家庭访问患者的相关工作。
3. **防治结合与健康教育为一体的护理服务** 社区精神卫生工作，应调动患者与家庭成员积极参与，他们既是护理服务的对象，又是护理计划的制订者和执行者。对他们提供咨询和指导，对精神疾病的康复和预防复发有重要的作用。重视社会、心理因素的收集和处理，通过进行防治疾病和教育患者来完成护理工作。
4. **调动和利用各种资源于护理活动中** 社区基层保健机构、学校团体、患者单位及亲友家属等现有力量和条件，均可参与护理服务，积极地取得他们的支持，妥善地利用人力和物力等护理服务中重要的资源。

六、护理人员在社区精神疾病防治中应具备的能力

社区精神卫生护理工作是由从事专科护理工作的护士走出医院，进入社区的各个领域，为没有条件入院或暂时不需要住院的以及出院后处于恢复期的精神疾病患者进行护理，完成各项护理工作，帮助其恢复健康。因此，要求护理人员应具有多方面的能力，才能做好这项工作。

（一）除具备扎实的专业护理技术外，还要有良好的职业道德和敬业精神。

（二）应掌握精神疾病的各种治疗方法和康复技巧，包括危机处置、个人心理治疗、游戏

方法、配偶与家庭治疗以及团体治疗等。给精神疾病患者直接的治疗性服务。

（三）应具备良好、细致的观察能力，指导患者正确服药，观察患者用药后的反应与作用。

（四）应建立良好的护患之间的治疗性关系，掌握接触患者的技巧。

（五）应有能力对社区精神卫生护理工作进行组织、计划和研究。

（六）应有良好的协调联络能力，能参与社区精神卫生工作中的各项活动，既能发挥及扩展护理的独立功能，又能与其他专业人员合作，对精神疾病患者实施完整的医疗护理计划与措施。

（七）应有良好的教学能力，能运用教育原理和方法，采用个别或集体教育的方式，灌输正确的精神卫生观念，提高个人、家庭或社区团体的心理健康水平。

> **思政园地**
>
> **《"十四五"国民健康规划》明确提出要提高精神卫生服务能力**
>
> 2022年5月21日，国务院办公厅印发的《"十四五"国民健康规划》明确提出要提高精神卫生服务能力。推广精神卫生综合管理机制，完善严重精神障碍患者多渠道管理服务；按规定做好严重精神障碍患者等重点人群救治救助综合保障；提高常见精神障碍规范化诊疗能力，鼓励上级精神卫生专业机构为县（市、区、旗）、乡镇（街道）开展远程服务。建立精神卫生医疗机构、社区康复机构及社会组织、家庭相衔接的精神障碍社区康复服务模式。
>
> 这标志着我国医疗卫生事业从"以疾病治疗为中心"向"以预防和人民健康为中心"的转变，也将康复与精神心理提升至战略性重要地位。

自 测 题

一、选择题

1. 对病情复发，不愿意料理个人卫生的精神疾病患者，家属应该
   - A. 督促或协助患者完成
   - B. 帮助患者全部料理
   - C. 对患者置之不理
   - D. 强制患者自己完成
   - E. 要求护士执行

2. 精神疾病患者维持用药的护理措施不包括
   - A. 指导家属和患者了解药物治疗的必要性
   - B. 指导家属做好服药记录
   - C. 家属根据患者表现决定药物剂量
   - D. 指导家属妥善保管药品
   - E. 密切观察药物疗效及不良反应

3. 下列属于精神疾病的一级预防护理目标的是
   - A. 通过消除病因防止精神疾病的发生
   - B. 防止疾病进一步发展
   - C. 争取疾病缓解后有良好的预后
   - D. 防止疾病复发
   - E. 减缓疾病衰退进程

4. 社区精神疾病患者的特点包括
   - A. 以疾病典型发作的患者为主
   - B. 大部分不存在社会功能障碍
   - C. 慢性精神疾病患者较多
   - D. 患者自知力完整

E. 患者的依从性比较好
5. 社区精神疾病患者的护理工作特点有
   A. 以药物治疗为主
   B. 提供阶段性服务
   C. 工作范围局限于社区中心
   D. 康复护理贯穿全过程
   E. 患者家属不参与护理过程

二、简答题

1. 谈谈你对社区精神科护士工作内容的认识。
2. 如何对社区精神疾病患者实施有效的维持用药护理？

三、案例分析

陈某，男，35岁，工人。

3年多前无明显诱因逐渐出现敏感多疑，觉得周围人对自己不利，与同事关系紧张。家人将其带到医院就诊，诊断为精神分裂症，经住院治疗病情稳定后带药出院。在家一直按医嘱服药，病情稳定。近半个月来，患者自诉经常听到耳边有人跟他讲话，内容都是讽刺他。家人发现他经常对着窗户发笑，夜间不能安睡，在房间不停来回走动。家属担心患者旧病复发，遂前来社区服务中心咨询。

问题：
1. 如果你是接待的护士，应该如何指导患者家属？
2. 作为社区服务中心的护士，你可以给患者提供哪些服务？

（蒋慧玥）

主要参考文献

［1］董全斌，赵丽俊．精神科护理．北京：中国协和医科大学出版社，2023．
［2］刘哲宁，杨芳宇．精神科护理学．5版．北京：人民卫生出版社，2022．
［3］精神科护理专家委员会．精神科护理实践指南．上海：中华医学会精神科分会，2019．
［4］王丽，陈静．现代精神科护理学．北京：高等教育出版社，2021．
［5］李强，赵敏．精神科护理技能与实践．上海：复旦大学出版社，2022．
［6］张伟，刘芳．精神障碍护理与管理．北京：清华大学出版社，2018．
［7］赵雷，陈晓．精神科护理案例分析．上海：上海交通大学出版社，2019．
［8］李娜，王明．精神科护理新进展．杭州：浙江大学出版社，2020．
［9］陈淑清，王志英．精神科护理学．北京：中国科学技术出版社，2020．
［10］郭彦丰，孟华．实用精神科护理学．北京：化学工业出版社，2019．
［11］王晓红，李明．精神科护理理论与实践．南京：江苏科学技术出版社，2021．
［12］张华，李梅．精神科护理基础与临床．广州：中山大学出版社，2022．
［13］陈敏，赵薇．精神科护理心理学．成都：四川大学出版社，2020．
［14］刘海燕，张伟强．精神科护理风险评估与管理．天津：天津科学技术出版社，2019．
［15］李静，王刚．精神科护理技能操作指南．武汉：华中科技大学出版社，2021．
［16］陈晓红，王丽芬．精神科护理伦理与法律．北京：法律出版社，2020．
［17］韩梅，李勇．精神科护理科研方法．济南：山东人民出版社，2018．
［18］赵丽，王强．精神科护理教育与实践．西安：西安交通大学出版社，2022．
［19］李伟，张敏．精神科护理中的人文关怀实践．中华护理杂志，2023，58（6）：456-460．
［20］国家卫生健康委员会．精神科护理服务质量标准．北京：中国标准出版社，2022．

附 录

中华人民共和国精神卫生法

（2012年10月26日第十一届全国人民代表大会常务委员会第二十九次会议通过　根据2018年4月27日第十三届全国人民代表大会常务委员会第二次会议《关于修改〈中华人民共和国国境卫生检疫法〉等六部法律的决定》修正）

目 录

第一章　总则
第二章　心理健康促进和精神障碍预防
第三章　精神障碍的诊断和治疗
第四章　精神障碍的康复
第五章　保障措施
第六章　法律责任
第七章　附则

第一章　总　则

第一条　为了发展精神卫生事业，规范精神卫生服务，维护精神障碍患者的合法权益，制定本法。

第二条　在中华人民共和国境内开展维护和增进公民心理健康、预防和治疗精神障碍、促进精神障碍患者康复的活动，适用本法。

第三条　精神卫生工作实行预防为主的方针，坚持预防、治疗和康复相结合的原则。

第四条　精神障碍患者的人格尊严、人身和财产安全不受侵犯。

精神障碍患者的教育、劳动、医疗以及从国家和社会获得物质帮助等方面的合法权益受法律保护。

有关单位和个人应当对精神障碍患者的姓名、肖像、住址、工作单位、病历资料以及其他可能推断出其身份的信息予以保密；但是，依法履行职责需要公开的除外。

第五条　全社会应当尊重、理解、关爱精神障碍患者。

任何组织或者个人不得歧视、侮辱、虐待精神障碍患者，不得非法限制精神障碍患者的人身自由。

新闻报道和文学艺术作品等不得含有歧视、侮辱精神障碍患者的内容。

第六条　精神卫生工作实行政府组织领导、部门各负其责、家庭和单位尽力尽责、全社会共同参与的综合管理机制。

第七条 县级以上人民政府领导精神卫生工作，将其纳入国民经济和社会发展规划，建设和完善精神障碍的预防、治疗和康复服务体系，建立健全精神卫生工作协调机制和工作责任制，对有关部门承担的精神卫生工作进行考核、监督。

乡镇人民政府和街道办事处根据本地区的实际情况，组织开展预防精神障碍发生、促进精神障碍患者康复等工作。

第八条 国务院卫生行政部门主管全国的精神卫生工作。县级以上地方人民政府卫生行政部门主管本行政区域的精神卫生工作。

县级以上人民政府司法行政、民政、公安、教育、医疗保障等部门在各自职责范围内负责有关的精神卫生工作。

第九条 精神障碍患者的监护人应当履行监护职责，维护精神障碍患者的合法权益。

禁止对精神障碍患者实施家庭暴力，禁止遗弃精神障碍患者。

第十条 中国残疾人联合会及其地方组织依照法律、法规或者接受政府委托，动员社会力量，开展精神卫生工作。

村民委员会、居民委员会依照本法的规定开展精神卫生工作，并对所在地人民政府开展的精神卫生工作予以协助。

国家鼓励和支持工会、共产主义青年团、妇女联合会、红十字会、科学技术协会等团体依法开展精神卫生工作。

第十一条 国家鼓励和支持开展精神卫生专门人才的培养，维护精神卫生工作人员的合法权益，加强精神卫生专业队伍建设。

国家鼓励和支持开展精神卫生科学技术研究，发展现代医学、我国传统医学、心理学，提高精神障碍预防、诊断、治疗、康复的科学技术水平。

国家鼓励和支持开展精神卫生领域的国际交流与合作。

第十二条 各级人民政府和县级以上人民政府有关部门应当采取措施，鼓励和支持组织、个人提供精神卫生志愿服务，捐助精神卫生事业，兴建精神卫生公益设施。

对在精神卫生工作中作出突出贡献的组织、个人，按照国家有关规定给予表彰、奖励。

第二章 心理健康促进和精神障碍预防

第十三条 各级人民政府和县级以上人民政府有关部门应当采取措施，加强心理健康促进和精神障碍预防工作，提高公众心理健康水平。

第十四条 各级人民政府和县级以上人民政府有关部门制定的突发事件应急预案，应当包括心理援助的内容。发生突发事件，履行统一领导职责或者组织处置突发事件的人民政府应当根据突发事件的具体情况，按照应急预案的规定，组织开展心理援助工作。

第十五条 用人单位应当创造有益于职工身心健康的工作环境，关注职工的心理健康；对处于职业发展特定时期或者在特殊岗位工作的职工，应当有针对性地开展心理健康教育。

第十六条 各级各类学校应当对学生进行精神卫生知识教育；配备或者聘请心理健康教育教师、辅导人员，并可以设立心理健康辅导室，对学生进行心理健康教育。学前教育机构应当对幼儿开展符合其特点的心理健康教育。

发生自然灾害、意外伤害、公共安全事件等可能影响学生心理健康的事件，学校应当及时组织专业人员对学生进行心理援助。

教师应当学习和了解相关的精神卫生知识，关注学生心理健康状况，正确引导、激励学生。地方各级人民政府教育行政部门和学校应当重视教师心理健康。

学校和教师应当与学生父母或者其他监护人、近亲属沟通学生心理健康情况。

第十七条 医务人员开展疾病诊疗服务，应当按照诊断标准和治疗规范的要求，对就诊者进行心理健康指导；发现就诊者可能患有精神障碍的，应当建议其到符合本法规定的医疗机构就诊。

第十八条 监狱、看守所、拘留所、强制隔离戒毒所等场所，应当对服刑人员，被依法拘留、逮捕、强制隔离戒毒的人员等，开展精神卫生知识宣传，关注其心理健康状况，必要时提供心理咨询和心理辅导。

第十九条 县级以上地方人民政府人力资源社会保障、教育、卫生、司法行政、公安等部门应当在各自职责范围内分别对本法第十五条至第十八条规定的单位履行精神障碍预防义务的情况进行督促和指导。

第二十条 村民委员会、居民委员会应当协助所在地人民政府及其有关部门开展社区心理健康指导、精神卫生知识宣传教育活动，创建有益于居民身心健康的社区环境。

乡镇卫生院或者社区卫生服务机构应当为村民委员会、居民委员会开展社区心理健康指导、精神卫生知识宣传教育活动提供技术指导。

第二十一条 家庭成员之间应当相互关爱，创造良好、和睦的家庭环境，提高精神障碍预防意识；发现家庭成员可能患有精神障碍的，应当帮助其及时就诊，照顾其生活，做好看护管理。

第二十二条 国家鼓励和支持新闻媒体、社会组织开展精神卫生的公益性宣传，普及精神卫生知识，引导公众关注心理健康，预防精神障碍的发生。

第二十三条 心理咨询人员应当提高业务素质，遵守执业规范，为社会公众提供专业化的心理咨询服务。

心理咨询人员不得从事心理治疗或者精神障碍的诊断、治疗。

心理咨询人员发现接受咨询的人员可能患有精神障碍的，应当建议其到符合本法规定的医疗机构就诊。

心理咨询人员应当尊重接受咨询人员的隐私，并为其保守秘密。

第二十四条 国务院卫生行政部门建立精神卫生监测网络，实行严重精神障碍发病报告制度，组织开展精神障碍发生状况、发展趋势等的监测和专题调查工作。精神卫生监测和严重精神障碍发病报告管理办法，由国务院卫生行政部门制定。

国务院卫生行政部门应当会同有关部门、组织，建立精神卫生工作信息共享机制，实现信息互联互通、交流共享。

第三章　精神障碍的诊断和治疗

第二十五条 开展精神障碍诊断、治疗活动，应当具备下列条件，并依照医疗机构的管理规定办理有关手续：

（一）有与从事的精神障碍诊断、治疗相适应的精神科执业医师、护士；

（二）有满足开展精神障碍诊断、治疗需要的设施和设备；

（三）有完善的精神障碍诊断、治疗管理制度和质量监控制度。

从事精神障碍诊断、治疗的专科医疗机构还应当配备从事心理治疗的人员。

第二十六条 精神障碍的诊断、治疗，应当遵循维护患者合法权益、尊重患者人格尊严的原则，保障患者在现有条件下获得良好的精神卫生服务。

精神障碍分类、诊断标准和治疗规范，由国务院卫生行政部门组织制定。

第二十七条 精神障碍的诊断应当以精神健康状况为依据。

除法律另有规定外，不得违背本人意志进行确定其是否患有精神障碍的医学检查。

第二十八条 除个人自行到医疗机构进行精神障碍诊断外，疑似精神障碍患者的近亲属可以将其送往医疗机构进行精神障碍诊断。对查找不到近亲属的流浪乞讨疑似精神障碍患者，由当地民政等有关部门按照职责分工，帮助送往医疗机构进行精神障碍诊断。

疑似精神障碍患者发生伤害自身、危害他人安全的行为，或者有伤害自身、危害他人安全的危险的，其近亲属、所在单位、当地公安机关应当立即采取措施予以制止，并将其送往医疗机构进行精神障碍诊断。

医疗机构接到送诊的疑似精神障碍患者，不得拒绝为其作出诊断。

第二十九条 精神障碍的诊断应当由精神科执业医师作出。

医疗机构接到依照本法第二十八条第二款规定送诊的疑似精神障碍患者，应当将其留院，立即指派精神科执业医师进行诊断，并及时出具诊断结论。

第三十条 精神障碍的住院治疗实行自愿原则。

诊断结论、病情评估表明，就诊者为严重精神障碍患者并有下列情形之一的，应当对其实施住院治疗：

（一）已经发生伤害自身的行为，或者有伤害自身的危险的；

（二）已经发生危害他人安全的行为，或者有危害他人安全的危险的。

第三十一条 精神障碍患者有本法第三十条第二款第一项情形的，经其监护人同意，医疗机构应当对患者实施住院治疗；监护人不同意的，医疗机构不得对患者实施住院治疗。监护人应当对在家居住的患者做好看护管理。

第三十二条 精神障碍患者有本法第三十条第二款第二项情形，患者或者其监护人对需要住院治疗的诊断结论有异议，不同意对患者实施住院治疗的，可以要求再次诊断和鉴定。

依照前款规定要求再次诊断的，应当自收到诊断结论之日起三日内向原医疗机构或者其他具有合法资质的医疗机构提出。承担再次诊断的医疗机构应当在接到再次诊断要求后指派二名初次诊断医师以外的精神科执业医师进行再次诊断，并及时出具再次诊断结论。承担再次诊断的执业医师应当到收治患者的医疗机构面见、询问患者，该医疗机构应当予以配合。

对再次诊断结论有异议的，可以自主委托依法取得执业资质的鉴定机构进行精神障碍医学鉴定；医疗机构应当公示经公告的鉴定机构名单和联系方式。接受委托的鉴定机构应当指定本机构具有该鉴定事项执业资格的二名以上鉴定人共同进行鉴定，并及时出具鉴定报告。

第三十三条 鉴定人应当到收治精神障碍患者的医疗机构面见、询问患者，该医疗机构应当予以配合。

鉴定人本人或者其近亲属与鉴定事项有利害关系，可能影响其独立、客观、公正进行鉴定的，应当回避。

第三十四条 鉴定机构、鉴定人应当遵守有关法律、法规、规章的规定，尊重科学，恪守职业道德，按照精神障碍鉴定的实施程序、技术方法和操作规范，依法独立进行鉴定，出具客观、公正的鉴定报告。

鉴定人应当对鉴定过程进行实时记录并签名。记录的内容应当真实、客观、准确、完整，记录的文本或者声像载体应当妥善保存。

第三十五条 再次诊断结论或者鉴定报告表明，不能确定就诊者为严重精神障碍患者，或者患者不需要住院治疗的，医疗机构不得对其实施住院治疗。

再次诊断结论或者鉴定报告表明，精神障碍患者有本法第三十条第二款第二项情形的，其监护人应当同意对患者实施住院治疗。监护人阻碍实施住院治疗或者患者擅自脱离住院治疗的，可以由公安机关协助医疗机构采取措施对患者实施住院治疗。

在相关机构出具再次诊断结论、鉴定报告前，收治精神障碍患者的医疗机构应当按照诊疗规范的要求对患者实施住院治疗。

第三十六条 诊断结论表明需要住院治疗的精神障碍患者，本人没有能力办理住院手续的，由其监护人办理住院手续；患者属于查找不到监护人的流浪乞讨人员的，由送诊的有关部门办理住院手续。

精神障碍患者有本法第三十条第二款第二项情形，其监护人不办理住院手续的，由患者所在单位、村民委员会或者居民委员会办理住院手续，并由医疗机构在患者病历中予以记录。

第三十七条 医疗机构及其医务人员应当将精神障碍患者在诊断、治疗过程中享有的权利，告知患者或者其监护人。

第三十八条 医疗机构应当配备适宜的设施、设备，保护就诊和住院治疗的精神障碍患者的人身安全，防止其受到伤害，并为住院患者创造尽可能接近正常生活的环境和条件。

第三十九条 医疗机构及其医务人员应当遵循精神障碍诊断标准和治疗规范，制定治疗方案，并向精神障碍患者或者其监护人告知治疗方案和治疗方法、目的以及可能产生的后果。

第四十条 精神障碍患者在医疗机构内发生或者将要发生伤害自身、危害他人安全、扰乱医疗秩序的行为，医疗机构及其医务人员在没有其他可替代措施的情况下，可以实施约束、隔离等保护性医疗措施。实施保护性医疗措施应当遵循诊断标准和治疗规范，并在实施后告知患者的监护人。

禁止利用约束、隔离等保护性医疗措施惩罚精神障碍患者。

第四十一条 对精神障碍患者使用药物，应当以诊断和治疗为目的，使用安全、有效的药物，不得为诊断或者治疗以外的目的使用药物。

医疗机构不得强迫精神障碍患者从事生产劳动。

第四十二条 禁止对依照本法第三十条第二款规定实施住院治疗的精神障碍患者实施以治疗精神障碍为目的的外科手术。

第四十三条 医疗机构对精神障碍患者实施下列治疗措施，应当向患者或者其监护人告知医疗风险、替代医疗方案等情况，并取得患者的书面同意；无法取得患者意见的，应当取得其监护人的书面同意，并经本医疗机构伦理委员会批准：

（一）导致人体器官丧失功能的外科手术；

（二）与精神障碍治疗有关的实验性临床医疗。

实施前款第一项治疗措施，因情况紧急查找不到监护人的，应当取得本医疗机构负责人和伦理委员会批准。

禁止对精神障碍患者实施与治疗其精神障碍无关的实验性临床医疗。

第四十四条 自愿住院治疗的精神障碍患者可以随时要求出院，医疗机构应当同意。

对有本法第三十条第二款第一项情形的精神障碍患者实施住院治疗的，监护人可以随时要求患者出院，医疗机构应当同意。

医疗机构认为前两款规定的精神障碍患者不宜出院的，应当告知不宜出院的理由；患者或者其监护人仍要求出院的，执业医师应当在病历资料中详细记录告知的过程，同时提出出院后的医学建议，患者或者其监护人应当签字确认。

对有本法第三十条第二款第二项情形的精神障碍患者实施住院治疗，医疗机构认为患者可以出院的，应当立即告知患者及其监护人。

医疗机构应当根据精神障碍患者病情，及时组织精神科执业医师对依照本法第三十条第二款规定实施住院治疗的患者进行检查评估。评估结果表明患者不需要继续住院治疗的，医疗机构应当立即通知患者及其监护人。

第四十五条 精神障碍患者出院，本人没有能力办理出院手续的，监护人应当为其办理出院手续。

第四十六条 医疗机构及其医务人员应当尊重住院精神障碍患者的通讯和会见探访者等权利。除在急性发病期或者为了避免妨碍治疗可以暂时性限制外，不得限制患者的通讯和会见探访者等权利。

第四十七条 医疗机构及其医务人员应当在病历资料中如实记录精神障碍患者的病情、治疗措施、用药情况、实施约束、隔离措施等内容，并如实告知患者或者其监护人。患者及其监护人可以查阅、复制病历资料；但是，患者查阅、复制病历资料可能对其治疗产生不利影响的除外。病历资料保存期限不得少于三十年。

第四十八条 医疗机构不得因就诊者是精神障碍患者，推诿或者拒绝为其治疗属于本医疗机构诊疗范围的其他疾病。

第四十九条 精神障碍患者的监护人应当妥善看护未住院治疗的患者，按照医嘱督促其按时服药、接受随访或者治疗。村民委员会、居民委员会、患者所在单位等应当依患者或者其监护人的请求，对监护人看护患者提供必要的帮助。

第五十条 县级以上地方人民政府卫生行政部门应当定期就下列事项对本行政区域内从事精神障碍诊断、治疗的医疗机构进行检查：

（一）相关人员、设施、设备是否符合本法要求；

（二）诊疗行为是否符合本法以及诊断标准、治疗规范的规定；

（三）对精神障碍患者实施住院治疗的程序是否符合本法规定；

（四）是否依法维护精神障碍患者的合法权益。

县级以上地方人民政府卫生行政部门进行前款规定的检查，应当听取精神障碍患者及其监护人的意见；发现存在违反本法行为的，应当立即制止或者责令改正，并依法作出处理。

第五十一条 心理治疗活动应当在医疗机构内开展。专门从事心理治疗的人员不得从事精神障碍的诊断，不得为精神障碍患者开具处方或者提供外科治疗。心理治疗的技术规范由国务院卫生行政部门制定。

第五十二条 监狱、强制隔离戒毒所等场所应当采取措施，保证患有精神障碍的服刑人员、强制隔离戒毒人员等获得治疗。

第五十三条 精神障碍患者违反治安管理处罚法或者触犯刑法的，依照有关法律的规定处理。

第四章 精神障碍的康复

第五十四条 社区康复机构应当为需要康复的精神障碍患者提供场所和条件，对患者进行生活自理能力和社会适应能力等方面的康复训练。

第五十五条 医疗机构应当为在家居住的严重精神障碍患者提供精神科基本药物维持治疗，并为社区康复机构提供有关精神障碍康复的技术指导和支持。

社区卫生服务机构、乡镇卫生院、村卫生室应当建立严重精神障碍患者的健康档案，对在家居住的严重精神障碍患者进行定期随访，指导患者服药和开展康复训练，并对患者的监护人进行精神卫生知识和看护知识的培训。县级人民政府卫生行政部门应当为社区卫生服务机构、乡镇卫生院、村卫生室开展上述工作给予指导和培训。

第五十六条 村民委员会、居民委员会应当为生活困难的精神障碍患者家庭提供帮助，并向所在地乡镇人民政府或者街道办事处以及县级人民政府有关部门反映患者及其家庭的情况和要求，帮助其解决实际困难，为患者融入社会创造条件。

第五十七条 残疾人组织或者残疾人康复机构应当根据精神障碍患者康复的需要，组织患者参加康复活动。

第五十八条 用人单位应当根据精神障碍患者的实际情况，安排患者从事力所能及的工作，保障患者享有同等待遇，安排患者参加必要的职业技能培训，提高患者的就业能力，为患者创造适宜的工作环境，对患者在工作中取得的成绩予以鼓励。

第五十九条 精神障碍患者的监护人应当协助患者进行生活自理能力和社会适应能力等方面的康复训练。

精神障碍患者的监护人在看护患者过程中需要技术指导的，社区卫生服务机构或者乡镇卫生院、村卫生室、社区康复机构应当提供。

第五章 保障措施

第六十条 县级以上人民政府卫生行政部门会同有关部门依据国民经济和社会发展规划的要求，制定精神卫生工作规划并组织实施。

精神卫生监测和专题调查结果应当作为制定精神卫生工作规划的依据。

第六十一条 省、自治区、直辖市人民政府根据本行政区域的实际情况，统筹规划，整合资源，建设和完善精神卫生服务体系，加强精神障碍预防、治疗和康复服务能力建设。

县级人民政府根据本行政区域的实际情况，统筹规划，建立精神障碍患者社区康复机构。

县级以上地方人民政府应当采取措施，鼓励和支持社会力量举办从事精神障碍诊断、治疗的医疗机构和精神障碍患者康复机构。

第六十二条 各级人民政府应当根据精神卫生工作需要，加大财政投入力度，保障精神卫生工作所需经费，将精神卫生工作经费列入本级财政预算。

第六十三条 国家加强基层精神卫生服务体系建设，扶持贫困地区、边远地区的精神卫生工作，保障城市社区、农村基层精神卫生工作所需经费。

第六十四条 医学院校应当加强精神医学的教学和研究，按照精神卫生工作的实际需要培养精神医学专门人才，为精神卫生工作提供人才保障。

第六十五条 综合性医疗机构应当按照国务院卫生行政部门的规定开设精神科门诊或者心理治疗门诊，提高精神障碍预防、诊断、治疗能力。

第六十六条 医疗机构应当组织医务人员学习精神卫生知识和相关法律、法规、政策。

从事精神障碍诊断、治疗、康复的机构应当定期组织医务人员、工作人员进行在岗培训，更新精神卫生知识。

县级以上人民政府卫生行政部门应当组织医务人员进行精神卫生知识培训，提高其识别精神障碍的能力。

第六十七条 师范院校应当为学生开设精神卫生课程；医学院校应当为非精神医学专业的学生开设精神卫生课程。

县级以上人民政府教育行政部门对教师进行上岗前和在岗培训，应当有精神卫生的内容，并定期组织心理健康教育教师、辅导人员进行专业培训。

第六十八条 县级以上人民政府卫生行政部门应当组织医疗机构为严重精神障碍患者免费提供基本公共卫生服务。

精神障碍患者的医疗费用按照国家有关社会保险的规定由基本医疗保险基金支付。医疗保险经办机构应当按照国家有关规定将精神障碍患者纳入城镇职工基本医疗保险、城镇居民基本医疗保险或者新型农村合作医疗的保障范围。县级人民政府应当按照国家有关规定对家庭经济困难的严重精神障碍患者参加基本医疗保险给予资助。医疗保障、财政等部门应当加强协调，简化程序，实现属于基本医疗保险基金支付的医疗费用由医疗机构与医疗保险经办机构直接结算。

精神障碍患者通过基本医疗保险支付医疗费用后仍有困难，或者不能通过基本医疗保险支付医疗费用的，医疗保障部门应当优先给予医疗救助。

第六十九条 对符合城乡最低生活保障条件的严重精神障碍患者，民政部门应当会同有关部门及时将其纳入最低生活保障。

对属于农村五保供养对象的严重精神障碍患者，以及城市中无劳动能力、无生活来源且无法定赡养、抚养、扶养义务人，或者其法定赡养、抚养、扶养义务人无赡养、抚养、扶养能力的严重精神障碍患者，民政部门应当按照国家有关规定予以供养、救助。

前两款规定以外的严重精神障碍患者确有困难的，民政部门可以采取临时救助等措施，帮助其解决生活困难。

第七十条 县级以上地方人民政府及其有关部门应当采取有效措施，保证患有精神障碍的适龄儿童、少年接受义务教育，扶持有劳动能力的精神障碍患者从事力所能及的劳动，并为已经康复的人员提供就业服务。

国家对安排精神障碍患者就业的用人单位依法给予税收优惠，并在生产、经营、技术、资金、物资、场地等方面给予扶持。

第七十一条 精神卫生工作人员的人格尊严、人身安全不受侵犯，精神卫生工作人员依法履行职责受法律保护。全社会应当尊重精神卫生工作人员。

县级以上人民政府及其有关部门、医疗机构、康复机构应当采取措施，加强对精神卫生工作人员的职业保护，提高精神卫生工作人员的待遇水平，并按照规定给予适当的津贴。精神卫生工作人员因工致伤、致残、死亡的，其工伤待遇以及抚恤按照国家有关规定执行。

第六章　法律责任

第七十二条 县级以上人民政府卫生行政部门和其他有关部门未依照本法规定履行精神卫生工作职责，或者滥用职权、玩忽职守、徇私舞弊的，由本级人民政府或者上一级人民政府有关部门责令改正，通报批评，对直接负责的主管人员和其他直接责任人员依法给予警告、记过或者记大过的处分；造成严重后果的，给予降级、撤职或者开除的处分。

第七十三条 不符合本法规定条件的医疗机构擅自从事精神障碍诊断、治疗的，由县级以上人民政府卫生行政部门责令停止相关诊疗活动，给予警告，并处五千元以上一万元以下罚款，有违法所得的，没收违法所得；对直接负责的主管人员和其他直接责任人员依法给予或者责令给予降低岗位等级或者撤职、开除的处分；对有关医务人员，吊销其执业证书。

第七十四条 医疗机构及其工作人员有下列行为之一的，由县级以上人民政府卫生行政部门责令改正，给予警告；情节严重的，对直接负责的主管人员和其他直接责任人员依法给予或者责令给予降低岗位等级或者撤职、开除的处分，并可以责令有关医务人员暂停一个月以上六个月以下执业活动：

（一）拒绝对送诊的疑似精神障碍患者作出诊断的；

（二）对依照本法第三十条第二款规定实施住院治疗的患者未及时进行检查评估或者未根据评估结果作出处理的。

第七十五条 医疗机构及其工作人员有下列行为之一的,由县级以上人民政府卫生行政部门责令改正,对直接负责的主管人员和其他直接责任人员依法给予或者责令给予降低岗位等级或者撤职的处分;对有关医务人员,暂停六个月以上一年以下执业活动;情节严重的,给予或者责令给予开除的处分,并吊销有关医务人员的执业证书:

(一)违反本法规定实施约束、隔离等保护性医疗措施的;
(二)违反本法规定,强迫精神障碍患者劳动的;
(三)违反本法规定对精神障碍患者实施外科手术或者实验性临床医疗的;
(四)违反本法规定,侵害精神障碍患者的通讯和会见探访者等权利的;
(五)违反精神障碍诊断标准,将非精神障碍患者诊断为精神障碍患者的。

第七十六条 有下列情形之一的,由县级以上人民政府卫生行政部门、工商行政管理部门依据各自职责责令改正,给予警告,并处五千元以上一万元以下罚款,有违法所得的,没收违法所得;造成严重后果的,责令暂停六个月以上一年以下执业活动,直至吊销执业证书或者营业执照:

(一)心理咨询人员从事心理治疗或者精神障碍的诊断、治疗的;
(二)从事心理治疗的人员在医疗机构以外开展心理治疗活动的;
(三)专门从事心理治疗的人员从事精神障碍的诊断的;
(四)专门从事心理治疗的人员为精神障碍患者开具处方或者提供外科治疗的。

心理咨询人员、专门从事心理治疗的人员在心理咨询、心理治疗活动中造成他人人身、财产或者其他损害的,依法承担民事责任。

第七十七条 有关单位和个人违反本法第四条第三款规定,给精神障碍患者造成损害的,依法承担赔偿责任;对单位直接负责的主管人员和其他直接责任人员,还应当依法给予处分。

第七十八条 违反本法规定,有下列情形之一,给精神障碍患者或者其他公民造成人身、财产或者其他损害的,依法承担赔偿责任:

(一)将非精神障碍患者故意作为精神障碍患者送入医疗机构治疗的;
(二)精神障碍患者的监护人遗弃患者,或者有不履行监护职责的其他情形的;
(三)歧视、侮辱、虐待精神障碍患者,侵害患者的人格尊严、人身安全的;
(四)非法限制精神障碍患者人身自由的;
(五)其他侵害精神障碍患者合法权益的情形。

第七十九条 医疗机构出具的诊断结论表明精神障碍患者应当住院治疗而其监护人拒绝,致使患者造成他人人身、财产损害的,或者患者有其他造成他人人身、财产损害情形的,其监护人依法承担民事责任。

第八十条 在精神障碍的诊断、治疗、鉴定过程中,寻衅滋事,阻挠有关工作人员依照本法的规定履行职责,扰乱医疗机构、鉴定机构工作秩序的,依法给予治安管理处罚。

违反本法规定,有其他构成违反治安管理行为的,依法给予治安管理处罚。

第八十一条 违反本法规定,构成犯罪的,依法追究刑事责任。

第八十二条 精神障碍患者或者其监护人、近亲属认为行政机关、医疗机构或者其他有关单位和个人违反本法规定侵害患者合法权益的,可以依法提起诉讼。

第七章 附 则

第八十三条 本法所称精神障碍,是指由各种原因引起的感知、情感和思维等精神活动的紊乱或者异常,导致患者明显的心理痛苦或者社会适应等功能损害。

本法所称严重精神障碍，是指疾病症状严重，导致患者社会适应等功能严重损害、对自身健康状况或者客观现实不能完整认识，或者不能处理自身事务的精神障碍。

本法所称精神障碍患者的监护人，是指依照民法通则的有关规定可以担任监护人的人。

第八十四条 军队的精神卫生工作，由国务院和中央军事委员会依据本法制定管理办法。

第八十五条 本法自 2013 年 5 月 1 日起施行。

中英文专业词汇索引

B

被洞悉感（experience of being revealed） 18
被害妄想（delusion of persecution） 17
苯丙胺类兴奋剂（amphetamine-type stimulants, ATS） 73
病理性激情（pathological affect） 22
病理性心境恶劣（pathological dysphoria） 22
病理性赘述（circumstantiality） 16
病理性醉酒（pathological drunkeness） 71

C

痴呆（dementia） 19
创伤后应激障碍（posttraumatic stress disorder, PTSD） 108
错构（paramnesia） 19
错觉（illusion） 14

D

定向力（orientation） 20
定向力障碍（disorientation） 20
动作（movement） 22
多重人格（multiple personality） 21

E

儿童孤独症（children autism） 133

F

复杂性醉酒（complex drunkeness） 71

G

感觉（sensation） 14
感觉过敏（hyperesthesia） 14
感觉减退（hypoesthesia） 14
感觉消失（anesthesia） 14
感觉障碍（disorders of sensation） 14
感知综合障碍（psychosensory disturbance） 15
关系妄想（delusion of reference） 17

H

幻触（tactile hallucination） 15
幻觉（hallucination） 14
幻视（visual hallucination） 14
幻听（auditory hallucination） 14
幻味（gustatory hallucination） 14
幻嗅（olfactory hallucination） 14
昏迷（coma） 20
昏睡（sopor） 20

J

疾病（disease） 69
嫉妒妄想（delusion of jealousy） 18
记忆（memory） 18
记忆减退（hypomnesia） 18
记忆增强（hypermnesia） 18
缄默症（mutism） 23
交替人格（alternating personality） 21
焦虑（anxiety） 21
焦虑症（anxiety disorder） 116
惊恐发作（panic attack） 21
精神病理学（psychopathology） 13
精神发育迟滞（mental retardation） 19，131
精神分裂症（schizophrenia） 79
精神活性物质（psychoactive drug or substance） 68
精神疾病（mental sickness） 1
精神运动性兴奋（psychomotor excitement） 23
精神运动性抑制（psychomotor inhibition） 23
酒精依赖（alcohol dependence） 71
酒精中毒性痴呆（alcoholic dementia） 72

K

康复（rehabilitation） 151
康复护理（rehabilitation nursing） 151
抗焦虑药物（anxiolytic drugs） 144
抗精神病药（antipsychotic drugs） 140
抗抑郁药（antidepressants） 142

抗躁狂药（antimanic drugs） 143
科萨科夫综合征（Korsakov's syndrome） 72
刻板动作（stereotyped act） 23
恐惧（phobia） 22
夸大妄想（grandiose delusion） 17

L

蜡样屈曲（waxy flexibility） 23
滥用（abuse） 69
逻辑倒错性思维（paralogic thinking） 17

M

矛盾情感（affective ambivalence） 22
矛盾意向（ambivalence） 23
朦胧状态（twilight state） 20
梦样状态（oneiroid state） 20
梦游症（somnambulism） 21
模仿动作（echopraxia） 23
木僵（stupor） 23

N

内脏性幻觉（visceral hallucination） 15

P

普通性醉酒（common drunkeness） 71

Q

强迫观念（obsessive idea） 16
情感（affection） 21
情感不稳（emotional instability） 22
情感脆弱（emotional fragility） 22
情感淡漠（apathy） 22
情感倒错（parathymia） 22
情感低落（depression） 21
情感高涨（elation） 21
情感性精神障碍（affective disorder） 93
情绪（emotion） 21

R

人格解体（depersonalization） 20
人格转换（transformation of personality） 21

S

神经症（neurosis） 115
神游症（fugue） 21

适应性障碍（adjustment disorder） 109
嗜睡（drowsiness） 20
双重人格（dual personality） 21
双相障碍（bipolar disorder，BPD） 96
思维（thinking） 15
思维奔逸（flight of thought） 15
思维不连贯（incoherence of thinking） 16
思维插入（thought insertion） 16
思维迟缓（inhibition of thought） 15
思维贫乏（poverty of thought） 15
思维破裂（splitting of thought） 16
思维松弛（looseness of thought） 16
思维云集（forced thinking） 16
思维中断（blocking of thought） 16

W

妄想（delusion） 17，81
危险使用（hazardous use） 69
韦尼克脑病（Wernick's encephalopathy） 72
违拗症（negativism） 23
物理影响妄想（delusion of physical influence） 17
物质依赖（substance dependence） 69

X

象征性思维（symbolic thinking） 17
心境（mood） 21
心境障碍（mood disorder） 92
心理治疗（psychotherapy） 149
欣快（euphoria） 21
行为（behavior） 22
虚构（confabulation） 19

Y

遗传度（heritability） 11
遗忘（amnesia） 18
遗忘综合征（amnestic syndrome） 59
疑病妄想（hypochondriacal delusion） 17
抑郁发作（depressive episode） 95
易激惹性（irritability） 22
意识（consciousness） 20
意识混浊（confusion） 20
意志（volition） 22
意志减弱（hypobulia） 22
意志缺乏（abulia） 23
意志增强（hyperbulia） 22

应激相关障碍（stress related disorders） 107
语词新作（neologism） 17

Z

躁狂发作（manic episode） 94
谵妄状态（delirium state） 20
障碍（disorder） 69
知觉（perception） 14
知觉障碍（disturbance of perception） 14
智能（intelligence） 19
钟情妄想（delusion of love） 17
注意（attention） 18
注意涣散（aprosexia） 18
注意减退（hypoprosexia） 18
注意狭窄（narrowing of attention） 18
注意增强（hyperprosexia） 18
注意转移（transference of attention） 18
罪恶妄想（delusion of guilt） 17
作态（mannerism） 23